秦川小女雷州行，
爱煞汤翁贵生情。
大义微言细剔抉，
百家群里又一声。

中国汤显祖研究会会长、原中国戏曲学院院长周育德先生
2016.6.23午夜于杏磊湾

汤显祖的贵生观

党红梅 著

黑龙江人民出版社

图书在版编目(CIP)数据

汤显祖的贵生观/党红梅著. — 哈尔滨：黑龙江人民出版社，2016.11（2021.8重印）
ISBN 978-7-207-10855-5

Ⅰ.①汤… Ⅱ.①党… Ⅲ.①汤显祖(1550~1616)—人生哲学—思想评论 Ⅳ.①K825.6②B821

中国版本图书馆 CIP 数据核字(2016)第 270115 号

责任编辑：姜海霞
封面设计：张　涛　李德铖

汤显祖的贵生观

党红梅　著

出版发行	黑龙江人民出版社
地　　址	哈尔滨市南岗区宣庆小区1号楼
邮　　编	150008
网　　址	www.longpress.com
电子邮箱	hljrmcbs@yeah.net
印　　刷	三河市佳星印装有限公司
开　　本	787×1092　1/16
印　　张	16.25
字　　数	210千字
版　　次	2021年8月第1版第2次印刷
书　　号	ISBN 978-7-207-10855-5
定　　价	48.00元

版权所有　侵权必究　　　　举报电话：(0451)82308054
法律顾问：北京市大成律师事务所哈尔滨分所律师赵学利、赵景波

序

汤显祖(1550—1616),明代大戏剧家,被誉为东方莎士比亚,其以性格耿直、不畏权势著称。万历十九年(1591年)忤逆明神宗,被贬为徐闻典史,一个不入流的小吏。明代徐闻是个瘴疠之地,经济凋敝、民生困苦。汤显祖目睹、感受徐闻种种不良现象,乃"其地人轻生,不知礼义",认为是缺乏教育所致。他决心在徐闻做一番兴利除弊、惠及苍生的事业,于是连同徐闻知县熊敏一起,共捐薪俸,在县城西门塘创办"贵生书院",旨在宣扬"君子学道则爱人""天下之生皆当贵重"之观点,为当地培养了一批有用之才。后他的教育思想被冠以"贵生观",当地教育也大为改观。"当时沐其教者,掇魏科登贤仕,后先辉映,文风称极",取得了积极的社会文化效应,也为徐闻留下极其宝贵的精神财富。而其贵生思想,在中国教育史上和哲学史上占有重要一席之地。

数百年来,汤显祖在徐闻影响极为巨大和深远,追慕其风,瞻其遗迹遗址者竞相接踵。1962年,剧作家田汉访贵生书院遗址,诗作中赞汤显祖"讲学如传海上灯","百代徐闻感义仍"(汤显祖字义仍)。研究汤显祖在徐闻生活、社会活动、外出考察、文学创作和思想发展的论著也不在少数,成就斐然。但美中不足的是,对汤显祖教育思想研究,多囿于他创办贵生书院对当地教育事业的贡献、教育管理制度的革新,以及书院文物考据、文物保护、开发利用等,而甚少发掘、剖析、提升其"贵生观"产生的历史、思想渊源,以及社会文化基础、历史和现实的价值等。这对研究、评价汤显祖其人其事,特别是其在徐闻的经历和对后来艺术创作的作用和影响是不够的,这方面大有研究的潜力和提升的空间。

汤显祖的贵生观

正是在这一学术和现实背景下,党红梅的《汤显祖的贵生观》一书付梓发行,作为一部别开生面之作,笔者在庆贺之余,认为该著在以下诸方面颇为突出,也是很有学术创意的。

首先,该著从宏观学术视野和哲学语境下,介绍了老子、庄子、杨朱等儒、佛各家的贵生观,尤其是在生存、修身、处世、治国等方面的价值观,相应的制度保障和行为规范,以及它们之间的联系和差异,以此作为认识汤显祖贵生观形成的历史基础和思想来源的土壤。但评价一个历史人物的功过是非,必须放在他生活的特定历史范畴之内,作者指出,明末政治腐败,主上昏庸、宦官专权、党争激烈,土地兼并严重、阶级对立尖锐,文字狱泛滥、道德滑坡、民不堪命。在这种社会背景下,汤显祖以一介书生、低层的小吏身份,敢于为贵生而鼓与呼,这需要极大的胆色和勇气,非一般庸夫俗子之所为,而汤显祖切切实实地做到了。由此观察,该书立意高远、视野辽阔,大处着手、小处落墨,开张不凡,为认识、评价汤显祖贵生观,从一开始就提供了一个非常宽广的平台。这对一些就事论事的评议,至少在学术设计上是很有气魄的,颇有雷文化的风格。

次之,该著立足雷州文化土壤,紧接地气,从雷州历史的现实出发,分析汤显祖的"贵生观"产生的地域和文化根源。尽管到明代,岭南基本结束作为罪犯官员、不同政见者流放地的历史,但位处天南的雷州半岛,其蛮荒瘴疠之地的状况并无多少改变,仍被常人视为畏途。恰如汤显祖在徐闻所见,当地人在生活艰难困苦条件下,在与官府、自然灾害和大海风涛搏斗中铸就了直率、坚韧、刚毅和彪悍的民风,讲义气、轻财物、笃重感情、凝聚力极强,其发展到极致,出现普遍的轻生、自杀、殉情等行为,造成人口减少、田地荒芜、文盲充斥等现象。通常认为这是徐闻人"轻生"所致。作者对此不敢苟同,认为"其地人轻生,不知礼义"并不成立。或者对此提出质疑,仅建立在"其地人轻生,不知礼义"这一句书证。"孤证难证,应不予采信。"作者通过逐字、逐句解读《贵生说》全文,为读者找到答案,即人道贵于天道,"天下之生皆当贵重","为天地大生广生"。如此一来,徐闻人轻生之说难以成立,这是一个颠覆性结论,颇值得重视。

再次,该著充分肯定汤显祖贵生观的价值,指出它在古代通过书院办学得到广泛传播,所办贵生书院,"诸弟子执经问难,靡虚日、户履常满至廨舍隘不能容"。其对当地人才培养、文化传播的作用自无可置疑,这已经历史验证。在当代,"汤显祖贵生观"借助于行政力量引领雷州文化,在客观上使之"有利于价值观的公平、正义真正扩散开来,凝聚人心";在微观上的行动价值,"就在于每个人都要意识到,既要贵生利己,也要贵生利他,达成共生,实现共生,才会有自己真正的贵生"。作者将汤显祖贵生观从历史归位于现实,为现实服务,从而达到当代学术研究之目的。

最后,该著将汤显祖贵生观视为雷州文化一个主导价值,指出这是雷州文化一个品牌,一个宝贵文化资源,应作为文化产业开发利用,以此打造雷州文化的"贵生魂"或曰"贵生精神",同时做好相应的规划、建设、布局等工作。发端于汤显祖名人及其贵生精神,归结于雷州文化和为社会经济发展服务,这一研究思想和目的,对广东文化大省、文化强省建设和弘扬、发展徐闻地域文化,也是值得称道的。

值得指出的还有,党红梅生长于大西北,长期浸淫于黄土文化之中,南下广东数年,既深入体验岭南海洋文化,且备受熏陶,在该著写作中,便融合了两种文化风格。文如其人,字里行间,既充满恢宏之气概,又不失细腻之分析,读之如闻雷声,又滋润细雨,更增添了文章的魅力,非常值得一读。

是为序。

司徒尚纪
2016.5.27 于中山大学望江斋

(中国地理学会历史地理专业委员会委员,《历史地理》编委,广东省政府参事)

目 录

第一章 皇权时代"贵生观"的不同流派 / 1

一、道家贵生观的创立与关注领域 / 1

（一）老子的"贵生"政治观 / 1

（二）庄子的"贵生"人生观 / 7

（四）杨朱的"贵生"价值观 / 11

二、儒家贵生观的政治与人生取向 / 16

（一）夫妻之道的"贵生"关系 / 16

（二）三口之家的"贵生"关系 / 21

（三）古代群体的"贵生"秩序 / 27

三、佛教"贵生"对生存价值的拓展 / 47

（一）佛教"贵生观"的内容 / 47

（二）禅宗的"贵生"人生观 / 56

第二章 "汤显祖贵生观"产生的宏观背景 / 72

一、身体政治催生了"汤显祖贵生观" / 73

（一）杖刑是明帝国管控的基础 / 73

（二）俸禄制难以管控官僚之争 / 78

二、身体经济局限了"汤显祖贵生观" / 95

　　（一）移民垦荒奠定明帝国的经济基础 / 95

　　（二）商业经济的发展以身体劳动为主 / 100

第三章　文化碰撞："贵生"方式的合流共生 / 106

一、贵生存：雷州半岛的"迷"式村落 / 106

　　（一）雷州半岛原生村落形态的选取 / 106

　　（二）雷州半岛原生村落的"迷"式形态 / 113

二、贵生活：雷州半岛人的自主性 / 122

　　（一）雷州半岛人隐蔽的生活方式 / 122

　　（二）雷州半岛人生活的自主性 / 138

三、贵生命：汤显祖贵生观的萌发 / 147

　　（一）禅宗的"贵生"旨在活出人的神性 / 147

　　（二）汤显祖"贵生观"的儒家之柱 / 161

第四章　"汤显祖贵生观"的内容 / 167

一、《贵生说》的文本解析 / 167

　　（一）《贵生说》题解及其文题不符 / 167

　　（二）《贵生说》全文的翻译及其分析 / 177

二、《贵生说》文本分析结论 / 204

　　（一）《贵生说》的引文占比 / 204

　　（二）《贵生说》的结构所示 / 205

三、"汤显祖贵生观"的主要内容 / 209

　　（一）众生皆贵：汤显祖的贵生世界观 / 209

　　（二）德位相配：汤显祖的贵生行政观 / 216

第五章 "贵生"品牌的载体化与现代传播 / 229

一、"汤显祖贵生观"的古今传播 / 229

（一）"汤显祖贵生观"的古代传播 / 229

（二）"汤显祖贵生观"的现代价值 / 236

二、"汤显祖贵生观"的品牌载体化 / 238

（一）打造雷州文化的"贵生魂" / 238

（二）"贵生"品牌的符号化 / 242

后　　记 / 246

第一章 皇权时代"贵生观"的不同流派

一、道家贵生观的创立与关注领域

"贵生"最早出现于《老子》第七十五章:"民之饥,以其上食税之多,是以饥。民之难治,以其上之有为,是以难治。民之轻死,以其上求生之厚,是以轻死。夫唯无以生为者,是贤于贵生。""贵生"指的是政治领域中的君民关系,与死亡相对应,"生"内含有生存、生活、生命等意义。

(一)老子的"贵生"政治观

老子,字伯阳,谥号聃,又称李耳(古时"老"和"李"同音,"聃"和"耳"同义),约公元前四五世纪楚国苦县历乡曲仁里(今河南省鹿邑县)人。因为曾做过西周的"守藏室之官"(管理藏书的官员),有机会博览群书,其主要思想凝聚在五千言的《老子》一书中,试图用"道"阐发万事万物的运行规律,其朴素的、唯物的辩证法观点,与古希腊爱利亚派的辩证法同一时期,对中国哲学的发展产生了深远的影响,后被尊为道教始祖,其著作《老子》被另命名为《道德经》或《道德真经》,流传至今。

因老子首创"贵生"之道的缘故,后世尊称老子是开创了道家这一

汤显祖的贵生观

哲学学派的泰斗。本义从政治角度谈官、民的道与德的辩证关系的"贵生",带有朴素纯真的"他者"视角:上位者若想自己富贵绵延,必须珍重、珍视下位者的生命。据说大约公元3世纪前后,后人奉《老子》为道教经典时把《道德经》分为81章,前37章《道经》讲"道",后44章《德经》言"德",意指"道为体、德为用"。但令人称奇的是,《老子》第72章、74章、77章和75章等多处都是对统治者进行无情揭露和严正警告,多处也在教诲"圣人"如何通过"无为"实现"贵生",分明宣示、袒露的是庙堂政治,却常常被顾左右而言他。

首先,老子教诲君王(老子称为"圣人")要深悟能使自己"贵生"的技巧,善用"有为"和"无为"。从表面上看,圣人要貌似"无为":显露于外的是"退其身""外其身""不自视(是)""不自见""不自伐""不自矜""不争",给百姓看到的是超脱而又无私。实际上是将各种欲望深深地掩饰起来——"成功而弗居"句中的"成功",表现的是圣人的积极有为,"而弗居"是为了使功劳永在;"退其身"是为了"身先";"外其身"是为了"身存";"无私"是为了"成其私";"不争"是为了"天下莫能与争"。因此,他的"无为"就在于,若想行动方面居于凡人之上,在语言上就要谦居他人之下;想要财富方面居于常人之先,就要在表面上把自身欲求放在他人之后。目的是想让其他人认为他处于人之上而其他人不觉得沉重,处于人之前而其他人不觉得有害。由此可见,老子教诲圣人的超脱是假超脱、无私是假无私,玩的技巧是御人之术:既要保全生命,又要获得尊贵;既要生活富贵,又要获得珍贵。这应是"阳奉阴违""口是心非""名实不符"等成语的直接源头吧。

其次,老子教诲君王要善于驾驭使他人"贵生"的技巧,实现无人相争的独霸地位。老子政治学说的全部奥秘只在一点:"民之难治也,以其智多"。因而,全部《老子》的实质就在于教聪明的君王如何玩弄百姓,实现愚人:君王的目标是让人"虚其心、实其腹,弱其志、强其骨",使人民处于有欲望、没知识的状态,让那些聪明的人不敢妄为。但如何能消弭人们的妄心、妄想、妄为呢?老子的处方分宏观、中观、微观三层。

一是宏观上要使民"绝圣弃智、绝仁弃义、绝巧弃利",这话的意思可不是真的就让人减私心而节欲望,因为"罪莫大于可欲,祸其大于不知足,咎莫大于欲得"。只有千方百计让百姓们追求"实其腹、强其骨"这些低阶段、低层次的欲望,才会让他们转移视线,绝弃追求仁义、圣智、巧利之学问,稳固自己"贵生"(显贵于他人生命之上)的独霸地位。二是中观层面实施"寡"民之"欲"的行政策略,君王只要表面上不推崇有才学的人、不提拔重用有才德之人,就能使百姓不争先恐后地学习新知;为君者表面上不看重稀有之物,或者不使百姓看见、知晓为君的珍稀之宝藏,就能使百姓不偷窃、劫掠,或者有充分的理由让百姓不去偷抢;为君者不炫耀足以引发欲念的物事,就能使百姓不犯上作乱。后人们在理解"寡欲"时,有些人偏颇地认为是让君王和百姓都"去欲""无欲",实际上这偏离了老子的本意,老子主要是针对君王而言的:一方面,沉醉于声色犬马和口腹物欲会使人神昏意乱,会使身体的感官和灵性受损,所以,适当节制是有益的,君王应该注意欲望的适当与适度,以便有更长的寿命去享受;另一方面,百姓弃绝了五色、五音、五味会进入一种非常态,非常态的人必然会进行非常见的事情,超出君王的可控范围,更可能匮乏了君王"贵生"的各种供给,所以,君王要有所作为。有所为而有所不为一直是老子教唆君王的"驭民术",教唆君王要用障眼法把自己的目的深深地掩藏起来。到具体的微观执行层面,老子教诲君王要运用手段,行使"将欲歙之,必固张之;将欲弱之,必固强之;将欲去之,必固与之;将欲夺之,必固予之"之术,力图把人们的"贵生"圈限在口好味、耳好声、目好色等感官上,使人们废弃智慧、最大化减少欲望,让百姓们都回复到婴孩般的弱智状态。

老子的"贵生"政治观被一些人误认定为人生价值观的主要原因,既有衣钵后继者庄子、杨朱及儒家光大、变异了道家辩证法的缘故,也有对"无为而治"的不同理解,把老子"避免反自然的行为"错解为"什么也不做"或"没有行动",视而不见老子的"古之为道者,非以明民也,将以愚之也","百姓皆属其耳目焉、圣人皆孩之"的政治主张。更有老

3

子具象说理的方式适合了脑抽象程度不高时代的人们。

　　在五千言中,老子借"水"这一形象物喻指抽象的各种"道",包括君王的"驭民之道"。如第4章以水喻道:"道冲,而用之或不盈。渊兮,似万物之宗。"通过"涌浪""渊"显示"道"的冲击力。又如第8章"上善若水。水善利万物而不争",第43章"天下之至柔,驰骋天下之至坚",第66章"江海所以能为百谷王者,以其善下之,故能为百谷王"等,以水喻政,借水的"利万物"和"有静"特性,喻指为政应以谦和的渗透力实现兼收并蓄,最终达到无人能与之争的境界。第78章以水喻德:"天下莫柔弱于水,而攻坚强者莫之能胜,以其无以易之。弱之胜强,柔之胜刚",喻指为政应效法柔弱的水,来包容斥责和诟病,才会达到水一样的摧毁力。正因为老子大肆吹捧"天下莫柔弱于水,而攻坚强者莫之能胜",视而不见"水"这一形象物的相对状态与绝对条件的辩证关系,后世弃"道"就"水"的言论趋多,如《淮南子》:"天下之物,莫柔弱于水。击之无创,刺之不伤;斩之不断,焚之不然;淖溺流遁,错缪相纷,而不可靡散;利贯金石,强济天下。"同时,《老子》由"水"引出"柔弱"与"刚强"的辩证关系后,有七处高扬"柔弱"美德:36章的"柔弱胜刚强"、40章的"反者,道之动;弱者,道之用",43章的"天下之至柔,驰骋天下之至坚",76章的"人之生也柔弱,其死也坚强。草木之生也柔脆,其死也枯槁。故坚强者死之徒,柔弱者生之徒。是以兵强则灭,木强则折。强大处下,柔弱处上",78章的"天下莫柔弱于水,而攻坚强者莫之能胜"。

　　事实上,自然之物的"水"的"柔弱"与"刚强"是一对客观辩证关系:水多处于常态的柔弱;常态水多柔弱,异态时"刚强";柔弱的常态水依赖外部条件才能变"刚强";水的"柔弱"或"刚强"没有能动性,常常处于外力支配之下……归而言之,水的"刚强"是暂时的、有条件的,"柔弱"是常态的、无条件的。但老子思想上的"柔弱"与"刚强"是一对相对的、主观的辩证关系,一方面对大多数民众而言,受理解程度的局限,尤其在文盲较多的时代,不容易辨识真实的柔弱和貌似的柔弱间的异同,很容易为庸庸碌碌、无所作为找到借口;另一方面对略通文墨的人而言,又受时代、科技、认识的局限,在主观转化为客观的操作性方面,带有了较多的不确定,应用于看不见的"取天下",其难度更是可想而知。但君王的"驭民之道"在古代却成为循环使用的常胜武器,丈夫的"驭妻之道"、父亲的"驭子之道"也常常变成了"拳力"胁迫、威逼,遂使个体智力、群体智能几乎处于低段状态。

　　《老子》的平民"贵生"观能在两宋时期借助儒生、政权的力量得到广泛宣传,除了这一时期人为的努力之外,根本在于,在个体形而上的精神超越与形而下的生命体保全中,老子指导人生所表现的柔弱谦下,以及因顺万物的处世原则、以此治理百姓所体现的"无为而治"的治国原则等思想实质与孔子的"中庸"生存观名异质同。如果说孔子的"中庸"观侧重于直观的人生平淡,教人随大流,那么,老子的"贵生"观侧重于直观的人生示弱,教人退守,正如朱熹说:"老子之学,大抵以虚静无为、冲退自守为事。故其为说,常以懦弱谦下为表,以空虚不毁万物为实。其为治,虽曰'我无为而民自化',然不化者则亦不之问也"。所以,民间接受的老子"贵生"哲学,再经由道教的《无上秘要》《道德真经广圣义》《周易阐真》等著作阐发,弃"道"的刚柔辩证,逐渐取其"水"性常态的清静无为,转投入长生不死的人生指向,并试图通过各种祈祷方式去实现,使老子学说走向宗教,徘徊于个体养生,最终分化出中上层的炼丹、采阴补阳术等和下层的无为保命术,极端化了老子的"贵生"入世情怀。

　　归而言之,老子的"贵生"以珍贵生命、重视性命为内涵,因而是一种实践性哲学,而且是分类的。

　　一类是君王"贵生"实践。如"宠辱若惊,贵大患若身。何谓宠辱若惊?宠为下,得之若惊,失之若惊,是谓宠辱若惊。何谓贵大患若身?吾所以有大患者,为吾有身,及吾无身,吾有何患?故贵以身为天下,若可寄天下;爱以身为天下,若可托天下。"①译成白话文即荣宠、侮辱的感

---

① 《老子》第13章原文。

汤显祖的贵生观

受类似于惊恐的感受,重视荣辱就等于珍重身体。什么叫作得宠和受辱都等于惊恐?得宠是光荣而卑下的,忽然得宠感到格外惊喜,忽然失去也令人惊慌不安。因而得宠和受辱都令人惊恐。什么叫作重视祸患像重视自身生命一样?我之所以有大患,是因为我有身体;等我没有身体了,还会有什么祸患?所以,以"贵身"的态度去为天下,才可以把天下托付给他;以"爱身"的态度去为天下,才可以把天下托付给他。这里,老子把"贵生"细化为君王的尊严问题,论述的是宠辱对君王身体的危害。在老子看来,在生理方面,只有"为腹不为目"①的君王摒弃物欲的诱惑、不纵情声色,才具有了担负天下重任的身体本钱,而在精神方面,"宠"和"辱"在挫伤人的尊严方面并无质的不同,受辱固然损伤了自尊,得宠是一份意外的殊荣,但千方百计保有这份荣宠就会使人受到损害,因而,君王要"不以宠辱荣患损易其身",重视生命胜过名利荣宠,才能为万民请命。若要追问,是否君王重视身体、淡看荣辱就可以受天下之倚重?显然是不能的,身体康健、精神愉悦只是治国的前提,在《老子》其他章节,老子教给君王很多"聪明智慧":"欲先取之、必先予之,将欲夺之、必固予之",这也许是虚伪、欺骗、蒙蔽的源头;"非以明民也、将以愚之也",这是赤裸裸的愚民方法;"使民无知无欲"则是针对不愿变愚蠢的人、还没有变愚蠢的人、不愿被玩弄的人,设法使其不能为、不敢为,这就是高压管理……钱穆评价说:"老子书中之政治理想,换辞言之,乃是聪明人玩弄愚人之一套把戏而已,此外更无有也。"②

一类是凡人的"贵生"实践。由于君王和凡人的"贵生"内容有所不同,君王的"贵生"以"富贵、尊贵、显贵"为重点,凡人的"贵生"以"珍贵、可贵、贵重"为要点,老子开出的"贵生"药方也不同:凡人要获得真正的人生幸福,就不要贪图虚荣与名利。如"名与身孰亲?身与货孰多?得与亡孰病?甚爱必大费,多藏必厚亡。故知足不辱,知止不殆,

---

① 《老子》第 12 章原文:"五色令人目盲;五音令人耳聋;五味令人口爽;驰骋畋猎,令人心发狂;难得之货,令人行妨;是以圣人为腹不为目,故去彼取此。"

② 钱穆:《庄老通辨》,三联书店,2004 年版,第 124~125 页。

可以长久"①。白话文的意思是,名利和身体、身体和财富相比,哪个更亲、更多?获得和丢失哪个更有害?过分地爱名利就必定要付出更多的代价,过于积敛财富必定招致更为惨重的损失。所以,知足就免受屈辱,懂得适可而止就不会遇见危险,如此方能保持长久的平安。老子提出的宠辱荣患和虚名货利,是每个人都必然会遇到的问题。常人贵生,两眼只盯着名利,认为有了名利就有了一切,为此必刻意求之,并为此而绞尽脑汁地用尽投人所好、阳奉阴违、奸诈机巧等手段,日积月累的财货越多,结果失去的就越多,包括人的人格、尊严、品质等方面的损失。

同不谈理论上具体的治国之术一样,老子不谈名利转化所需要的条件,只教凡人辩证地看待身外之物,以如何维护生存、反身内求的道德修养为基本内容,这种生活的辩证"智慧术"基于经验感知得来,因为没有把经验用文字给概念化,所以只停留在半理性阶段。即老子总结历史发现,凡人的名利转化都不过是"追求名利—殚精竭虑维持名利—最终失去名利"这样一个循环往复的过程。因而,他既不探讨凡人智慧能否突破这个循环,也不探讨时空、智慧变化、变异能否给凡人带来突破这个循环的契机,只一味叫人弃绝名利以换取长久的平安。这恰恰是"贵生"实践哲学的最大弊端所在。

(二)庄子的"贵生"人生观

晚老子200年的庄子,名周,字子休。祖上为楚国贵族,由于身处楚国动乱,不得已迁至宋国。正是因为这种生存体验,庄子只做过地方漆园吏,几乎一生退隐。其学说也鲜明地表现了他对战乱时期政治、社会的感受,尤其重在教诲后人务实的生存之道。因此之故,被尊为道教祖师,尊号"南华真人"。

---

① 《老子》第44章原文。

汤显祖的贵生观

庄子学说涵盖着当时社会生活的方方面面,今人所辑传的庄子语录,传播最深远的当属"圣人不死,大盗不止"①和"彼窃钩者诛,窃国者为诸侯"(《胠箧》)。这两句因果相连的辩证思想是庄子"贵生"观的大前提:圣人,就是为世间立下行为规范、成为人类楷模的人,后有明帝国杭州府官员凝缩为"天生圣人,为世作则"。在庄子看来,凡有圣人必有大盗,二者既是对立的,也是相互依存、相互转化的。意即圣人汲汲以营的人间法则,要么是替大盗积聚财物,要么是圣人智能有限,被改头换面的大盗钻了规则的空子,因而就出现了"彼窃钩者诛,窃国者为诸侯"。

庄子用"圣人不死,大盗不止"揭示了人类、人生面临的永恒生存困境:真、善、美与假、恶、丑是对立统一的关系。如果圣人代表一种真、善、美,大盗代表假、恶、丑,那么,只要存在其中的一个,就必然存在另一个——圣人和大盗是相互存在、相互映衬,又在不断的相互制约中,人类难逃此劫。以此观照人生,对个体有限的生存过程而言,圣人和大盗既是截然相反的存在,又是模糊难辨的困扰:谁是顶戴"圣人"光环的伪善者?哪个又是假冒"大盗"的求真者?因此,纷纷扰扰的诸多社会现象,真作假来假亦真、假作真来真亦假,又怎么能辨得清、说得明白呢?人就是在他者与自我言行的真善美及假恶丑辨析中、博弈中度过一生。不但如此,人对自己的"圣""盗"等多面性也是说不清、道不明的:如果按照本心的真实去生活,却遭遇他人的揭批或规制,那么,何谓真、善、美?如果遵循他者的指引去行事,但又违逆了自己的"口好味、目好色、耳好声",如此,何为假、恶、丑?这样看来,真、善、美与假、恶、丑集于一处,相伴相生,那么,只要生命存在,真、善、美就存在,假、恶、丑也伴随生命同时存在。人其实也是在自己的真、善、美与假、恶、丑的时时博弈中度过一生的。

由此,庄子揭出了"贵生"的前提条件:一是圣人揭示的生存之道能

---

① 《庄子》:古诗文网 http://www.gushiwen.org/guwen/zhuangzi.aspx。

否让据此而行的个体,战胜"大盗"的假、恶、丑,安稳地度过一生?二是"大盗"恒通于世、"圣人"销声匿迹的时候,个体又如何才能安然过得余生?三是在真假"圣人""大盗"的较量中,个体又如何生存?

对此问题,庄子没有尊奉老子的"绝圣弃知"的解决之道,他非常清楚"窃钩者诛,窃国者侯"的必然与反常,更明了上位者的虚伪(千方百计地"窃国"做王侯)与贪婪(制定法律诛杀"窃钩者"),但作为一个智者,面对万千民众生活在这样一个社会环境,究竟该如何才能让他们存活下去?因此,庄子给人们开了"贵生"的药方:

一是死生本是一体,淡看生死。《庄子·至乐》篇说,妻子死了,友人惠子吊唁时发现庄子正长伸两腿坐着敲打瓦盆唱歌,于是责备他不念夫妻情,不念养育子女情,庄子却说"我怎可能不感慨、悲伤?然而细细想来,她最初本没有生命,原本既没有生命也没有形体,原本既没有形体也没有气息,可在过去迷蒙混沌间她有了气息、有了形体,进而有了生命,忽然又变成了死,与春秋冬夏四时的无声无息交替一样。现在她安稳地睡在天地之间,如果我再在旁边哭她就是不顺应自然,所以就不哭了"。这是庄子启示世人,要淡看生命及由此而产生的负担,生命产生于无,亦将终归于无,像春夏秋冬交替运行一样变化自然,那么,人就不应该好生恶死,而应顺其自然,让活着的人保持内心的和美。

二是人生应追求无用,无用才是大用。庄子思想的奇特,被后人谓为旷古绝伦。在《庄子·人间世》一文中,庄子借楚昭王的庶弟子綦之口,夸赞一株与众不同的大树,大到千辆四乘的战车都可以遮蔽于树荫之中,枝条弯弯曲曲不能做房屋的大梁,树根则分裂而不能做棺椁,树叶舔舔能使嘴唇破烂而受伤,闻闻能使人大醉三天,这是无用的用处。正因为如此不成材,才不像楸树、柏树和桑树,还没长到天然的寿数就被人们砍死做器具了,这是有用的祸害。这就是庄子的"贵生",把生命视为人世间最高的价值存在,只有做到"无用",才能在乱世中保有性命,这"无用"之"用"才是世间的大用处:有的树木因"有用"而遭受伤害乃至夭亡,有的因"无用"则获得更大的生存空间和时间。从根本上说,庄子不反对人要对社会、对他人有用,而是强调生命的价值必须得到最高的尊重,人只有避免充当工具性的价值,才能保全和涵养完满的生命。

统观庄子的《逍遥游》《齐物论》等,其"不伤生""乐然生""不贪生""安然死"的"贵生"行为,凸显的是"顺应"。如"天人合一"中,无论大自然的"天"、鬼神领域的"天",还是人类社会最高统治的"天",对个体而言,庄子认为,这"天"都是强悍而无边的,个体只有顺应,只有在"清静无为"中才能"贵生"。正如清代学者胡文英曾评论庄子"心极热,眼极冷"①,他不但冷眼旁观而明哲保身,强调"全性保真",舍弃任何世俗的知识和名誉地位。而且,为弱者探求的是个人在沉重的社会中,如何实现自我解脱和自我保全的方法,即一切礼法制度、道德准则,本质上只是维护统治的工具,人世间没什么比生命和自由更加贵重。但庄子并不寻求以积极的行为来改变现实,甚至认为,一切世间的是非、美丑、大小之对立,只是人的认识上的对立——这与老子的"弃知"有了相同之处——如果个体实践起来,只能是厌世及逃遁、逃避社会矛盾了。

庄子的"贵生"思想极为深远地影响了华夏历史:把老子劝诫式的"贵生"政治观转变为消极的人生观,让人们逃避"圣""盗"政治格局、社会矛盾乃至自我冲突。虽然"好死不如赖活着"人生观的普及不能全然赖在庄子身上,但他的首创之功不能断然否认:无条件、无原则的保命生存方法,远比孔子的"中庸"、老子的"守柔"遗祸更深远。更准确地说,"老、庄"道家的"贵生"观、孔儒"中庸""贵生"术,合力造就了一些令后人难以置信的历史现象:在社会领域,蒙古族能以区区几十万人马打败2亿左右的汉人,清军十几万人攻打扬州,仅十日屠杀汉人80万……在精神领域,迄今为止,国家仍在艰难地塑造着追求"真理"的学

---

① 清代学者胡文英的原述为:"庄子眼极冷,心肠极热。眼冷,故是非不管;心肠热,故悲慨万端。虽知无用,而未能忘情,到底是热肠挂住;虽不能忘情,而终不下手,到底是冷眼看穿。"(《庄子独见·庄子论略》)

理精神和追求"本真"的科学精神。这是舌灿莲花论及历史时,完全不应忽略的史实。

(四)杨朱的"贵生"价值观

杨朱被后世称作"阳子""阳生",战国初期魏国人,可谓是道家第三个特立独行的人物。据考证,生卒年月当在墨子(公元前约479—前约381年)、孟子(公元前约371—前约289年)之间,大约是公元前4世纪的人物。杨朱生活的时代恰逢封建制刚刚开始,土地私有得到正式承认。这一时期出现了从井田制劳作中逃亡并开垦小块土地的自耕农以及因立战功得到赏赐并拥有小块土地的自耕农,他们在政治上要求保障自己的权利,在经济上要求保护自己小块土地不受侵犯。杨朱与杨朱学派正是适应这些小土地私有者的利益应运而生的。

虽然后世学者们尊杨朱为先秦思想家,但他没有著作流传后世。今人读到的杨朱的思想都出自间接介绍,学者们多认为《吕氏春秋》中的《贵生》《重己》篇是其代表性思想。如《吕氏春秋》说:"阳生贵己","杨氏为我,是无君也"。在《韩非子·显学》中,韩非子称其为"轻物重生之士",甚至"不以天下大利易其胫一毛",表明杨朱是中国最早主张个人主义思想的学术宗师。

为什么将杨朱的"贵生"定位在价值观层面呢?

本文认为,杨朱提出的"拔一毛利天下而不为"的极端学术主张,实则是"贵己""为我"的夸张表述,并由"为我"的"贵己"价值观必然地得出政治、经济、社会等领域的"贵生"。且试析"贵己""为我"如下。

其一是微观层次的"贵己""为我"。不同于老子分类式的"贵生",杨朱直奔主旨"贵己"。他认为,虽然人和人之间存在先天遗传智高上的聪明和愚笨之分、后天自主努力的贫寒和低贱之异,但有生便有死,人人都如此,且死后都一样地化为腐骨,尧、舜之类的伟人与桀纣之流的恶人没有什么不同。每个人检查自身所拥有和能够拥有的,最有价

汤显祖的贵生观

值的东西莫过于生命,人的口耳发肤最为宝贵,加上人生苦涩又短暂,所以呢,应该万分地珍惜与"贵重"。并且,世间万物的存在都因为"我"的存在而"为贵",有了实在的存在价值,如果没有"我",一切都不干"我"的事,一切都于"我"没有价值,相应地,"我"也对一切不感兴趣。

《吕氏春秋·仲春纪·贵生》篇中有这样的句子:"圣人深虑天下,莫贵于生。夫耳目鼻口,生之役也;耳虽欲声,目虽欲色,鼻虽欲芬香,口虽欲滋味,善于生则止;在四官者不欲,利于生者则弗为。"这里,杨朱假借圣人之口表明,聪明人看尽天下大事,细数之下发现,世间再没有什么比生命更宝贵了:耳、目、鼻、口是受生命支配的,耳朵虽然想听人间美乐,眼睛虽然想看多彩的颜色,鼻子虽然想嗅缤纷的芳香,嘴巴虽然想尝尽天下的美味,但这些欲望,如果在获取的过程中,只要有可能伤害到生命,就应当被禁止。对耳、目、鼻、口来说,只要有益于、有利于生命的才能去做。如果"耳不乐声,目不乐色,口不甘味",就相当于"与死无择",丧失了存在的价值了。从这一原则出发,人的一切有目的的活动是否对自己有利乃是评判行为的准则,在这种准则下,个人主观的利害关系乃是客观价值上的唯一标尺。

由此可见,杨朱主张的"贵生",关键在于外物对"我"的利己价值性。所谓的"利",是集中于个人感官的物质、情欲之利,并由此主张,凡有害于生命的行为必须节欲。显而易见,因有害于生命而进行的节欲具有实用价值方面的功利性。他曾说:"倕,至巧也,人不爱倕之指,而爱己之指,有之利故也。"意即最手巧的工匠即使技艺精湛绝伦,但人们不爱惜工匠的手指,而只爱惜自己的手指,是因为与自己的切身利益有关的缘故啊。爱自己笨拙的手指胜过工匠的巧手,是因为工匠灵巧的手不干"我"的事,于"我"没有直接的实用性,"我"粗笨的手却能朝夕为"我"所用,具有直接、长远的使用价值。杨朱由此延伸开去:"今吾生之为我有,而利我亦大矣:论其贵贱,爵为天子,不足以比焉;论其轻重,富有天下,不足以易之;论其安危,一曙失之,终身不复得。"意即从价值的大小或有用程度来说,即使贵为天子,拥有天下之物、之人、之权,也不能同"我"的手相比;从价值的交换性来说,即使用天下财富也不能和"我"的手交换;从价值的唯一性来说,一旦有一天失去了"我"的手,终生不会再得到。这段话引出了杨朱"贵生"内涵的"贵己":把重视生命的价值观扩大、延伸到了万事万物我只"贵己"的价值境界。

因此,杨朱定位客观事物对于人生的全部意义,仅在于对一己之生存有利,用对自己生存有利与否去判断、决定人和事物关系的价值。身外之物是感官的情欲的来源,也是一己利益的来源,它仅是利己的手段,而不包含个人以外的社会目的,如果拿"物"或"天下"来和"我""论其轻重"的话,则生存与人身最为重要,而身外之物与天下都可以被轻视到"拔一毛利天下而不为"的程度。杨朱夸张的拔大腿上一根汗毛就可以有益于他人都不舍得的吝啬,其实是有底线的——为了保有自己的生命,虽然不会刻意地做利他之事,但至少不危害别人的利益,才可算得真正的利己。但后世儒家、墨家等省略了杨朱"贵己"的底线,墨家狂批杨朱的极端自私,儒家则借助官权彻底地镇压了杨朱的异类思想,以及推行无处不在的父权、君权下的等级制,都极力否认杨朱指出的人的欲望的自然存在性和合理性,压制小人、女人等群体的物质和精神欲求,导致有集体无个人,挤压出了阳奉阴违、口是心非、貌合神离的扭曲现象,形成了人前君子言行、人后小人做派,危害甚广、祸害极大。

其二是宏观层次的"贵己""为我"。与"小我"角度审视世间万物这一微观层次的"贵己""为我"不同的是,宏观层次的"贵己""为我"是从"大我"角度审视社会的。即是说,"小我"有了"拔一毛利天下而不为"的行动还是不够的,因为单个的"我"身处无数的人之中,他人企图侵犯、损害"我",必须"人人不损一毫,人人不利天下"(《列子·杨朱》),才能保全"我"的生存和生命。杨朱的这种政治观、社会观,是由"拔一毛利天下而不为"衍生出问题的另一层含义:一方面从"损一毫而为天下,不为也",衍化出"人人不损一毫,人人不利天下,天下治矣";另一方面,由"不以天下大利易其胫一毛"衍化出"人人不以天下

汤显祖的贵生观

大利,人人不易其胫一毛,天下治矣"。

"天下治矣"是杨朱的"贵己"进入政治、社会领域的价值主张,其理论逻辑是人人都真正地"贵己",必然提防自己因过度追求欲望而伤害他人,进而导致他人为维护利益而做出的反击。这是由个体的"贵己"衍生出尊重他人"贵生"的必然性——个体只有拥有相当的修养和克制,才能不致损害他人的正当利益,只有人人都不拔一毛而利天下,也不贪天下大利而拔自己一毛,才能实现"天下治矣"。在现代语境下诠释"贵己"及衍生物"贵(他)生",看到的是杨朱的人权主张,前者肯定"我"这一特殊个体的生存价值和精神独立,后者肯定一般性个体的生存价值和精神独立,合起来即是"贵己""贵(他)生",互不侵犯,人人重视自己的权利,人人尊重个体价值,自然实现天下大治。从这个意义上说,杨朱是古中国最早的人权提倡者,完全异类于当时占主流地位的圣贤话语体系。最为遗憾的是,后学没有足够重视杨朱的"贵己"和"贵(他)生"之间的辩证关系,更没有从政治学角度深掘其合理性:杨朱的"贵己"和"贵(他)生"之间的辩证关系,实质上已经涉及了社会交往中的规则和国家治理中的规则问题,以及规则的界限。

其三是后学由杨朱"贵己""贵(他)生"衍生了"全性保真,不以物累形"。西汉时期的《淮南子·氾论训》有这样的句子:"全性保真,不以物累形,杨子之所立也。"意即人要顺应自然之性,既然降生于世间,便应当保全生命,保持自然赋予人的真面目,随心所欲的极限是不违背自然,人不可以违逆自然规律而期待长寿不死,也不可以为了身外的"聚物而累形",更不要为外物损伤身体、危及生命。这些观点究竟是否全然是杨朱主张的另类表述呢?秦代《吕氏春秋》四篇材料以及《淮南子》,应是后学对杨朱思想的延伸。杨朱只谈人应如何"重生""贵己",其他一切统统是因"我"的存在而被感知、被思考、有价值的,很有"思我故万物才在""我在万物才有价值"的主观倾向,这恰恰与古希腊哲学家普罗泰格拉的"人是万物的尺度"有异曲同工之妙。杨朱不谈人过度追求物质享受那一层面,也不涉及儒家关于人性的本善或本恶的究竟,更没有谈到像《吕氏春秋》四篇中涉及的"适欲"问题。而后学延伸了杨朱学说,由"贵己""贵(他)生"联想到"物累形"的可能情况,联想到"贵生"过程中贪欲与节欲的问题,由此把"贵生"衍变成"养生""长生",甚至进一步把杨朱学派归之为道家,认为杨朱学派、道家都回避现实世界的斗争,都欲洁身自好而隐退于社会矛盾之外,指其尽管学说的出发点貌似相异,然而其相似的处世态度必然导致最终走向一路。并举证说,庄子主张"心齐""坐忘"甚至"忘我","忘我"就含有深深的"为我"之意,极似杨朱,"贵生"含义有养生之道,又近于庄子后学。就连一代宗师冯友兰也说杨朱"贵己"前提下的生存方法是"避"害。实实在在有些曲解了杨朱——古代没有领域之分、学科之别,更谈不上二者融合之下更细致的维度层面,论者个个根据古汉语的逻辑去衍生,听者人人根据词义去联想,早已离题万里了,哪里还记得适用范围?

后世将杨朱学说归结为不加丝毫掩盖的"利己主义","为我"到了"拔一毛而利天下,不为也"的怪异之论,在问题的提法上,就足以在一般人心目中构成一种不可饶恕的罪状,或视为邪说或诡辩,因此蒙受恶名,备受攻击,甚或被直接呵斥为禽兽,至少引起亚圣孟子"高尚的"愤慨。但在时隔千年之后的典史汤显祖,却叫南海之滨的徐闻人要"贵生"——当然,这又是另一番情形了。但杨朱罪过何在呢?杨朱只是在探寻人的本来面目,如同探寻万事万物的本来状况一样,是至今都极为稀缺的一种科学精神的反映。他坚持坦荡荡地从人自身感官、感觉去说明人,而不人为地附加更多虚假的东西;坚持坦荡荡地从人的生存物质需要去说明道德,而不是为了君父弄出个其他人的"重义轻利",逼迫国人千百年如一日地阳奉阴违、貌合神离、名实不符地学高尚、假高尚,这是国史上众多思潮中杨朱学说独树一帜的关键所在。而杨朱的"贵己"学说代表了实有,老庄派的"贵生"学说代表了虚无,两者最终融合为一体,创立了意义深远的、独具华夏特色的帝王治国手段——君人南面之术。此即古华夏政治方面的组织行为学:对己"贵生"且"养生""长生",对他人则轻其生、贱其生甚至杀生。

二、儒家贵生观的政治与人生取向

"伦理"中的"伦"即"次序之谓也",指人与人之间的关系;"理"即认识层面的道理、行动方面的规则。"伦理"合起来指儒家习惯法和制度法上长幼尊卑的应然与实然。为什么这样说呢?钱穆曾指出:"中国文化,全部都是从家庭观念上筑起的。"①儒家突出强调的秩序、等级和服从,既是家庭伦理的要求,也是政治结构的要求。其明显的意识形态意义与政治伦理有着严谨的同构性:"孝"是"忠"的人格规范,"忠"是"孝"的逻辑延伸。这是历代皇权褒扬"孝"、以"孝"治天下的原因。因此,谈儒家的"贵生"不得不从夫妻、家庭等基础性的伦理关系出发。

(一)夫妻之道的"贵生"关系

从史实源头看,"丈夫"源自"劫(女)色"。母系裂变时期,女人与生俱来的劳动力功能、生殖力功能被添加了商品功能,还有被放大了的性愉悦功能,从而集劳动力、生殖力、性愉悦、商品于一身,成为最高值、最保值、最增值的物品,"劫(女)色"等于最高效的"劫财"。已经拥有的和"劫(女)色"成功的男子,害怕女人被其他男人抢走,就不让女人脱离自己的视线、脚力之外,距离大约一丈左右,故这类男人被称之为"丈夫";而那时的女子也有自己的选择能力,以保命为原则权衡利弊,在拼体力的时代,如果跟着一男子却天天被虎视眈眈,有被抢之忧,那应是吃不饱、寝不安的,且以那童化时代不高的智力也可以总结出身高、体健男子的益处,当然选择身高约七尺的男人去依靠,因而称这类男人为"丈夫"。

从词源上看,"夫妻"对称中的"夫"有两层含义。《说文解字》说:

---

① 钱穆:《中国文化史导论》,商务印书馆,1994年版,第42页。

"丈夫也。从大,一以象簪也。周制以八寸为尺,十尺为丈。人长八尺,故曰丈夫。"这实际上解释了两个字的含义:"丈"源自西周的长度;"夫"源自男子成人礼的发簪。这是从有形、可视角度描述"丈""夫"。其中,男子的束发与着袍意味着成"大"人,取其发簪的一横,应更符合古人以象形为主的造字习惯,"从大,一以象簪也"应是"夫"的本义。秦汉以后,男尊女卑定型化,男性内部也随政治、经济等各个领域的分化而分化,"夫"的第二层含义衍生,因"天之一,冒大上",而"从大一则为夫,于此见人与天同也"(清代段玉裁《说文解字注》),从抽象角度表"夫"的顶天立地,指称有所作为的男人,这是引申义。

《说文解字》的"妻":从女、从屮、从又;又,持事,妻职也。属于会义字,"女"表性别,"屮、又"表示手持"屮"从事的护卫职责。"妻"字最早见于《易·系辞》:"入于其宫,不见其妻。"但这只是平民男子的配偶,如《礼记·曲礼下》载:"天子之妃曰后,诸侯曰夫人,大夫曰孺人,士曰妇人,庶人曰妻。"大约秦汉以后,管理层的"后、夫人、孺人"指称一直沿用到清末。士人、庶人的配偶逐渐下沉成为非管理阶层的统称,而且是伴随着男子的阶层分化而分化的。妻妾现象普遍后统称"内人",但嫡妻被称为"内子""内助",意为帮助丈夫处理家庭内部事务,属家族中的管理层了,妾被指称为"贱妾"。对外宣称的"拙内""贱内",一是男主外、女主内的等级制度已经严格起来,女人"大门不出、二门不迈"逐渐普及;二是凡是在"家族内"活动,且不抛头露面的女人深受称赞,也许是因为这一办法,既杜绝了女人"红杏出墙"的可能,也封闭了女人的视野,让丈夫能够时时刻刻找到精神上的高大上,但必要的应酬又有违背习惯法之嫌,所以,口称"拙内""贱内",表示该女名义上能遵从礼法、行动上又有跟随丈夫应酬的能力,实则明贬暗褒。

追溯"夫妻"的本义可见,女人本身是财富,或者说,在儿童状态下的人类与自然物拼生存的时代里,女人的财富功能是男性开发出来的,又具有人类生存下去的根本性功能。有人说:"给我一个女人,我可以创造一个民族。"这正是男人世界对夫妻之道的积极性概括,也是"从男居"出现的根本动因:女人的性愉悦功能、生殖力功能,是夫妻生活的"源"动力;女人的劳动力功能、商品功能、性愉悦功能、生殖力功能既是女人生存的全部源泉,也是夫妻生存的底线保障,更是丈夫为生存而转移所有权的法宝,甚至是丈夫苟全生命于乱世的手段之一。但是,女人的诸多价值的发掘并非从母系瓦解时开始的,而是被混合在群体生存问题之内的,对偶"从男居"较之"从女居"的群居规模几乎没有变化,改变的只是男人主导还是女人主导,因为"凡人之性,爪牙不足以自守卫,肌肤不足以捍寒暑,筋骨不足以从利避害,勇敢不足以却猛禁悍,然且犹裁万物,制禽兽,服狡虫,寒暑燥湿弗能害,不惟先有其备而以群聚耶?群之可聚也相与利之也,利之出于群也。"①

到了西周时期,习惯法和制度法都定型了夫妻关系。制度法中,《周礼》曰:"媒氏掌万民之判,凡男女自成名以上,皆书年月日名焉,令男三十而娶,女二十而嫁。"这是有关"昏姻"②的最早记录史,有职业媒人,有官方对男女出生、匹配的时间记载,有强制性的婚书。与之相配套的财产制、祭祀制等,都以男子为主导:"一曰立子立嫡之制,由是而生宗法及丧服之制,并由是而有封建子弟之制、君天子臣诸侯之制;二曰庙数之制;三曰同姓不婚之制。此数者,皆周之所以纲纪天下,其旨则在纳上下于道德,而合天子、诸侯、卿、大夫、士、庶民以成一道德之团体。"③其中,奠定后世的立嫡之制、庙数之制直接、间接规定了妻妾对丈夫的责任和义务:女性作为家族结构中的一分子,其祭祀权、信仰权、人身权等,无不依附于男性个体随从金字塔组织下的各自阶级,所有女性不能享有政治上的任何权力,不能享有父族、夫族的财产继承权。

夫妻关系的法制化具体通过"昏姻"制、嫡庶财产继承制保障完成。

一是通过买卖和互换"昏姻"实现了所有权、财产权的转移。如前

---

① 吕不韦:《吕氏春秋》,关贤柱等译注,贵州人民出版社,1997年版,第740~741页。
② 现代婚姻,法定一夫一妻,但民国之前的习惯法、制度法上的夫妻关系并不如此,因而采用"昏姻"以示两者之间本质上的区别。
③ 王国维:《殷周制度论》,载《观堂集林》卷十《史林二》,中华书局,1959年版,第451、452页。

所述,女人自身就是保值、增值的高效能财富,古代所有制度法、习惯法中的"昏姻"的实质都是名义财富、非名义财富的转移。最普遍的买卖"昏姻",最初支付财货,后来演变为聘礼,丈夫因为支付财货并体现购买归属权的直接、公开形式便是要求妻妾迁居随自己:女人是被"迎取"回来的,"取"表现了女人这一"财富"所有权的归属性。交换"昏姻"以相互交换成年女代替财货的相互交换,甲方成年男性在迎取乙方成年女性的同时,作为交换的条件,甲方的成年女性亦迁至乙方男家,或者甲方的成年男性迁至乙方女家。虽然没有出现财物,但女性仍被视为财物,男方因无力支付,只能以对等换人抵偿迎取的财货。

二是嫡长子继承制中的"子"专指男子,既规范了子代男子的出生顺序,又取消了子代女性的家族继承权。其中,严格嫡庶之辨。"嫡庶"之分既是对"正妻"和"媵妾"地位的规范,又是对妻妾所生男性后代继承秩序的规范。作为生存者之一,女性的职能主要是为妻为妾,既是丈夫的生育工具,又是男性后代继承财产和权力的桥梁,在整个家族乃至社会中,处于"影子"的地位。

秦汉以后,"夫为妻纲"的习惯法、制度法不断完善成熟。下文具体以制度法中妻子的权利与义务,展现传统夫妻之道中的生存模式。

妻子的义务。《女诫·事夫》载:"夫有再娶之义,妇无二适之文,故曰夫者天也,天固不可逃,夫固不可违也。……故事夫如事天……"一是相夫,即辅助丈夫处理田间、家庭事务。二是守节,最终目的是保障父权,保障自己的子孙继承自己的财产。三是妻子无辜遭遇连坐:"妻匿夫,不坐;夫匿妻,罪殊死,皆上请,廷尉以闻",意思是妻子如果包庇、藏匿了犯罪的丈夫,法律不予追究,但如果丈夫这样做了,夫妻将被分别处以不同的刑罚。"妻告夫干名犯义",法律限制妻告夫的权利,诬告更甚。相反,"夫诬告妻还能减所诬罪二等"。"夫有罪,妻坐从;妻有罪,只坐其身",一般女人从坐的处罚包括被处死、流放、没入、补兵、由官价卖等等。四是为夫服丧,但是丈夫可以不为妻服丧。

妻子的权利。一是"三不去"——休弃时无娘家可归(有所娶无所归),不去;曾为公婆守孝三年(与更三年丧),不去;曾与夫同甘共苦,后来夫富贵者(前贫贱后富贵),不去(《大戴礼记·本命》)。二是秦汉至清末,除了唐代有"和离"或"合离"①,夫妻离异一般是以"七出"为首的"义绝",由官方或者宗族出面办理,通常除了嫁妆之外,妻子净身出户。到了明清守节成为制度法、习惯法一致的褒扬行为时,只要丈夫不休离,妻子可以以"一女不事二夫"的名义在夫家凭借嫁妆独立生活。上层中因丈夫封官,妻子也得以荫庇得到一定的官爵、特权等,并享有议请的优遇,虽然说"夫者妻之天也",但是在外人的眼里夫妻是一体的,夫与妻受到同样的尊敬,甚至夫死后妻可以享受夫的地位,丈夫的人格由妻子代表。

在夫妻间的人身伤害的犯罪问题上,惯例是同罪不同罚,普遍是妻子重丈夫轻。对于丈夫拳殴妻子,明清律规定:夫殴妻非折伤勿论;至折伤以上,始减凡人二等论罪②(须妻自告乃坐)。丈夫殴打妻子,一般官府不追究,在古代是这样,现代社会一般也是这样;丈夫将妻子打骨折或残疾时,如果妻子做被告并告到官府时,国法将对照社会上打骨折或残疾降两级论惩罚。对于妻子拳殴丈夫,明清律规定:妻殴夫者杖一百;折伤以上,加凡伤三等;妻殴夫至笃疾者,绞;至死者,斩;故杀者,凌迟处死。即妻子只要敢于殴打丈夫,就要受杖刑一百次;妻子将丈夫打骨折或残疾时,对照打伤的一百杖刑,要承受三倍;妻子殴打丈夫留下残疾,受绞刑;打死或者故意打死丈夫,处以斩首或凌迟处死之刑。

梳理制度法可见,夫妻之道是以丈夫为主、妻子为辅实现的资源划归生存模式。即"昏姻"本质是人力资源的分配:受生存环境制约,母系时期男女关系是一种生物性男女关系;夏商周时代发生了质变,女人既是劳动力,也是种群扩大的承载,必然地成为了掠夺和奴役的主要对象,"昏姻"遂成为男人之间资源归属的习惯法划定形式,也是对"奴隶"这种劳动力资源的规制。秦汉至清末的"昏姻"不断完善,妻、妾、

---

① 段塔丽:《唐代妇女地位研究》,人民出版社,2000年版,第111页。
② 《大清律例》卷二十八《刑律·斗殴下·妻妾殴夫》。

婢等是人力资源的制度法分配形式,租、典、入妓等成为人力资源的习惯法分配形式。从国家层面来看,"昏姻"是以女性的性愉悦为基础的经济、伦理、法律等关系的制度体现,是以婚书为载体的诸关系的集合:经济关系方面,制度法赋予丈夫褫夺了女人的身体包括生产物;政治关系上,法律规范的是丈夫对妻子的身体到生产物的私有,包括腹产物的归属不由十月怀胎的妻子自主,而由参与了胚胎形成的丈夫决定。

当然,以丈夫为主的夫妻生存、生活模式,有其合理性、必要性的一面。由于夫妻的共同生活是组成家庭的基本条件,夫妻关系是组成家庭的基础,郑玄注《周礼·小司徒》云:"有夫有妇,然后为家",夫妻都必须服从于种族生存,夫耕妻织服从于种族繁衍大局,妻子的柔顺美德巩固了家庭的存在。夫妻间恩爱相亲、富贵不移、相互激励的行为则受到人们的赞扬,夫妻间长期耳鬓厮磨、甘苦与共产生的爱恋之情成为人们共同的向往。

(二)三口之家的"贵生"关系

家庭是群居生存的必要促成的,父系家庭是群居的制度法化,由此延展的种族繁衍的实质仍然是生存的必须。即家庭在古代是一种必备的生存方式,舍此,生命的保障无以为继。但是,母系家庭是一种以母亲为主的生存方式,成员间的关系贵在自觉、贵在自主,以确保每一位家庭成员生存下去,千方百计地确保每一个生命得到保障。而父系家庭是一种以祖父、父亲为主的生存方式,成员间的关系等级化且逆向发展,贵在父尊、贵在受令,"贵生"的内容变成了父亲的"贵生",包括生活、生命至上,子代无论成年与否,都受到"天下无不是的父母"的制约,受到"父叫子死,子不敢不死"的潜在威胁。

古华夏父系家庭以姓氏家族群居,三口之家只是大家族中的子家庭,且占比较低,但由于"夫为妻纲""父为子纲"所导致的男人独霸地位,使得父子关系类型极为繁多,有嫡子女、庶子女、婢生子女、奸生子女、嗣子、养子、乳子等类别。除了乳子是妻妾的母乳喂养的孩子,但经济收益归丈夫支配之外,其他各类关系在不同皇朝的制度法、习惯法中有不同的规范,进而导致大家族之下的两代关系名目繁多,即使是三口之家,也涵盖了两种大类型:一大类是两代同时具有血缘的父母与子女类、父亲与子女类、母亲与子女类,以及父亲与子女具有的单向血缘关系类,如父亲与庶生子女类、父亲与婢生子女类、父亲与奸生子女类等;另一大类是非血缘关系的养父母与养子类、养父与养子类、父母与继子类、母亲与养子类等。

秦汉至清末,制度法、习惯法通行的父母与子女的关系完全从属于宗法家族制度,制度法中的有关规定以孝道为本,主要包括父母对子女的规制和子女对父母的孝顺。前者表现为父母对子女握有主婚、教令、惩戒等权力,如不孝列为十恶之一;祖父母、父母尚在而子孙别籍异财、供养有阙,都须按律科刑;子女的人身和财产权益都得不到保障。其中的"教令"囊括了姓名、教育、婚配、财产及赡养等制度法规定的权力,以及区域不同而特有的习惯法权力。"教令"中比较值得现代人继承的是习惯法中"七不责"教育部分:一是对众不责,在大庭广众之下,父母不要责备孩子,要在众人面前给孩子以尊严;二是愧悔不责,如果孩子已经为自己的过失感到惭愧后悔了,父母的责备容易激起相反或意外的效果;三是暮夜不责,如果父母在晚上睡觉前责备孩子,会让孩子带着沮丧失落的情绪上床,要么夜不成寐,要么噩梦连连;四是饮食不责,如果吃饭时责备孩子,很容易导致孩子脾胃虚弱;五是欢庆不责,因为孩子特别高兴的时候经脉处于畅通的状态,如果孩子忽然被责备,经脉就会立刻憋住,对孩子的身体伤害很大;六是悲忧不责,孩子哭的时候不要责备他(她);七是疾病不责,生病是人体最脆弱的时候,孩子更需要父母的关爱和温暖,这比任何药物都有疗效。

除了父母对子女的规制而外,行政管理帮助父母实施以孝道教育为核心的教化。孝道教育包括两大类,一类是以《孝经》为总括的、系统化各类教育的集合,一类是以法律的惩戒为规范的各类底线式教育的规定。二者的区别在于,前者具有软约束力,后者具有国家法的强制性。

《孝经》最突出的特点是以孝治国、以孝治家。儒家把"孝"提高到天地之道的高度,即"孝顺父母天经地义",以百姓不遗弃自己的双亲,就不会为了利益而争斗、不会违犯禁令了,就会和睦相处为前提。具体分为贵族和平民两大类,贵族之孝具有行政管理性质,后文有叙述,对平民百姓的孝要求是:"用天之道,分地之利,谨身节用,以养父母,此庶人之孝也。故自天子至于庶人,孝无终始,而患不及者,未之有也。"(《庶人章第六》)意思是说百姓要遵循天道运行的规律,努力劳动,辛勤耕耘,用土地上的收获去奉养父母;谨慎行事,不要惹是生非,以免生出祸害受刑辱;要节约费用,以免父母受饥寒;不论是天子还是庶民都必须要孝顺父母,这是人人都能做得到的事情。

具体而言,孝道教育包括两大部分,一部分是精神上的孝道,主要表现在"敬爱""立身""承志"和"追念"等方面。

"敬爱"是儒家孝道教育的开篇要求,其重点是"敬"。儒家要求子女"敬"父母,体现在言行上是"事之以礼",对父母不但要有温和的态度、愉快的口气和委婉的语言,做到时时刻刻和颜悦色,还要经常满足他们物质上、精神上的需求,这就是传承下来的"孝顺",孝敬父母的言行关键表现在于"顺从","天下无不是的父母"正是"教令"的总纲,是迫使子代无原则、完全妥协的制度法、习惯法力量,当然,也是子代排解情绪与情感的无奈方法、消解与父母争论、争执的自我安慰。儒家的"敬"是以血缘之"爱"为基础的,要尊敬父母,最重要的是要爱父母,由血缘出发体现出发自内心的、真诚的爱:在感情上,不能认为父母为自己所做的一切都是应该的;不能认为父母有错有失,自己都是恰当的、正确的,还不能当面直言父亲的提笼架鸟、吃喝嫖赌,那些由国家法律判断与制裁,孝顺的孩子要"亲亲相隐"、谨遵为人子女的边界,更不能嫌弃年老的父母,认为对自己是一种累赘和负担;在行为上,所有的子女都必须回馈父母含辛茹苦把儿女们抚养成人的恩德,要体谅重养不教、虐待、遗弃等的无奈……所以,儒家无极限、无原则地"敬爱"父母、孝顺父母的观点产生了深远的、消极的影响,例如父亲一贯地压制子代,子代的创造力受到遏制等。

"立身""承志"在儒家是分开来谈的,二者之间具有一定的因果联系。"承志"是子承父志,前提是"立身"。"立身"笼统地说就是要成就一番事业,在政治、经济、文化等领域做出一定的成绩。《孝经》说:"立身行道,扬名于后世,孝之终也。"要想在某一领域做出成绩,无疑要有自己的理想,为理想勤奋学习各种知识和能力;要磨炼自己的意志,拥有百折不挠的毅力;要爱护好自己的身体,保持实现理想所需要的体能支持,这是做出一番事业的必备条件。儒家的"立身"通常与"立德、立功、立言"放在一起,即"立身"的目标应是"立德、立功、立言","立言"通常指从事教化或者著书立说,"立功"通常指军功或有益于国家大事的功劳,"立德"泛指各领域能彰显出品德的成就。儒家认为父母会为此感到高兴,感到光荣,感到自豪,凡是能给父母带来荣耀的事情,就是对父母最大的孝。如果子代走入邪途,身陷囹圄,不顾父母之养,也给父母精神上带来终生的负担、耻辱或负罪感,使父母耗尽心力白养了一个不肖子,就是对父母最大的不孝。"承志"一般指父亲亡故后子代继续父亲未完成的事情。当然,前提是子代曾为自己的志向储备了一定的知识,具备了一定的能力和毅力。"承志"是儒家提倡的孝顺的内容之一:"三年无改于父之道,可谓孝也。"(《论语》)积极的方面是,父母确实有未完成的、有利于民族的事业,需要儿女们去完成,这是儿女们不能推卸的责任。如陆游的"王师平定中原日,家祭勿忘告乃翁",属于充满高度爱国热情的父志,子代的确是完全应该继承的。但社会生活是多样的,不是每个人都要去完成父亲们五花八门的遗志。事实上子代也不可能做到儒家的教诲,儒家"亲亲相隐"原则下的孝顺,在相当大的程度上模糊了对与错、好与坏、善与恶的界限,子代并不能完全分辨清楚父志的性质。

"追念"指的是对已经亡故的亲人的回忆与祭祀。儒家强调追念父母、祖先就是不要忘记,不要忘记的最好形式是"祭之以礼",采用祭祀能以看得见、摸得着、影响大的形式怀念祖先,并且要"祭则观其敬而时也"(《礼记·祭统》),即祭祀父母关键是要"崇敬"和"守时",其核心是要以崇敬的态度时时记住祖先。去除儒家那种烦琐的祭祀仪式以及带有迷信色彩的祭祀部分,分节气祭祀是应该的、必要的。在雷州半岛,岛民们祭祀祖先通常是将祖先牌位设放在正堂,能够时时看得见、天天能怀念,可以随着国家的节假日进行祭祀,也可以在家人的特殊日子里进行祭祀,随心随性随意,是一种值得推广的祭祀方法。

儒家孝道教育的另一部分是物质上的孝道,主要表现在"谏诤""侍疾""奉养""送葬"。

"谏诤"指的是对父母的言行与处事方式提出建议和意见,孔子认为"父有争子,则身不陷于不义","故当不义,则争之,从父之命,焉得为孝乎?"(《孝经》)"谏诤"的出发点是有益的,但在父家长掌握了政治、经济大权的情况下,子女的人格及政治、经济地位都必然低下,而家族事务又包括了各种因嫡生、庶生、婢生而出现的嫡母与庶母、庶子女的利益关系,以及嫡生子女与庶生子女、婢生子女的利益关系等,这些导致"谏诤"内容与目的掺杂了多重性质,常常使父子陷入矛盾、冲突乃至对立,在古代中下层父亲们普遍为文盲的情况下,他们大多数人并不具备应对复杂矛盾的知识储备,往往辨识不清,烦于面对,导致"谏诤"连形式都很难,更不用说真正的采纳。所以,后人总结古代父子关系时说的"父叫子亡子不得不亡"是以普遍性的历史事实为依据的。

"侍疾"指的是父母生病了,做子女的要跑前忙后地照料病人。人吃五谷杂粮得百病很正常,衰老也是人生的必然过程,作为子女,要多关注父母,有病了带他们去看医生,及时为父母治病,要精心地熬药、喂药,熬的汤药和送药丸的水,努力做到亲口尝一尝,看温度是否合适,以免烫伤,这就是古代的"熬汤药,必先尝"的训导。父母年老重病的时候,除非极为特殊的情况,儿女们要尽可能地轮流守候在父母的身旁,多给父母一些精神上的关怀,让他们平和地带着微笑走完生命的最后

汤显祖的贵生观

一刻。

"奉养"是古代父母生养儿子的必然要求,小农经济社会里,积谷防饥、养儿防老一直是平民百姓终日劳作的、孜孜以求的目标。赡养父母是做儿女的义务,养是最基本的,"奉"是态度要敬,不能只养不敬,只养不敬也被视为不孝,这就是现代人所说的给予物质上的供给和精神上的抚慰。但是,古代赡养父母是有区别的,儿子对父亲的养既是国法的规定、习惯法的要求,更是古代父子经济关系的必然。在古代行政管理中,赋税、劳役及其他事务与户长密切相关,通常官府登记造册的户长是父亲,土地、房产、债务等都集中登记在父亲名下,代际传承并没有明显的年龄界限,不是父亲知天命之年变更给儿子,也不是子代成年礼之后、大婚之后或者分门立户时给予变更。尤其在古代四世、五世同堂的大家族中,曾祖父、祖父一直掌控家族的经济大权,父亲甚至终其一生都没能成为户长,他同儿子、孙子一样,劳作的经济收益都归于户长,衣食住行状况都由户长制定和分配。那么,三口之家中的父亲掌控经济大权到什么时候才会进行财产变更呢?为了防止子代养老的口是心非、阳奉阴违,父亡子继比较常见。所以,古代家庭设计中的子代养老,由于子代受制于父亲的经济状况,子养父常有物质供养而缺少精神抚慰,子养母的物质供给和精神抚慰稍好于父亲。这是我们现在研究中通常忽略掉的、细微的社会现象。

"安葬"在古代多指死人入土。世界上,所有的人死了,都要安葬,不同的是埋葬的方式,以汉族为主的埋葬方式是土葬,叫作入土为安。少数民族则有火葬、天葬、水葬等。汉族葬仪至今都十分隆重,通常是老人死了,其子女动员亲友、乡邻耗时三五天,看风水选穴、制作葬服、制作棺木……

在古代行政管理中,以孝治家不仅仅是社会、学校、家庭教育所进行的软约束,更是国家法律的制度性安排,以继承制为例,父母双亡后,通常嫡子、庶子、嗣子、养子具有一定的财产继承权,嫡女、庶女、婢生女、奸生女、乳子通常没有继承财产的法律权利。明律强调维护嫡长子继承制。《大明律》规定:"凡立嫡子违法者,杖八十。其嫡妻年五十以上无子者,得立庶长子,不立长子者,罪亦同……其乞养异姓义子以乱宗族者,杖六十。若以子与异姓为嗣者,罪同,其子归宗。"明律确认的嫡长子继承的合法性,目的就在于确保封建家族的绵延和发展。承祀宗祧、袭荫袭爵等都以嫡长子承继,"嫡庶子男……不问妻妾婢生,只以子数均分"(《大明律·户律》)。法律并规定,只有对绝户的财产,女儿方可继承。清代也实行嫡长子宗祧继承制和嫡长子封爵继承制,立嫡违反法定程序,要杖八十。嫡庶子孙全无者,为户绝,须立继。立继必须昭穆相当,不得尊卑失序(《清律辑注》)。立嗣关系成立后,不得随意解除,否则,要杖一百。但如果嗣子不孝或与继亲不睦,法律允许重立。财产继承上,清律以家长遗嘱为准。如果家长生前或临终时未立遗嘱,则依法为"诸子均分",不问妻妾婢生,但女子一般无财产继承权,只有户绝人家,其财产"所生亲女承分,无女者入官"。无子守寡者可以继承夫产,但在立嗣之后,财产要归嗣子所有。

(三)古代群体的"贵生"秩序

"物以类聚,人以群分",群体是个体的共同体,是不同个体按某种特征结合在一起进行共同活动、相互交往的。个体往往通过群体活动获得安全感、责任感,获得友情、关心和支持。但纵观秦汉至清末的群体,除了制度法意义上的官吏群体和家族之外,其他群体结构松散,生存法则不明显,一般被纳入阶层范畴去探究。而习惯法意义上的群体生存特征明显、结构严密的首先是宗教群体,包括僧侣群体、道士与道姑群体,这两类群体既具有一定的官方性质,也具有民间性质,如僧官、道官占比较小,属于皇朝行政管理制度中的一小群,广大的和尚与尼姑、道士与道姑按照不同区域、不同民族的宗教习惯生活;其次是结构松散、群体生存特征稍微明显的文人、商人。以下分述官吏群体、文人群体的生存样式。

汤显祖的贵生观

官吏群体是由国家政治衍生而成的职业人群,也是最古老、持续时间较长的专门性职业人群,不同历史时期的国家制度不同,选拔官吏的原则、方法不同,从而导致官吏群体的生存状况也不同。根据华夏历史,禅让制下的首领选拔,具有原始禅让制和非原始禅让制的不同。原始时代由部落成员民主推选出来的首领,是最早的官员群体,没有薪水,公益服务。到了王朝、皇朝时代,大臣、武将以武力强迫原皇帝退位的做法也被美化为"禅让",这种非原始禅让制下的官吏群体,与专制皇权制度下官吏群体的生存法则一样,具有世袭和选拔两大类。

世袭制字面义上是世代承袭帝位、爵位和领地的制度,始于夏朝,成熟于西周,实际上是嫡长子继承制在不同阶层的变相复制。在民间,嫡长子承袭祖辈姓氏、财产、土地,主导家族奖惩、祭祀等;在王朝,先秦以前商朝、西周、东周,上至天子、封君,下至公卿、大夫、士的爵位、封邑、官职都是父(嫡长)子相承的,直到改朝换代或占据这个爵位或官职的家族在政治斗争中失败为止。皇朝代替了王朝后,虽然局部稍有变化,如史上唯一女皇武则天、明帝国永乐帝朱棣篡夺了侄子的帝位等,都只是帝位换了人,但皇位嫡长子继承制度本身没有发生根本性的改变。实行皇权帝位世袭的帝国主要有秦朝、西汉、东汉、隋朝、唐朝、元朝、明帝国、清朝。秦汉以后国家管理层的世袭制度在不同朝代指称有所不同——西晋为大面积的官僚职权世袭制;汉代为任子制[1],规定两千石以上的高官任职三年以上者,可以保举子、侄一人为郎官。尽管唐宋至明清不断完善了科举制,但仍然保留了凭借父祖官职入仕的制度,由此入仕的人数甚至还要超过科举入仕者[2],因此又被称作门荫、恩荫制度。这实际上是选官世袭制的遗存和变种,其本质与商周时的世卿世禄制一样,属于一种特权在不同时代的不同表现形式,有的不仅嫡长子可以袭爵、袭职,庶子、兄弟以及子孙后代等其他家庭成员都可以荫

---

[1] 赵昆生、邓思薪等:《官僚职权世袭制与西晋政治》,许昌学院学报,2014年第4期。
[2] 屈超立:《论明代科举发展对选官世袭制的遏制作用》,哈尔滨工业大学学报(社会科学版),2012年1月。

袭。国家管理层中的班头、衙役、文书、师爷等吏也具有世袭特征。吏员一般属于土著,清人阮葵生说:"吏则土著世守"(《茶余客话·论吏道》),吏熟悉当地风俗人情,有利于层层管理政策的贯彻执行,属于行政管理中的技术人员。

  世袭制使得官吏群体的生活趋向骄奢淫逸,历史上出现的众多昏君、王侯、勋爵就是其中最突出的代表。如秦二世胡亥偏信李斯、赵高的谗言,修建阿房宫,征调步卒屯守咸阳,道路上到处是被押送的刑徒,街市上堆积着成堆的尸体,使得男不能耕女不能织,导致轰轰烈烈的皇朝短短几十年便灭亡了,他的故事就记录在"指鹿为马"这个成语中;汉成帝刘骜广开苑囿,大肆畋猎,好观人兽搏斗以取乐,又挥霍无度、迷恋声色,不惜巨金大建遥宫等宫殿和陵墓,弄得国库空虚、吏民疲惫,百姓财竭力尽,死尸载道。儒生谷永直指帝制世袭的危害:"天下乃天下人之天下,非一人之天下,不该把天下看作一姓的私产。"①世袭王、皇大多如此,勋亲们及其后裔们也紧随其后,凭借世袭特权无视国法,胡作非为,贪赃腐化,西汉董仲舒指责身为地方长吏的郡守、县令等贪财枉法,"暴虐百姓,与奸为市",使得百姓"贫穷孤弱,冤苦失职",指出其主要原因就是任子制"夫长吏多出郎中、中郎,吏二千石子弟选郎吏,又以富货,未必贤也"②。奢靡挥霍的物质生活是世袭官吏群体的基本生活方式,祖先们积聚下的丰厚财物、美酒良宅,可以尽情地享受,制度上的保障,使他们不必再为高官厚禄的获取从底层做起,使其官职、权力、俸禄等一代一代地传递下去。

  政治上,官吏群体的职业惰性也由世袭制引发,世袭使得一部分官吏不靠自己的才干、不靠个人奋斗获得高位,国家和平时期尚能因循苟且,一旦自然灾害、外族入侵导致民变,他们则投降、求和,苟且偷生,弃百姓生命于不顾。南唐后主李煜是历代帝王中最富有文艺才华的一个,不仅是个画家,而且被誉为中国历史上的词中之帝,作品千古流传,

---

① 范文澜:《中国通史》第二卷,人民出版社,1995 年版,第 162 页。
② (汉)班固:《汉书·董仲舒传》,岳麓书社,2009 年版,第 654 页。

汤显祖的贵生观

但他生长于深宫阔院之中,不知稼穑的艰难,不知治国的不易,奢靡的宫廷生活培养了他"习惯于安逸、勤于修养",造成"头脑发达、身体退化",属于"战场上的胆小鬼,随时准备在伸出的拳头落在自己头上之前就翻滚在地,哭爹喊娘"①。他本是唐元宗李璟第五子,哥哥们短命夭折后被立为太子,他最大的爱好是美女,整天不是与周娥皇皇后沉溺于诗词创作和群宴歌舞,不理朝政,就是和周娥皇的如花似玉的妹妹小周后对弈,令卫士一律阻挡前来奏事的大臣,唯独不肯接受现实。当他得知一嫔妃缠脚跳舞很美,便单独召见,看到她像莲花凌波一样的摇曳之态,为她取名"窅娘"并赋诗,引起了缠足潮,遗祸千年。

世袭制也必然造就了官吏群体的内斗,甚至互相残杀,史上的朋党、阉党,各朝都不同程度地存在。官吏群体的政治内斗常常由家族内斗引发,一男多女的婚配制度首先掀起了妻妾地位之争,其次是造成了子代的地位、利益之争,包括嫡生子女间、庶生子女间、婢生子女间各自的内部冲突,以及嫡生子女与庶生子女、嫡生子女与婢生子女、庶生子女与婢生子女之间混乱的纠纷。儒家所谓的"齐家"口号很难在这种复杂的矛盾冲突中落实下去,"清官难断家务事"就是对官吏群体家庭事务繁杂难解的概括。在曹雪芹所著的《红楼梦》中,世袭官爵的贾家子孙,贾赦、贾敬、贾珍、贾琏,连世袭皇商的薛蟠,哪一个不是纨绔子弟、花花公子,包括较为正面的贾宝玉,他们除了靠世袭享受荣华富贵之外,有谁勤于王事,想到百姓的艰难困苦,谁又为老百姓做过一丁点的善事、好事?世袭官吏及其家庭的腐朽性,令人咬牙切齿。立嫡以长不以贤的世袭制,本来是为了平息家庭财产继承中的相互争夺,但实际上由于世袭制必然造成勤奋的人受懒惰的人的役使,聪明的人受愚蠢之人的限制,体能、智能的活力得不到发展,本身不合自然界的生存法则,它在家长、族长、长吏乃至帝位继承中的不公正,反而造成家族兄弟间、朝廷中诸王子之间的互相争夺和残杀。据杨剑宇的《中国历代帝王录》

---

① 林语堂:《中国人》,学林出版社,1994年版,第32页。

一书的统计,华夏历史上在战争中被废的帝王有44位,在内斗中丧命的帝王有152位,占历代帝王总数的25.3%,比例惊人。尤其令人痛恨、痛心的是,他们争权夺利、玩弄阴谋、教唆夺命,使得无数不明真相的平民就在这种争斗中丢掉身家性命,如西晋司马氏的"八王之乱",致使举国遭难、生灵涂炭,由此引起中国三百年的战乱和分裂。

官吏群体中的选拔部分,指的是广义科举选拔出来的行政官员,这一群体的人数虽然有限,但由于史料较少,难以列出具体数据,只能参考狭义的进士科举。进士科举出现于隋朝,到1905年废止,施行了1 300年,选拔出来的进士大约9万~10万[①]人。但是,无论是起始于汉代的贡举[②]选才,还是起始于隋代的进士科选才,都采用了考试的形式,且主要以汉字知识为主,兼少量的算学知识,因而被现代人称之为文官。

为什么历时性的文官总量不大呢? 文官的数量跟国家治理模式密切相关。早在夏商周时代,男性主导的家族治理模式定型,在宏观的治国层面,建立了小金字塔,塔尖是王或皇,两边是文武直系宗亲以及由近至远的勋亲。权力的代代相传一般采取了一文一武的方式:通过武力夺取掌控、分配生产资料的权力之后,最暴力的军队卫护模式,对各种反抗进行以灭命为最终的惩罚;最文雅的卫护模式是巫术(后世的控制思想或观念手段更多),《尚书·梓材》篇说,是"皇天既付中国民越厥疆土于先王(指周文王)",文王受命称王,表示自己是皇天的"元子"(长子),从皇天得到了生产资料和生活资料的最高所有权。国祭由此而出,发动百官、百姓们进行一年春秋两次大型的祭祀活动,春天的国祭表达祈求,秋天的国祭表示感谢,通常是男觋充当国师,负责与天神的沟通,包括主导牲祭仪式、物(稀有珍宝)祭仪式及人祭仪式,命令女

---

① 从隋代开始实行的(进士)科举制,共选拔了至少700多名状元、98 749名进士、数百万名举人。搜狐网:中国古代科举考出多少状元。http://roll.sohu.com/20140604/n400382657.shtml.

② 贡举是西汉开始的一种文官选拔办法,公元前165年,汉文帝下诏:"举贤良能直言极谏者,上亲策之,傅纳以言",被视为文官考试制度的起始,贡举考试属于合格性考试。介乎于察举制和(进士)科举制之间。

巫唱歌、跳舞以悦神。小金字塔塔尖的代际更迭采用嫡长子继承制,凡是继承王位或皇位的子孙,都是王或皇的继体,是从皇天得来的那个最高、最大所有权的继承者。《小雅·北山》篇也说:"普天之下,莫非王土,率土之滨,莫非王臣。"延伸出的各分地的血亲或宗亲官长,一文一武,规定并形成了无可改变的等级制度,血亲、宗亲贵而近,异性姻亲、勋亲贱而疏。在微观的治家层面,正如前文所述,男女因性关系构成家,管理层的层顶是男性家长,金字塔两边是妻、子,无限复制下去。而连接宏观金字塔尖和微观金字塔尖的行政管理层,根据历史发展,分别是不分职能的血亲男性家长阶段,由军功转向文管职能的宗亲和姻亲阶段,部分民间选拔人士阶段,贡举和科举选拔的文官阶段,即文官由萌芽到产生大约经历了四个阶段。

最初的国家管理没有文官官职,文官事务由男性家长担任,采用的是血亲世袭制。在夏商周时代,王朝管理以父族为主、母族为辅,父亲的兄弟为宗亲,母族的兄弟以勋亲为主。这其中产生的管理者不外乎文、武两类。新王朝或新皇朝初创期,父族、母族、子族中产生的武官处于主流位置,承平时期,从父族、母族、子族中选拔出来的官员,注重的是处理文案、制度实施及其综合管理的能力。当然,同宗、姻亲出产的管理人才有限,损益数量不足以维持王国的卫护,从异姓军功卓著者中提拔事务管理者逐渐成形,军功制可谓产生文官的第二阶段。

到了春秋战国时期,各国之间战争频繁,武官职能渐趋集中,事务管理者的职能继续拓展,选士、养士成为世袭家族的共同做法。随着各国疆域变迁引发的人才流动,以军功为源头的选拔事务管理者的机制显现

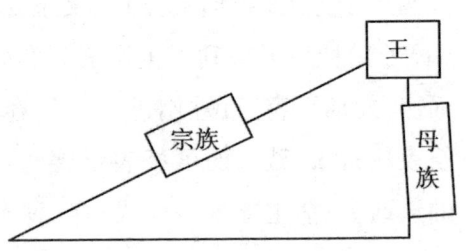

图1.1 王权、皇权管理结构简示图

出了特有的局限性。军功选文官侧重于体能,战争时期的需求量较大,检验标准是根据杀敌数量或战役盛况,属于底线检验;和平时期需求量

较小，根据门派、主考官等综合因素选官，既带有唯亲是用的不公正性，也没有文字知识量的考核，属于模糊检验。选拔出来的武官转向文官职能后，一方面，武官自身的拳力思维①方式没有发生根本性的变化，管理手段简单粗暴，因沟通不畅而制造的麻烦和实际解决的问题数量不相上下，效率不高。另一方面，各省、州、府、县级处理的日常政务，既需要逻辑思维和良好的表达，又需要宏观统筹和算术能力，武官难以胜任。由此体能型、智能型人才的分化完成，察举制选官出现。

　　察举制与荐举制主要是诸侯割据时代选拔人才的方式，荐举制的规模及考察方法等，不及察举制正规。察举是由民间层层推荐而上的选拔文官方法，政府根据不同的需要设立各种科目，指定有关的官员担任举主，通过道德品行、文化修养和办事才能等各个方面的考察，或者文化修养的考试，依照规定上报相应的人才，另经检定后予以录用或升迁。与之相配套的是自上而下的征辟方式，由王、皇根据需要特别征召和聘召品学皆优之士担任高级官员，公府与州郡可辟除②掾属佐吏。察举制选拔出来的文官，道德品行和部分的办事才能获得过民间一定范围内的共识，文化修养则经过官方考察或者考试并予以认可，因而这些文官的确是品学兼优的人才，生活比较简朴，具有专门的政治知识，职业责任感十足，实实在在地为百姓的生存奔波和操劳，很好地充当了王、皇政权与下层的桥梁。

　　但是，由于文官的才能与品德不具有一致性，品德比较抽象，考察又具有倾向性，因而，察举制选拔出来的文官与世袭官员占比较高的官僚群体，不可避免地发生各种各样的矛盾与冲突。察举制文官不具有世袭官僚所拥有的宗亲、姻亲背景，不能兼顾国家利益、百姓利益和世袭官僚利益，难免进退维谷，或者遭遇各种阻力。即察举制文官的数量与世袭官员的数量相比，处于整体上的劣势，难以形成风清气正的集体优势，政治生态状况仍然由世袭贵族所控制。久而久之，初入官场时的

---

① 党红梅：《女性思维的流变》，宁夏人民出版社，2014年版，第82~84页。
② 辟，征召；除，授官。

汤显祖的贵生观

高尚品德逐渐分化,文官们或者被污蔑、诬陷,或者被拉拢利诱,直接导致后续文官选拔的品德评价,陷入实质由世袭官僚主导的境地。如魏晋南北朝时期,在州郡设大小中正官,表面上按照上上、上中、上下、中上、中中、中下、下上、下中、下下九个等级选拔文官,实际上人才的品德、才能是根据门第考察的,逐级向王朝中央政府呈递的过程中,王上的宗亲、姻亲、勋亲们出于各自利益筛选呈报,这样,多是富家子弟被选入,出现了"上品无寒门,下品无士族"的局面。

察举制之所以被淘汰,问题多出在孝廉科,根据人口比例推选,大致是每年十万到二十万人口推举一人,进入京都后官拜为郎,居三署,可谓富贵荣华一步到位,必然引起有心人士的觊觎,操弄并利用民间口碑,各式各样的求名法出现,徒有虚名的孝廉逐渐增多。例如最有名的是,东汉中期的赵宣葬父母,在墓道中居住行丧礼,乡人都称他是孝子,州郡官员屡次请他做官,他都不肯出来,孝名愈来愈大,引起郡太守陈蕃的怀疑。陈蕃查出赵宣在墓道中生了五个儿子,按惑众欺鬼神的罪名处罚了赵宣。可见察举之政已失其实,文官及其选拔变成了富人攫取权力愚弄民众的工具。针对这种"举秀才,不知书;察孝廉,父别居"的社会现象,贡举制出现。

贡举制起始于汉魏,没落于南北朝时期,与不一定有考试的察举制不同的是,贡举通常有考试,所以,贡举制应是文官选拔制度的正式起点。或者说,通过汉代的贡举制,文官正式成为政权中必不可少的一项制度。与其后的进士科举制度一道,包含了以下四种基本价值取向:一是公开平等,二是竞争择优,三是量才使用,四是内行管理。从制度层面创造了感情无涉原则,以及择优选拔、据能授任原则,带来的重大的社会性效应便是产生了具有带动意义的、定期出现的社会阶层的流动,贫民阶层通过考试进入统治阶级,鸿儒、白丁能否为官,大多数凭借考试成绩。这样,考试就成了选官主导性的决定因素,而只有这种考试,被视为真正的考选。据社会学家用清代资料所做的抽样调查可知,当时五代之内均无功名的布衣子弟在科举录取的总人数中,约占

13.33%,父辈一代无功名的布衣子弟约占33.44%,①给社会带来了一定程度的生机和活力,为国家管理输送了数以万计的文官,中国历史上善于安邦的名相及名臣,杰出的文学家、艺术家、科学家、外交家、军事家等都出自于贡举与进士科举。

但就整个文官群体而言,通过贡举与科举的人数,既只是文人群体的一小部分,也处于上层世袭官员和下层吏的夹层中,生存颇为艰辛。宏观层面来看,华夏行政管理史具有两大特征:就中央和地方的管理权限而言,中央权力处于不断被削弱而又不断强化的动态中,地方权限则不断强化而又不断被削弱;就皇权和文官权力而言,皇权不断被削弱而又不断强化,文官权力则处于不断强化而又不断被削弱的状态中。在这两个动态博弈过程中,行政制度的设置采取层层向上负责,催生的是驯服。褒义地讲,对皇权忠诚、对上级顺服。制度设置既然在于以限制文官个人发挥其能力为目标,那么,要想在这样的制度下履行职责、应对新问题和新现象,一种情况是上层文官唯皇族马首是瞻,中层文官花费大量精力奔走于不同权贵之间,努力揣摩上层意图,下层文官机械照搬制度规定,从而积累着民变的火堆,一旦遭遇突发事件或自然灾害即显现出来,沿着连环一路上溯,形成了窝案上的串案,一损俱损;要么另一种情况是上层文官揣摩上意另立新法,中层文官位处夹心层、左右为难,下层文官撇开束缚自作主张,形成了从上到下的"一法既立百弊丛生"的局面,同样积累着民变,成为仕途中的潜在隐患。正如苏东坡诗云:"人人生子望聪明,我被聪明误一生。但愿儿孙愚且鲁,无灾无难到公卿",调侃式地道出了文官之道的辛酸。

中观层面而言,考试选拔文官的制度及其唯一公正性在理念、观念等精神领域内产生了极其深远的影响。即在多种其他人才选拔方式中,考试入仕成为朝野推崇的晋身路径,声誉极高,"缙绅虽位极人臣,不由进士者终不为美"(王保定:《唐摭言》),进而推动乃至带动了科考

---

① 潘光旦、费孝通:《科举与社会流动》,载《社会科学》第四卷一号。

汤显祖的贵生观

潮流,一国男人按照"苦读——应考——入仕"的模式,头悬梁、锥刺股,两耳不闻天下事,一心只读圣贤书;他们向着"朝为田舍郎,暮登天子堂"的目标,日夜为进入"官"的行列而苦心钻营,但也常常被后世指为异常,这实际上是文官选拔承担了文官履职的弊端,不但不公正,而且将本身无可指责的"万般皆下品,唯有读书高"的共识扭变。因为人脑的进化是感性进入理性、形象进入抽象过程的深化,书本正是前人抽象思维结果的承载,也是后人由感性进入理性的主要路径之一,迄今为止还没有创造出超越文字或符号促进人脑进一步抽象化的新形式。换言之,文官制度设置与文官选拔虽然有所偏颇,但在涉及面极广而又关系到人们命运改变的重大评估项目中,科举制几乎是许多男人改变命运的唯一的或主要的机会之一,具有广泛的公平和公正性。从出题到阅卷,从考核到录取,科举制形成了渐趋严密高效、不断完善的机制,极大地激励了人们发奋求知的热情,提供了共同的社会价值目标;基本上反映了参与者的真实水平,为文、武人才的脱颖而出,提供了最为有效的渠道。

那么,为何科举制备受诟病?何以"万般皆下品,唯有读书高"备受后世指责?源头意义上看,科举制承担了本不该承担的指责,读书被狭义为做官也不单纯是法律制度造就的,古华夏家庭结构样式孕育的"人"这一产品,也使得我们的"读书"独具民族特色。即文官这一群职业人群,其个体的物质构成大同小异,其精神构成集稳定性和多变性于一体。稳定性和多变性正是分析文官群体特征的两个方向,它们来自特定时代的政治环境的外在影响,以及来自群体的生存意识、生存价值取向等内在因素的影响。

就外在环境而言,古华夏在政治及结构上始终没有发生根本性的改变。根据李四光的研究,古华夏历史呈现出 800 年左右的周期性[①],和平时期约 500 年,战乱约 300 年。单纯看国土的地理与自然环境,北

---

① 李四光:《中国周期性的内部冲突战》,中国科学与艺术杂志,1931 年。

边的旷漠、西边的高山、东边和南边的大海,直接拒斥了冷兵器时代外敌的进入,形成了一个天然屏障下的板块。在这天然屏障护佑的内部,东北的黑土地、西北的黄土地、南边的红土地,小农经济始终处于主导地位,而且令人惊奇的是,依赖东南漫长的海岸线生存的人们,无论在战乱还是和平时期,都没有创造出迥异于内陆家、族、国结构的新形式。甚至受海洋的影响,这些地区的各类行业及其产业在绝大部分时间里,如连接内陆的山东半岛、雷州半岛以及悬挂海外的台湾岛、海南岛,并没有像古希腊各城邦那样创造出政治、社会等独具特色的形式,反而长期保持了比内陆更为"童化"的状态。林语堂指出了其中的核心问题:"政治秩序可以改变,统治者可以更换,然而,中国家族仍然是中国的家族。"①说的是构成社会细胞的以父为子纲、夫为妻纲的家族结构,嫡长子财产继承、以孝为本的家族机制,决定了以君为臣纲、以忠为本的国家的内在机理,使得旧的王权、皇权政治虽然解体了,取而代之的新的皇权政治仍然继承了旧的政治结构、政治机制。例如东汉到西晋,600万平方公里的土地上开始了持续百年以上的战乱,人口消失了三分之二。② 一旦转向和平时期,古华夏的父权家庭又恢复并保持了旺盛的繁殖能力,如大一统的隋帝国高峰期人口约 6 000 万。③ 如果说战乱与和平影响的是可视、有形的人口数,其内在机理并没有发生质变,参看图1.2,那么,由此构建的国家政治结构也没有发生质变,四千多年来保持了高度的相似性,尽管皇帝、臣子的姓氏与国土面积发生了变化。

就内在的生存意识、生存价值取向等影响因素来说,包容与拒斥相伴并自然地存在于文官甚至古人的大脑之中。也许在远古乃至夏商周时代,广袤的旷野和稀疏的丛林孕育了这块土地上稀少的人们,对同类有着今人忽略的狂喜与接纳。这种接纳,直接体现在开放式的家庭结

---

① 林语堂:《中国人》,上海学林出版社,1994 年版,第 48 页。
② 156 年(东汉桓帝永寿二年),全国总人口 5 647 万;280 年(西晋武帝太康元年)人口只剩 1 616 万。
③ 葛剑雄:《中国人口发展史》,福建人民出版社,1992 年版,第 148 页。

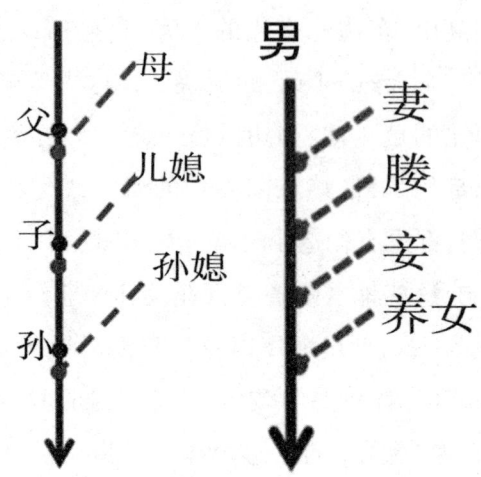

图 1.2 古华夏开放式家庭结构简示

构中:在以父—子—孙为主导的管理及经济传承关系里,同姓和异姓、老人和孩子等外来男子,都可以以叔叔、弟弟、养子、嗣子等不同称谓被纳入。其准入条件主要是疑似①血缘关系,年龄差距及其衍生的指称几乎成为判断代际关系的主要辨别依据,如同姓兄弟、异姓叔伯,这是古华夏家族结构中男性群体第一轮具有异质成分的包容;在以女性为辅助的家族结构中,围绕着这些各类各式的男子,无论什么样没有血缘关系而要进入的女子,都几乎只能以与家庭中不同年龄段男子相对称的性关系而被纳入,这是第二轮具有异质成分的包容。如图 1.2 所示,同代一男与数女的性关联使得家庭呈现最大化的开放。古华夏人的智慧在家族结构设计上体现得淋漓尽致。男男关系的开放性被谨慎地处置为有限关联,这种谨慎表现在外人者对经济事务的有限参与,表现在主导者日常不露声色的警惕,并且延伸到了各类"空降"女之中。由于女人主要地以实质的性关系身份与某一男发生关联,人数上呈现出最大化的开放,如皇帝的三宫六院七十二妃嫔,数量可高达数千;在经济事务上,除了少量的官宦与商人之家,众"空降"女与对应男子因性关系而

---

① 一直到清末,血缘关系的检测没有器具类,主要依据口述或者形貌的相似,兼顾经济状况、个人能力,决定权在男性家长,报备官方进行登记。

产生的劳动分配关系、衣食分配关系,主要由正妻负责调配,众"空降"女可以不劳而食、不劳而衣。其他以农业为主、以事军为主、以手工制造为主的绝大多数家庭,财富的积累不足以长期供给较多人口的衣食,正妻因生子才被赋予管理家庭内部事务的权限,由以体力劳动为主升级到以脑力劳动为主,以媵、妾等不同身份"空降"的众女,通常必须从事劳动,以期获得生存资本。

由这种开放式的男男关系、男女关系所组成的家庭,即使是一妻一妾的平民家庭,由于古代医药欠发达,防孕药物少、药效差,防孕措施有限,从而出现密集的生育周期,几乎两代人十年左右的时间里,人口就变得密集起来。这使得第一代的父亲的儿女与第三代的孙辈,往往处于同一年龄段,造成分家极为困难,而分房居住成为可行之法。由此,三四代同堂成为了普遍的社会现象,同住所产生的人与人之间的喜怒哀乐,不具有任何近似于普世真理的意义,不具备任何近乎普世公理的性质,只具备男性家长所认为、所赋予的局部真理或局部公理价值。因而,特定自然环境下特定生产力状态中的族类,在拳力、财富的裁治下,家族成员之间爱恨情仇,多发且复杂,这即是通常所谓的内斗,这几乎是开放式家族主要的具有异质成分的拒斥。

由这种开放式家族结构模式衍生的国家管理制度也体现了它的典型性:一是奖励制度,由血缘关系的衍生现象上升为前文所述的政治世袭制或"恩荫"制,或社会现象的"一人得道鸡犬飞升";二是惩罚制度,由家庭中的不孝言行上升为"罪人以族"的律法连坐制,并极端到了"株连九族"[①]的程度。即古代男性本位的家族基本结构决定了任何个人的生存都是以一定家族的存在为前提的,离开了家族背景,个人的生命及生存价值便被抹杀于无形之中。个人的权利与义务只不过是家族最高利益下的附属物,权利的享有与义务的承担,全部以家族的利益为

---

① 九族指的是父族四、母族三、妻族二。父族四指自己一族、出嫁的姑母及其儿子、出嫁的姐妹及外甥、出嫁的女儿及外孙;母族三是指外祖父一家、外祖母的娘家、姨母及其儿子;妻族二指的是指岳父的一家、岳母的娘家。

中心。因此,个人的言行被纳入了家族之中,成功或发达,首要的是家族的荣耀,此即所谓"光宗耀祖";个人的犯罪或道德沦丧,则意味着家族的耻辱,此即所谓的"家门不幸"。于是,家族作为个人的母体也就相应地成为了奖惩制度锁定的目标。

文官们从小就生活在人口众多的血缘关系中,他们对所处世界的好奇与探索,无不被头顶的苍穹、眼前的苍茫所震慑,用心感受的耳边鸟语的清脆与寂静、肤边风的微动与呼啸,几乎用不了几年,就将其转变成生存过程中的调剂,或者在无法言喻、无语名状的情绪中,或者在前人感受的自我对应体验、试图言语描述下……不知道应该将此归结为他们基因里缺乏了好奇的遗传,归结为人类对异类恐惧而生的探索的夭折与流失,还是归结为大自然的吸引力被来自家族的长期威慑挤压掉了。1 300多年的漫长的文官史上,大自然要么闪现在

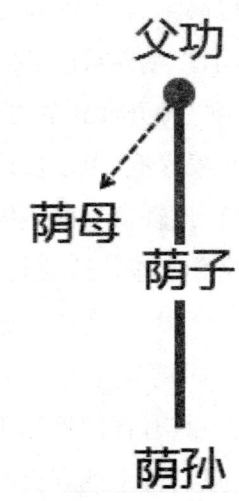

图 1.3　由血缘传承生物现象
衍生的恩荫制度

政论之下,要么出现在汉字中,几乎没有持久的好奇乃至探索,或者说,有限的探索消失在奇技淫巧的嘲笑中,甚至在他们的生存模式中,由大自然所激发的创造力几乎没有被允许发掘。这可能是文官群体最大的、主要的共性生存特征了。

文官群体第二个共性生存特征是对人际关系倾注了最大化的精力与时间。他们从小耳濡目染的便是家庭中复杂的人际关系,首先表现为对男家长"拳力"压制的尊崇与顺服,这也许是动物与生俱来的避害本能,也许是由最初的本能自发不知不觉转变为自觉,除了偶尔昙花一现的"拳力"回击,他们更擅长于采用灵活曲折的言行方式化解与回应,《孙子兵法》中的谋略被广泛应用于人际关系的沟通,甚至创造出了狡

點式的"厚黑学"。其次表现为对男家长使用血缘权力压制的尊崇与顺服,如果说未成年前唯有顺服,也只有顺服,才能换取必不可少的生活来源,那么,由此而出的违逆的过程很少涉及对与错的判断,很少得到公正与否的伸张,因为毋庸置疑的是,谋求公正的过程大多是衣食住行遭受限制的过程,违逆的最坏的结果,可能是一无所有地被逐出家族,被父母与叔伯、各类兄弟、众多姊妹、仆佣乃至乡邻等所唾弃。

文官群体第三个共性生存特征是上向负责。在家族中,由"拳力"肇始的家庭关系直接产生了妻、妾等配偶的空降及其血缘权利、经济权利的受制于人,以及"拳力"的子代复制。在行政管理中,恩荫制和科举制共同构成了文官群体的品秩秩序,表现在经济上是俸禄等级,周代是"九命制",以九个等级来确定诸侯百官的品级地位;秦汉时期实行粟、石品级制;魏晋时期则采用品、石、班、命等划分文官的方法,逐渐形成了九品十八级官秩;隋朝官分九品,每品又分正、从两级,共有十八级,一直沿袭到清末。除了有正常的俸禄之外,官员还享有不纳赋税、不服劳役、年节赏赐、陋规津贴等各种经济收益。表现在权力大小上,形成了金字塔式的等级制度,一般最高品秩是宰相或首辅,上向皇帝负责,下管理文武百官。文官的权力层层节制,上级文官主宰着下级文官的升降、任免,自上而下的授权与控权体系使各级文官的权力指向单一,形成了严重的人身依附,导致文官对上曲意逢迎、对下作威作福,并享受法律赋予的种种特权,如享有免于或从轻处罚的"八议"或"官当"制度等。

文人泛指知书能文的男人,包括地位至尊的帝王、大小官员、江湖隐士及生活于市井的部分平民。由此形成的文人群体比较宽泛,包括前文所述的文官群体和行政管理制度之外的私塾教师、胥吏等。文人与文官不仅存在社会地位、权力大小等显形的不同,还存在不同时代社会认识上的不同,如明代的宋镰被朱元璋推为"开国文臣之首",当有人称他为"文人"时,他竟然大怒:"吾文人乎哉?天地之理欲穷之而未尽也,圣贤之道欲凝之而未成也,吾文人乎哉?"[①]揭示了文人在自然科学方面的无能、人文领域的无用。基于世人对文人指称的含混不清,以及指责文人多无用、"少功",宋濂将其划分为游侠类、文史类、旷达类、智数类、章句类、事功类、道德类等七类。游侠类的特点是"威以制之,术以凌之,才以驾之,强以胜之,和以诱之,信以结之";文史类的特点是"上自羲、轩,下迄近代,载籍之繁,浩如烟海,莫不撷其玄精,嚅其芳腴,搜其阙逸,略其渣滓,约其枝蔓,引觚吐辞,顷刻万言而不之止";旷达类是"三才以之混也,万物以之齐也,名理以之假也,途辙以之寓也,虽有智者莫测其所存";智数类的特点是"沈鸷寡言,逆料事机,翼然凝然,规然幽然,漆漆然,逮逮然,察察然,猎猎然,千变万化,不可窥度";章句类文人是"业擅专门,伐异党同,以言求句,以句求章,以章求意,无高而弗穷,无远而弗即,无微而弗探,无滞而弗宣,无幽而弗烛";事功类文人"谋事则乡方略,驭师则审劳佚,使民则谨畜积,治国则严政令,服众则信刑赏,务使泽布当时,烈垂后世";道德类文人"备阴阳之和而不知其纯焉,涵鬼神之秘而不知其深焉,达万物之望而不知其远焉,言足以为世法,行足以为世表,而人莫得而名焉"(文宪集卷二十八《七儒解》)。由于字义和职业的变迁,宋濂对文人所进行的七类划分,有的按性格划分了,如旷达类;有的按职业划分,如文史类、章句类;有的分类则令今人困惑,如道德类、智数类。

　　本文回溯古文人时,将其追求生命价值的努力,按经世治国的目标和在政治结构中的位置予以分别,以下专述文人中的胥吏群体。胥吏群体合指胥、吏。古代皇权统治下的中央集权行政管理中,在政府机构内工作、维系国家机器运转的主要有官、吏两类人。官者"管"也,俗语所谓的"下命令"者,是指由国家任命、在各级政府机构中担任领导职务的世袭制、科举制官员,他们依据级别的高低享有一定的特权,并有着较完备的升迁与奖惩机制。所谓"胥,什长也",是政府将平民按户口加

[①] (明)宋濂:《文宪集·卷十一·白牛生传》,四库全书·集部1223册,第563页。

以控制,并从中选拔出"有才智者"加以管理的人。"吏,治人者也",在产生之初则指平民的一种纳税供役,逐渐转变为管理差役的办事人员。胥吏泛指分布于中央及地方各级官府中、从事各种具体事务的工作人员。

明代以前,根据职能存在六类胥吏:"仓吏"(看管仓库)、"纲吏"(押送官物)、甲头(催征赋税)、拦头(搜检漏税)、"狱吏"(看管监狱)、治安吏(维护乡村治安)等①,身份是平民,使用的是地方政府发放定额的"常例银"。清朝的胥、吏分类更细,包括掾吏、书吏、司吏、典吏、都吏、通吏、狱典、撰典、攒典、驿吏、提控等,以及"供奔走驱使,勾摄公事"的皂隶、快手、弓兵、仵作、门子、库子、斗级等役职②,人数远远超过行政队伍中的文官数量。

秦汉时期,官与吏虽角色不同,但贵贱之分相对于后世较为不明显,胥吏也可以通过各种途径转换成官员,当时"公卿多出胥吏"。到了西汉,随着儒学独尊地位的确立以及察举制的推行和完善,每年的孝廉、茂才(秀才)、察廉(廉吏)、光禄选拔,使越来越多的儒学之士通过举荐而跻身公堂,官与吏开始分化,"儒吏殊途"出现,官和吏有了尊卑之别。魏晋时期,官与吏之间的鸿沟拉大。隋唐时期,士大夫阶层逐步崛起与壮大,越来越多的文人在不问出身、空前公平的科举制度下,通过自我奋斗进入行政管理领域,胥、吏逐渐分化成为官民之间的特殊阶层。两宋时,文官政治成熟,文官的政治、经济、社会地位提升到了一个新高度,"募役法"使原本由乡村上三等户承担的差役,改由雇员承担,吏与役合流,虽然社会地位降低,但吏的权益扩大。

尤其到了明代,自愿充役的平民日益增多,遂有了不成文的充吏者捐纳现象,隆庆帝时期辽东巡抚都御史魏学上言:"本镇自开纳例行,卫

---

① 祖慧:《宋代胥吏何以能挟制官员造成政务瘫痪?》,中国社会科学网,http://www.cssn.cn/lsx/sxpy/201411/t20141104_1388480.shtml。
② 陆平舟:《官僚、幕友、胥吏:清代地方政府的三维体系》,《南开学报(哲学社会科学版)》2005年第5期。

所军舍余丁多援纳吏役,规免徭赋"(《明穆宗实录》卷九,隆庆元年六月)。根据《大明会典》的规定,明帝国胥、吏投充有两条途径:"凡佥充吏役,例于农民,家身无过,年三十以下,能书者选用",这是佥充;洪武十六年开始的"岁贡不中者罚充吏",以及洪武二十八年的"初试不中者遣复学停廪肄业,生员限次年再试,两广四川限两年再试,复不中者照例充吏",这是谪充,是朝廷对职官、举、监、生员的一种处罚,却为能书没能科举考中入仕者提供了谋生途径。由于中央政府与地方政府的赋税、徭役不同,以及两宋以后东南沿海地区商品经济的发展,促进了广泛的货币流通,为长期以来皇权国家与地方在财政分成上的久而未解的矛盾提供了解决的可能,中央财政以州县为单位计算的赋役在地方政府有了合一的趋势。到明帝国中叶,"一条鞭法"的实施,地方徭役实现了货币支付,形式上解决了差徭科派的混杂之弊,但为了完成中央政府的税收,操作上不得不增加人手,科举入仕官员的人数少,实务经验也不足,难以应对,从而出现了地方缙绅耆旧利用虚悬、挪移等手段隐匿田产、逃避课税。俗语的"强龙不压地头蛇",不仅是县官与地方缙绅之间的关系,而且还是县官与土著胥、吏之间的关系。胥、吏群体主要以实践知识和专业行政文案知识谋生,如果说世袭制、科举制选拔的官员以异地任官、综合管理为主,那么,胥、吏则属于地地道道的土著式,"庶人之在官者也"。

  胥、吏成为群体,至少有卖文难以维持生活的因素。古代文人的入仕者属于社会上层,受到极高的待遇,提升了整个文人的社会地位。但文人群体中的绝大多数存在着一些性格缺憾:有古代教学不得法延长了读书时间导致的四体不勤,有脑力劳动者在普遍文盲社会的曲高和寡及社会无法提供更多岗位的因素,有长期与文字为伍导致的浪漫情怀难以融入体力劳动者感性世界的因素,更有古代文人始终徘徊在人文领域而鲜少进入医药、数学等领域的因素……导致了群体生存空间的逼仄:向上进入仕途的通道犹如千军万马过独木桥,向下不能将所学知识直接转化为现实生产力。既然衣食住行的来源成为问题,那么,古代文官不通政务又须异地空降的管理方式，必然导致一位文官到任，任用一批吏员，一名官员卸任，弃用带走一批吏员。由此形成了"一衙两制"，官员由皇权任免，属皇权国家编制，由皇权国家提供的俸禄供养；官员任用的两类吏员，在明帝国初期只享有一定的杂役优免，但没有俸禄，后来考虑到远离家乡的吏员只有给予一定的生活保障才能使其安心供职，开始对各府州县离家供职的典史、书算、知印等推行实物俸禄，每月给米5斗，冬衣发给棉布2匹，夏衣发给麻布1匹、苎布1匹。① 到了1443年（正统八年），各府州县吏员的俸禄每月可领米3斗，其余部分折钞，②由此吏员俸禄基本固定下来了。

清朝的吏员不进入国家编制，不由国家聘用，不由国家薪金供养，朝廷无法考察、管理和考核这部分人。胥、吏从事的又是需要专业知识与长期经验积累的工作，比如具体细致的钱、谷、刑名、田赋统计等，是那些从科举考场中拼杀博得官位的州县官们所不熟悉、无暇学习，但与治下的小民生计息息相关的。多数情况下，与平民打交道的、真正能决定平民命运的就是这些胥、吏，官权自然被转到胥、吏的手上。而胥吏们将这种行政专业知识乃至田赋清册视为自己所有的家业，父传子、兄传弟，从而产生"官无封建而吏有封建"的奇怪现象，或者前一任胥、吏可将职位卖给后任而谋得被称为的"顶头银"或"顶首银"，卖官鬻爵遂扩散到社会底层，胥、吏的数量不断增长。据缪全吉从《清会典》中统计的数字，胥、吏额数总计："经制京吏1 247人（攒典31人）；外吏23 743人（攒典5 268人）。其中，总督衙门平均有37.63，巡抚平均24.56，州平均10.75，县平均11.29人。"③

胥、吏是脱离了土地的文人。古代只要通过秀才一级考试就脱离

---

① 《明太祖实录》卷九一，洪武七年七月丙戌条，上海书店出版社，2009年版，第78~79页。
② 万历《大明会典》卷三九《户部二十六·廪禄二·俸给》，中国社会文献出版社，2008年版，第104~106页。
③ 转摘自陆平舟《官僚、幕友、胥吏：清代地方政府的三维体系》，《南开学报（哲学社会科学版）》，2005年第5期。

汤显祖的贵生观

了土地，由农民转身为文人。离开土地，没有稳定、持久、独立的经济来源，就只能靠寄生于专制政体上谋生存。所以，胥、吏没有学问能力却不断提升行政能力，文官有学问却无行政能力，形成了古代行政领域独特的"下级"领导"上级"。尤其从元朝开始，胥、吏越权、窃权、弄权、专权，逐渐形成了专政趋势。从生存角度上说，专心做儒学加入科考未必高中，没有高中则所学知识几乎无用，如果家境贫寒，通过读书谋求做官更像做梦，而一旦进入胥、吏行列，无法像文官那样步步高升，也只能更加努力地把自己打造成"专门人才"，在基层行政尤其执法领域大显身手。结果，在维持政府机构运转的过程中，文官是外行，胥、吏是内行。制度安排上是"外行"领导"内行"，但政务施行过程中却是内行糊弄外行，赋税的多少、工程的增减、文案的处分、条例的拟定，都由胥吏们说了算。胥吏们在很大程度上能够把个人的意志转化为官府的意志，州县文官依赖熟悉风土人情、熟悉法律的胥、吏完成行政的正常推进。胥、吏又凭借官府的势力，让平民逆来顺受，如《红楼梦》第四回的"葫芦僧判断葫芦案"中的门子在人命大案发生不久，很快明了其来龙去脉，可谓干练之才，但他们勾结权贵，欺上瞒下，敲剥百姓，窃权弄政，营私舞弊，干扰法令实施，所有的才智只用于一己之利。明洪武年间，朱元璋在江西、福建、湖广等地陆续设置了"粮长"，规定每一万石税粮为一个纳税区，每个纳税区都由当地富户中最有实力的人担任正、副粮长，以负责税粮的催征输解。《御制大诰》续编第四十七条，记录了《粮长邾阿仍害民》的案例：邾阿仍令朋党谭理"起立名色，科扰粮户，其扰民之计，立名曰：船水脚米、斛面米、装粮饭米，车脚钱、脱夫米、造册钱，粮局知房钱，看米样中米、灯油钱，运黄粮脱夫米、均需钱，棕软篾钱，一十二色，通计敛米三万七千石，钞一万一千一百贯，正米止该一万，便做加五收受，尚余二万二千石，钞一万一千一百贯。民无可纳者，以房准之者有之，揭屋瓦准者有之，变卖牲口准者有之，衣服缎匹布帛之类准者亦有之。其锅灶水车农具尽皆准折。呜呼！似此奸顽，贪婪无厌，虐民之心，甚如蝎蛇，其仁心莫知所在，直至身亡家破而后已。呜呼！愚哉！期悔者晚矣,直至临刑不免顽矣哉！"①粮长巧立名目征收数倍于正赋的现象在《御制大诰》还有多处。如续编第二十一条的《粮长金仲芳等科敛》:"……且如嘉定县粮长金仲芳等三名,巧立名色凡一十有八:一定船钱,一包纳运头米,一临运钱,一造册钱,一车脚钱,一使用钱,一络麻钱,一铁炭钱,一申明旌善亭钱,一修理仓廒钱,一点船钱,一馆驿房舍钱,一供状户口接,一认役钱,一黄粮接,一修墩钱,一盐票钱,一出由子钱。"②所以,"一县之政欲求不出于胥吏之手,亦难矣"(胡祗遹《紫山大全集》卷二十一),顾炎武说"百官者虚名,而柄国者吏胥也"(《日知录》卷八《吏胥》),所以,黄宗羲也说"天下有吏之法,无朝廷之法"③。

三、佛教"贵生"对生存价值的拓展

(一)佛教"贵生观"的内容

老子《道德经》中的"贵生":"民之轻死,以其上求生之厚,是以轻死。夫唯无以生为者,是贤于贵生。"与"轻死"相对称,表现了为政者"以(我的)生命为贵"和"以(百姓的)死事为轻"的政治观。据《说文解字》的解释,"贵"本义为形容词,"物不贱也",相当于现代合成词的"富贵、珍贵、尊贵、可贵、显贵、贵重"之意。"生"为动词,"进也,象草木生出土上",与"贵"合用时,若活用作与人有关的名词,常见意如"生存、生活、生命、生计、生产、生养"等。

古代人脑的抽象程度不高,文字的含义大多停留在象形、会意,人的认识走的是由象形指向会意的认识路线,所以,这句话中"贵生"的含义指"珍惜生命",也是沿用至今的本义。现代人脑的抽象程度高了,活

---

① 杨一凡:《明大诰研究》,江苏人民出版社,1988年版,第300页。
② 杨一凡:《明大诰研究》,江苏人民出版社,1988年版,第278页。
③ 黄宗羲:《明夷待访录·胥吏》,国学导航,http://www.guoxue123.com/biji/qing/0000/095.htm。

汤显祖的贵生观

着才有命,"珍惜生活"是"珍惜生命"的前提,"贵生"义应包括"珍惜生活、珍惜生命"两层含义。接下来再整句去看,老子谈了两种不同的人生观,一种是追求生活享受的人生观,侧重于衣食住行等方面的物质享受,这是"珍惜生活、珍惜生命"的基础性部分。另一种是追求生活意义的人生观,也就是某人把自己看成一个对象,思考对他人的作用或意义,侧重于衣食住行之外的精神追求,这是"珍惜生活意义、珍惜生命意义"的部分。

说到作用或意义,就进入了哲学领域,"意义"的哲学表述是"价值"。老子的那句话就表达了两种不同的人生价值观:利己或"重己"的"贵生"价值观、利他或"重他"的"贵生"价值观。

前者以杨朱为代表,他把利己或"重己"这一层意思扩大到极点,说"拔一胫毛利天下而不为"。后人难以想象或者忽略掉了杨朱所生存的政治、经济、自然环境等状况,单纯从字面义上去理解:呀!好自私的杨朱,拔一根大腿上的汗毛就可能利国利民,他竟然舍不得。于是,杨朱被视为极端利己主义的鼻祖。但是,道家明白杨朱那句话的实质,敬奉老子为圣的道家延伸了杨朱的意思,说:"死王乃不如生鼠"(《三天内解经》),意思是死去的王侯将相都不如活着的老鼠,认为除了人的生命之外,天下万物轻如鸿毛。顺着这层意思,接了老子衣钵的道家将"人"放在了与"道、天、地"同等重要的地位:"道大,天大,地大,人亦大。"(《道德经》)所以,早期道家的"贵生",内含养生延命,注重修炼生命、获取肉体或精神的不死。这种"贵生",实质上包含了两方面的价值追求:一方面,重视养生延命,轻物质,意即物质的多寡、重要与否都围绕着生命的需要程度而存在,这就是一般解读"贵生"为"贵生贱物""重生轻物"的方面,从浅表层级提出了物质和生命的关系问题,选择的是"物轻人贵"的人生观;另一方面,在物质足够维持生命存活的前提下,人生最有意义的事情是融入"道",即人生又因追求崇高的"道"而具有了高于天地的意义,在深层次上提出了物质、生命、人生价值的关系问题,即物质用来养生,养生的终极目的是实现"道"。也就是说,在生命和"道"的关系问题上,早期道家选择的是"人轻'道'贵"的价值观。但不知道什么时候开始,道家的"贵生",轻淡了精神层面的追求,侧重于养生,追求所谓的"神仙不死":"生与道合一,可以长生不死,羽化成仙。"(《太上老君内观经》)为了追求长生不老,陆续创造了许多具体的、可操作的养生方法,比如守一、存思、导引、吐纳、胎息,以及导引按摩、修炼丹药等。也许因为"道"过于抽象,后期道家的"贵生"进入了重视具象、轻视抽象的境界,重视现实、轻视未来,重视物质的生命、轻视精神的生命价值……总之,后期道家重视以养生为手段追求长生不老,淡视对"道"的精神信仰。

追求利他或"重他"价值观的以儒家为代表,但儒家没有在字面上谈"贵生"。《论语·二乡党》载:"厩焚。子退朝,曰'伤人乎'不问马。"马厩着火了,最先遭灾的应是马,但孔子先问的是人受伤了没有,却不问及马。从中可以看出,在活物与人命的关系问题上,孔子选择了人的生命为第一。后来的孟子,也谈"贵生",但谈论的字词发生了变化,是用"生"与"义"的关系问题来阐述的,即在生命与生命意义或生命价值的取舍问题上,主张舍生取义:"生,亦我所欲也;义,亦我所欲也。"(《孟子·告子上》)意即"生命是我所想要的,正义也是我所想要的",如果这两样东西不能同时得到,那么,宁愿牺牲生命而选取大义:"二者不可得兼,舍生而取义者也。"

对自己提出的"舍生取义"的观点,孟子先从正面论证"义"比"生"更珍"贵":"生亦我所欲,所欲有甚于生者,故不为苟得也;死亦我所恶,所恶有甚于死者,故患有所不辟也。"意思是,生命是我珍爱的,但还有比生命更为我所珍爱的(指正义),所以不能做苟且偷生的事;死亡是我厌恶的,但还有比死亡更为我所厌恶的(指不义),所以有时对祸害(或死亡)不愿躲避。孟子其次是从反面论证"义"比"生"更珍"贵":"如使人之所欲莫甚于生,则凡可以得生者何不用也?使人之所恶莫甚于死者,则凡可以避患者何不为也?"意即如果没有比生命更为人们所珍惜的,那么,凡是可以用来保全生命的手段哪样不能用呢!如果没有

汤显祖的贵生观

比死亡更为人们所厌恶的,那么凡是可以用来避免祸患(或死亡)的事情哪样不能做呢!人们为了自己心目中最珍贵的东西,无所不用其极。其言外之意是:如果人们为了自己心目中最珍贵的东西,无所不为,是不是就很卑鄙无耻呢?孟子的回答是否定的:"由是则生而有不用也,由是则可以辟患而有不为也。是故所欲有甚于生者,所恶有甚于死者。"意思是,通过不正当的手段可以保全生命,而有的人不愿意采用;通过不正当的办法就可以避免祸患或死亡,而有的人不愿意去干。所以,世界上还有比生命更为人们所珍爱的东西,是"义",还有比死亡更为人们所厌恶的东西,是"不义"。例如,对于表现为富贵荣华的"万钟",有的人"不辨礼义而受之",但对有的人而言都是身外之物:"万钟于我何加焉?"后来,孟子将此文的观点给予了简化:"富贵不能淫,贫贱不能移,威武不能屈,此之谓大丈夫"(《滕文公》下),强调"义"重于"生",在"义"和"生"不能两全时应该"舍生取义"。

"贵生",除了上述内含的两类人生价值观,还外延出两种人生价值观。

虽然儒家、道家在"贵生"上各有侧重,但两派的最大共性是着力于"今生",重视的是人从呱呱坠地到进入坟墓的过程,即"贵今生"。与儒家、道家"贵今生"不同的两种人生价值观,分别是基督教、犹太教、伊斯兰教和佛教。由于基督教、犹太教、伊斯兰教是神性信仰,以"(人造)神"[1]为中心,信仰(人造)神。而佛教不属于(人造)神性信仰,是人基于自己的觉悟、以人自身具有的"神性"为中心,回归生命的本源与存在的核心,认识真正的自己无所不在的神性本身。尤其以禅宗为代表,超越信仰与非信仰,整个重心是觉察万事万物的真相与"如是",超越头脑的虚幻想象与执着,回归生命的实相及宇宙的实相,活出人自己的神性。所以,这里只粗浅地探究涉及"生"部分的佛教。

---

[1] 基督教坚决否认"三位一体"是人造神,基督教脱胎于犹太教,当然也否认犹太教诸神是人造神。伊斯兰教同样如此。笔者尊重各宗教教徒的信仰,这里所持观点是:万物因人类而具有了存在意义,宗教同样如此,但宗教终归是人脑的产物。

西汉之前,道家、儒家已经将"贵生"阐释得很完备了。但与西汉末年传入的佛教相比,这种完备显然是针对人生过程而言的,其论述的前提都围绕着没有来处、也无去处的"人活着"。当儒家聚精会神定在"人活着"这一事实状态时,才认为存在"重(视)生(命)""重(视)物(质)"两难中的选择,也只有在"人活着"的时候,人才面临着"重(视)生(命)"还是"重(视正)义"。但是,对践行"义"的人而言,"义"具有虚妄的一面:无论"我"带给他人多么广大到难以数计的利益,但"我"已经无命了;没有了"我"的生命,他人的生生死死与"我"便不相干了;一切与"我"不相干了,舍生取义对"我"还有何实际意义呢?

面对如此理论困境,道家提出了务实、务虚两条解决之道:务实的解决之道是"长生不老",让生命过程无限延长;务虚的解决之道是创造了由宇宙中阴阳变化而来的"元神"①,比人脑机能部分的"识神"先验而具有高能意识,"识神"可障、可死,"元神不死",肉身衰老了,寄宿在肉身中的"元神"依然充满活力,一旦遭遇适当契机,人又活过来了,"重生"了。因了理论上的这一突破,本土化的道教畅行上、中、下三阶层,具有广大的拥趸。儒家依然务实,除了载入史册予以褒扬之外,加大了奖励舍生取义者亲属的力度,免赋税、赐财物、赐女人、赐官职、旌表等。但理论上始终没有突破。

儒家、道家或道教闭口不谈与"生"相对应的"死",反复强调活着的意义,是因为先贤们早已认识到人人终必死亡,生命过程中的每一时刻即是一步一步走向死的时刻。由于还没有死的人,没有资格谈论死亡之事,而且死人不能复活,无人知道死亡的情景与死后的情形,所以,孔子一句结论式的反问终结了对死亡的探究:"未知生,焉知死?"也许,现代德国哲学家海德格尔(Martiu Heidegger)在其名著《存在与时间》

---

① 道家关于人的神性有三种:来自于太虚的元神,无思无虑,自然虚灵;来自于大脑生理机能的识神,有思有虑,灵而不虚;来自于肉身的欲神,是元神、识神的物质基础。后人理解"元神"有两类:元神是禀受于先天的神气,属于先验的、外来的神性;元神是人的"原生无意识",属于后天的神性,特殊情况下可以"出命"(婴儿状态)。

汤显祖的贵生观

(Being and Time)中,揭示了儒家、道家先贤们未宣之于口的认识,花鸟鱼虫这些生命转瞬即逝,人所看到的草木鸟兽只是存在着(is),人的存在是真正实存(exist)。但这二者的对比,实实在在昭示了人的韶华易逝,生命必须去珍贵。孔子的"未能事人,焉能事鬼",正是"贵生命"的反向表述,人为重、鬼为恶,人事尚未处理好,不必考虑鬼事,人事处理好了,就没有鬼了。所以,国人视"死"为大难,郑重其事得无以复加。这种只谈"生"回避"死"的实用生命价值观,也许是告诫人们,不要穷追人之外的天地自然,不要闲得无聊去探究人之外的花鸟虫草。至少,儒家奉行了这一点,深谙人文历史,擅长谈论人事,注重人际关系。其潜在的弊端,导致了国人对人事的热衷无与伦比,花鸟鱼虫之类或在愉悦,或在口福,其他衍生之类的则被视为"奇巧淫技",这是理工或科技极其低下的文化基础。

但汉唐佛教兴盛时,佛教通过另一种全然不同于儒家、道家的方式回答了应该如何"贵生"的问题。

一是贵在对"生"的认识独树一帜,弥补了儒家、道家理论上的不足。

首先,佛教在微观上用独特视角回答了什么是人"生"。在《长阿含经》[1]中,佛陀讲"生"这一事实是因有"死"事实而产生的:"缘生有老死。"老死包括老、死、忧、悲、苦、恼等人生所不能免除的痛苦事实,佛陀以此为观察人生的起点,提出假如"一切众生无有生者,宁有老死不?"[2]在这里,"生"是一个自我、他者都能感知的状态:自我通过眼耳口鼻等感觉器官的运转察觉自己活着;他者通过可视的、可触摸的肉体去感知他人正活着。如果没有"活着"这一事实,自我便无从感知今天

---

[1] 《长阿含经》是原始佛教的四部根本经典之一,全称"四阿含",笔者搜集到的版本包含30部经,分别包括四部分内容:教义;佛陀传教活动;佛陀故事;驳斥异教。下文为行文方便,在注释中增添了现代标点符号,正文中选取了与本文有关部分。

[2] 《长阿含经》第13章《大缘方便经》原句:"佛告阿难:'缘生有老死。此为何义?若使一切众生无有生者,宁有老死不?'阿难答曰:无也。'是故。阿难,以此缘。知老死由生,缘生有老死。我所说者,义在于此。'"

比昨天稍微大或老一点的事实。人可以在慢慢"变老"的过程中自证"活着"的事实；他者则是通过"有"表明某人"活着"的事实。

到了17世纪时，法国哲学家笛卡尔才说出了佛家思想中的自证部分——我思故我在。大意是我无法否认自己的存在，因为当我否认、怀疑时，我就已经存在了！笛卡尔通过人的自我意识证明"活着"这一事实，不及佛教"有"概念丰富，显得证据单薄，极容易陷入绝对主观，变成自说自话。而佛教的"有"包含了自我、他者的视角，证据更充分，可以理解为"我知道我在走向'死亡'去这一事实，证明了我活着"，无论谁去证实，人的生命是"有"这一个实实在在的物件儿存在着，假如没有可视的、可触摸的、有形的"人"存在，就没有"死"这一事实。所以，佛陀说："'生'缘起于'有'，这就是说，假如不论在欲界、色界或无色界中，没有任何形式的'有'存在，如果一切事物停止存在，那么会有'生'吗？"①所以"'有'是因，是'生'的起因，'生'因'有'而起"②这句话的意思是，如果没有张三其人活着，便不可能出现张三将要老死的事实，只有人的生命存在着，才会在时空的推移中慢慢变老、最终死去，生命的存在成为老死的根源——知老死由生。

其次，佛教在中观上回答了人"生"饱受各种痛苦的源头。人生的一切起因于一种盲目意志③，它促成了人的各种行为④，并主要通过大脑⑤接收来自眼、耳、鼻、舌、身、意⑥等心、身⑦六类感觉器官感触到的各种刺激，即大脑收入信息并加工的"意识"，由人耳听到的声引起"耳

---

① 《长阿含经》第13章《大缘方便经》原句："又告阿难：'缘有有生。此为何义。若使一切众生无有欲有，色无色有者。宁有生不？'答曰：无也。'阿难，我以此缘，知生由有。缘有有生。我所说者，义在于此。'又告阿难：'缘取有有。此为何义。若使一切众生无有欲取、见取、戒取、我取者。宁有有不？'答曰：无也。"

② 《长阿含经》第13章《大缘方便经》原句："阿难，我以此缘，知有由取。缘取有有。我所说者，义在于此。"

③ 佛教用语：无明。

④ 佛教用语：行。

⑤ 佛教用语：识。

⑥ 佛语将眼、耳、鼻、舌、身、意概括为"六根"。人的"六根"感受分别为"识"：眼识、耳识、鼻识、舌识、身识、意识。

⑦ 佛教用语：名色。

汤显祖的贵生观

识"、鼻的嗅觉引起的香臭之辨的"鼻识"、舌的味觉引起的苦甜之辨的"舌识"、肤觉感触到的疼痛之辨的"身识"等引起,这"六根",既是"目好色、口好味、耳好声"的载体,还是情、欲生发的条件,催生了人对"爱"的孜孜以求,而人对"爱"的执、妄进一步导致"(诞)生"与"老死"的事实对应,推动了人陷入前生、今生、来生的线性道路。换句话说,人生遭遇苦、老、病、死等的原因是因为有"生(命)"。

其三,佛教在宏观上通过前生、来生这两个相对应的概念,比道家、儒家"此生"如何"贵生"更有力地阐明"贵今生"的主张。前生、来生概念来自佛法的三世因果①轮回、六道②轮回观,通过对"我是谁""生从哪里来,死到哪里去""生命的真相究竟如何",在理论上展示了个人的前生、今生、来生,这三者的关系是今生所历经的诸多事的原因来自前生,今生的言行修行构成来生的内容。用佛教语言更具体一点表述是:依据业果法则,人造作善业能造成善趣的结生,并招感乐之果报;造作不善业能导致投身于恶趣,并带来苦果。只要导致生死流转的烦恼还没有被根除,就还会继续造业,并将随着所造作的善业或不善业继续投生、继续轮回。每个人就在自己的前生、今生、来生形成一条无穷尽的横线,与直系亲属的上一代、这一代、下一代交互重叠,互为因果。但佛教中的前生、今生、来生因果循环并非复制式的循环,也不是去为了实现无法证伪、证实的前生、来生,而是在"今生"中通过如实地正观生命自身,去发现生命的奥秘、潜能,征服自己的欲望,体验层层解脱的觉悟,活出凡人的神性来,所以,佛教的重点在"内",在于精神境界,想要实现作为人的最高可能性的那个状态。

二是贵在修行的方法特立独行,侧面补充并强化了儒家的观点。

儒家谈"贵生"修行的内容十分简洁——修身齐家治国平天下。要

---

① 因果论最早源于《易经》的"积善之家,必有余庆。积不善之家,必有余殃。"汉传佛教用前世、今世、来世,以及上三道的天道、修罗道、人道和下三道的畜生道、饿鬼道、地狱道完善、强化了这一观点。

② 六道指上三道的天道、修罗道、人道和下三道的畜生道、饿鬼道、地狱道。

男人首先格物致知、修身养性，使自己的心境修为在常人之上，次之管理好一个家、族，再次之是治理好一个小小的诸侯国，最后达到安抚天下黎民百姓的境界，使百姓能够丰衣足食、安居乐业。所以，儒家的"贵今生"没有自由意义上的个体，任何人都被编制在家国视野的"被管"或者"被治"之下，男人修身是在管好自己的前提下，目的是管、治他者，但又受父亲、祖父的管、治。为此，后人评价儒家是积极"入世"的学说。

但佛家却是讲"出世"，普度众生脱离现世或今生的苦恼：苦谛认为人生充满着各种苦，要人们把现世或今生看成是痛苦的；集谛认为，今生的苦恼产生于色、声、香、味、触五欲，归结起来源自人本能的欲望；灭谛、道谛认为，色、声、香、味、触五欲是可以完全消除的，通过看空世间万事万物，看空"六根"，乃至看空"五欲"，进而逐步割舍掉对世间万物的关注，割舍掉"六根"、割舍掉"五欲"，乃至割舍掉自己的肉身，就可以得到"解脱"凡人苦恼而成佛。所以，佛教的"贵今生"旨在今生的凡尘俗念、尘世肉身的逐渐割舍，虽然有自由意义上的个体，但却是逐渐抛舍了亲情、友情、爱情的个体。

佛教、儒家的"贵今生"还是有共同点的，积极的共同点是，为了达成一个目标要锲而不舍。佛教中最豪气的目标是地藏王菩萨提出的：我不下地狱谁下地狱。儒家中典型对应的是郑板桥的诗：咬定青山不放松，立根原在破岩中；千磨万击还坚劲，任尔东西南北风。民间相对应的意思更直白：不撞南墙不回头！

但消极的共同点，在实践上都自然地存在着二元分裂。儒家提倡利他、重视利他，导致个体的权利被有意无意地压制着，"贵生"由"贵我的生活"多倾向于"贵他的生活"，导致了阳奉阴违、口是心非等两类截然相反的言行同出于一人一时的现象。佛教的"贵今生"虽然不会出现如上社会现象，但教义中除了应守的十戒之外，僧尼分别还受到大约250条、348条的戒律，如食欲上戒荤腥等，抛开是否有违自然人的生存本能不谈，禁戒如此之多，令人觳觫。所以，佛教要戒掉生物物种天然的需求，至少造成了只"贵今生的精神生活"，毕竟曾出现过花和尚、济公式的出家人,从侧面反映了教义造成肉体需求与精神禁戒的矛盾。

(二)禅宗的"贵生"人生观

禅宗融合了儒家与道家思想,浸润了古代中国人的精神理想和人生态度,是汉传佛教的中国化。禅宗围绕着一个"禅"字所展开、所交织的认识论,符合中国人深层精神指向的宗教心理。从哲学史的角度看,禅宗以"直指人心、见性成佛""识心见性、自成佛道"为要旨,以调整和控制人的心理活动为手段,充分调动人的主观能动性,将禅法的多样化、规范化和可操作性普及开来,倡导并帮助人们摆脱外在客观世界对自我精神世界的隐性支配,力图超越自身生理机制对于情感、欲望的制约,培育出一种不受客观环境和主体情识影响的精神境界,显示了古中国人试图从主观方面调动精神世界的能动作用,发掘出人的"神性"。禅宗从佛教教义的选择、阐释乃至实践,有助于丰富人们对于认识主体的理解,以及全面估计主客双方在认识过程中的相互作用,深刻地影响了后世的人生观及其人生,可谓对道家"贵生"的一场革命,对儒家"贵生"内容的丰富与发展。

生命是人生的烦恼之源。"禅"本是梵文"禅那"(Dhyana)的简称,佛教进入古中国之前,人们都有的静思行为均不指称为禅。原始佛教中所指的人的心理处于无浮动躁乱、无暗昧昏沉,能够保障明睿深沉地进行观察和思虑的那种状态,经生于龟兹的东晋译经家鸠摩罗什译作"思维修",表示运用思维活动的修持。到了唐代,再经由玄奘译为"静虑",表示宁静安详地深思。两人都采取了意译的方法,可谓确定了"禅"的汉语原始意义。据说,禅宗的实际创始人是道信、弘忍。到了弘忍的弟子神秀与慧能时,观点出现分歧,由于慧能的顿悟成佛将佛教禅学的中国化推向极致,专以修习禅定、彻见心性为主旨,使"禅"的概念发生了根本性的变化,禅定、禅趣、禅悟、禅理或者禅门、禅学等词语纷纷而出,成为与印度禅根本区别的标志。传到慧能的弟子神会,明确分立为北南二宗,南宗传播于广东、湖南、湖北、江西、浙江一带,禅宗成了有别于佛教整体的独特派别,成为了汉族佛教,岭南一跃成为禅宗祖庭①,在诸多派别中长期保持一枝独秀之势。

禅宗虽然是本土宗教,但同其他佛教衍生的派别一样,历代禅宗大师们凭借《楞伽经》《涅槃经》《法华经》《般若经》《维摩经》《金刚经》《华严经》《楞严经》《圆觉经》等经典来传法。本土化之后,《楞伽经》《楞严经》《心经》《金刚经》《圆觉经》《维摩经》以及《六祖坛经》成为了禅宗经典。禅宗遵奉大乘甚至部分小乘的教义,主要包括实践、说教方面和理论探究方面。禅宗的实践、说教源自因果与修行,与其他一切宗教、道德说教既有共性之处,又自有其殊胜之处。禅宗的理论探究建立在修行,尤其以禅悟为主的基础上,属于探究生命和宇宙真相的理论。在具体内容上,这两大方面相互连接、不可截然分割。这些实践与理论具体是通过蕴含在缘起、法印、四谛、八正道、十二因缘、因果业报、三界六道、三十七道品、涅槃等展现的。

禅宗的本体论认为,构成宇宙万物的基本要素是"色"(与马克思主义本体论的"物质"颇有相似之处,指的是地、水、火、风及其构成物)、"受"(感受)、"想"(思想)、"行"(意志)、"识"(精神)五蕴。这五种因素在不同条件下的聚合和分散,造成了宇宙及其万物的刹那产生、刹那消灭,并且这个"色"所构成的万事万物和一切现象都不是永恒的,佛教词语称之为"诸法皆空",没有一个质的规定性或常驻不变的实体。禅宗关于宇宙万物的生成凝缩在"缘起论"中,字面义追寻起来,缘起论所谈的"因"和"缘"两个部分,"因"即因素,"缘"即条件。其中"因"是

---

① 杜继文认为,一般所认为的禅宗由初祖达摩到五祖弘忍的法系传承史,甚至慧能本人是否为真都属于牵强附会。禅宗史传所重视的,不是个真实的历史人物,而在于他是本宗信众的代表和领袖,他的形象必须符合这些信众的心态,从而使其典型化,我们在探讨慧能其人时,就不能把他看成单纯的孤立的个人,首先应该看到在着意刻画他、塑造他的背后的那些宗派群体。从这个意义上说,在被描绘的慧能一生活动中,已经蕴涵着南宗的基本性质,包括地理、民族、出身、成分、文化,以至于政治倾向等。参看杜继文、魏道儒:《中国禅宗通史》,江苏古籍出版社,1993年,第133页。

主要的,"缘"是次要的;"因""缘"相符合了,产生新事物,"因""缘"不相符合了,事物消失。"因""缘"相依相待而存在,没有绝对的独立性。即一切事物的产生与消亡都有其特定的条件,也有因可循、有理可据,凡果必有因,怎样的因便产生怎样的果,因果必相应,宇宙万物都没有独立性、恒常性。

　　换言之,"缘起论"认为,世间上的万事万物既非凭空而有,也不能单独存在,必须依靠种种因缘和合才能成立,一旦组成的条件散失,事物本身也就归于乌有。《杂阿含经》记录释迦牟尼给"缘起"下了一个形象的定义:"此有故彼有,此生故彼生,此无故彼无,此灭故彼灭。"其中,"此有故彼有、此无故彼无"指的是同时的互存关系;"此生故彼生、此灭故彼灭"指的是异时的互存关系。通句是说,没有绝对的因,也就没有绝对的果。佛教语言的"诸法因缘生、诸法因缘灭",与马克思主义哲学中因果规律相比,是另一种不同的表述:世界上一切事物、现象的产生和发展都是相对的,都是互相存在的关系和条件;如果没有这个关系和条件,任何事物和现象都无法产生和发展,世界就是这样由时间上无数的异时连续的因果关系,与空间上无数的互相依存关系组成的无限的网。这种关系和条件构成的简单链式因果关系,并没有道出"缘起论"的全部内容,《分别缘起初胜法门经》较详细地分列出十一个缘起:无作者义;有因生义;离有情义;依他起义;无动作义;性无常义;刹那灭义;因果相续无间断义;种种因果品类别义;因果更互相符顺义;因果决定无杂乱义。归类起来,这十一种"缘起论"分别属于"业感缘起""赖耶缘起""真如缘起""法界缘起""中道缘起""六大缘起"等,却又蕴含了两组定律:流转律指说的是生死轮回的现象,个体生命顺观缘起,因起惑造业而在时间中轮转生命轮回之流;还灭律指说的是涅槃还灭的现象,个体生命逆观缘起,知苦断集修道寂灭,截断轮回之流,进入不生不灭的"法界"。所以,"诸法由因缘而起",这是佛教以此解释世界、生命及各种现象产生的根源,由此建立起佛教特殊的人生观和世界观。

　　由禅宗本体论衍生的人生观,首先通过"十二因缘"指明了在人生过程中十二个彼此互为条件或因果的环节。"十二因缘"又称"十二缘生",指的是生命流转的缘起,属于有情生死流转的"内缘起",与万物生成的"外缘起"相区别。"内缘起"指说了生命的不同"界"面,即"十二缘生"将生命分为过去世、现在世和未来世三个阶段,其中的"无明"和"行"被归类为过去世,"识""名色""六处"等八个被归类于现在世,"生"和"老死"被归类于未来世。其转化过程大致是:生命的实"有",可谓生命降临世间时已经具有了一定的色相,可视、可触,这个降生就是一个过去世和现在世的"界";生命的成长仅仅具备了一定的色相是不够的,还要熏染上"识""名色""六处"等精神层面的八类色相,才能立足于现在世,等到人悟透自己的肉身,看破自我在精神层面熏染的诸多色相后,为未来世积累了果报,其量的积累足以发生质变时,这个质变即是现在世与未来世的"界"。这三世的"界"面转化是由过去因、现在果和现在因、未来果这两重因果关联的积累实现的,只有在现在世的"界"面中累积了足够的积极性果报,促成"界"性发生变化,从而实现三阶段的轮回,并且,世间轮回是必然的,能否出世解脱却是需要努力的,关键在于人对现在世的八类色相的处理。

其次,禅宗的流转缘起从顺观角度看待生命过程。生命一呱呱坠地,处于"无明"状态。对人的动态过程而言,人生一开始没有观念或认识,凡人的心原本是处于自性清净的:"人性本净,由妄念故,盖覆真如;但无妄想,性自清净"(《六祖坛经》),强调人的自我本真状态,像初生婴儿一样纯真无伪饰,既否定了儒家孟子流派的"人性本善"的偏颇,也否定了荀子流派的"人性本恶"的极端,可谓对先验性善论、先验性恶论的调和。无论时间顺序上后出的佛教"自性清净"观点,是出于对儒家内部对立两派别的调和,还是汉传佛教继承了印度佛教的原始教义,抛开"识"的三世循环论调,在揭示人脑的原生状态方面,与后世其他衍生观点相比,的确更客观。当然,禅宗的这种观点只强调状态,为其他相关联的观点做一个立论基点。净土宗的释延寿对此的概括为"心外无物,物即是心"①,除了强调禅宗所强调的,人的认识不是儒家所指的先天就具备了善性或恶性特质,而是后天的阅历或经验覆盖了原本的纯真,并将禅宗的自性清净扩展为主观唯心论,说人受外界事物的诱惑转而追求时,外界事物已经占据人心,当人意识到外在事物不是自我本身物时,才明白心外无物。

从南宋哲学家陆九渊到明帝国哲学家王阳明开创的儒家"心学",没有借鉴禅宗的基本教义,而是将净土宗的观点进行不同维度的阐释,陆九渊的"宇宙便是吾心,吾心即是宇宙",乃至"宇宙内事是己分内事,己分内事是宇宙内事",将人的主观放大到极致,实际上已经蕴含"心外无物"之义。15世纪明帝国王阳明继承的"心外无物",多从"格物"角度切入,"体究应感之实事",应属于认识方法类别。而慧能的"人性本净"是预设了人脑源头上的"无知"空白,不明善恶、不明佛法教义,是一切痛苦的根源,从而因为"无明"在行为上做出善或恶的事情,累积在虚空无实体的"识"体中,为今生世所继承。今生世人有相互依存的"六处"能力,即因眼、耳、鼻、舌、身、意六根器官而产生的感觉、知觉能力,在"识"所具有的推理、想象、记忆、判断等作用之下,面对色、声、香、味、触、法六境,在肉体和精神两方面产生苦乐、忧喜或者不苦不乐的感觉,并在对苦有强烈的憎恨、对乐有热烈的渴望之下,产生了名之为"爱"的诸多行为,累积为未来世的所具"有"的"果报"。

禅宗顺观生命过程之后,得出生命存在于世间只有一个:苦。笼统而言,人生有三类苦:苦苦、坏苦、行苦。"苦苦"包含生理上引起的出生之苦、衰老之苦、病变之苦、死亡之苦和精神层面的爱别离苦、求不得苦、怨憎会苦、五蕴炽盛苦。"坏苦"指通过外在环境刺激所引起的感受在心理上出现短暂平衡后的所谓"快乐""舒适""安逸"等,其实并非真正的快乐,而是会转化为痛苦的,人生中一切通过满足肉身欲望所得到的"快乐""舒适""安逸"等不但转瞬成苦,而且继续放大这些"快乐"

---

① (五代)延寿:《永明延寿禅师全书》,刘泽亮点校,宗教文化出版社,2008年版,第1281页。

"舒适""安逸"等更是苦上加苦。例如沐浴时清洁了身体的脏污感到舒适,去污的舒适是短暂的,继续下去就转变成一种痛苦了,因此将乐受能变坏称为"坏苦"。"行苦"概指因人生流变所产生的运动之苦,人希望的永生、婚姻美满、家庭幸福、事业发达等都处于迁流变化之中,美好的物事往往是昙花一现,转瞬即逝,与人的认识或观念相违背,这种世事无常的流变状态令人痛苦。

具体而言,禅宗认为,人生之苦处处可见、随机可遇。《涅槃经》中的"生苦"指诞生之痛苦,是人生第一苦,包括五种:"受胎"之苦指过去世的"识",忍受母腹中窄隘环境之苦;"种子"之苦指过去世的"识"种子随母体的气息出入而忍受不得自在之苦;"增长"之苦指在母腹中住在生脏之下、熟脏之上所忍受的十个月的内热煎煮之苦;"出胎"之苦指忍受出生之际通过狭窄的生门之苦和脱离母体后承受外界灼热或寒冷的空气,以及衣服等物触体时的刺激之苦和被接生者的手掌抓来提去之苦;"种类"之苦指"识"种子的富贵、贫贱与残缺、美丑等类别体现在肉身之上所遭受的苦。这些生之苦只是其后活着的痛苦的基础,痛苦源于活着,在世间犹如迷途般,无依无靠,如果不曾有生,何来人生之种种苦难?所以生是一种苦。

"老苦"有增长、灭坏两种,人从婴儿长到少年、青年、壮年乃至中年、老年,要忍受气力渐长与羸少、盛去与衰来之苦,忍受肉身的动止不宁及精神耗减、渐至朽坏。老有所苦在于有生之年愈来愈少,精力、体力越来越差,但所思所想难以实现。

《涅槃经》中的"病苦"为疾病之痛苦,即肉身的病痛有四大不调症状,如全身沉重、抬身僵硬、肌肉胖肿、汗蒸体热,人常常还要承受苦恼、忧伤、急切、悲哀等诸多精神之苦。"爱别离苦"指与亲爱之人分离、拆散而不得共处之苦,人际间的亲情、友情、爱情由于某些变故而发生变化,或者令人伤心流泪,或者寝食难安,或者殉情离世,不但当事人痛苦不堪,而且令耳闻目睹的人长吁短叹。

"怨憎会苦"指不得不与常所怨、仇、憎、恶之人集聚所承受的痛苦,包括血缘、地缘和业缘关系所引发的诸多人际交往中,因职业、事业或行业上所引起的诸多如同乡和邻居关系、师生和同窗关系、同事和战友关系、买卖和消费关系等,人和人经常发生摩擦、矛盾、冲突或争斗,虽然有法律法规、契约等给予调节,但心理上的创伤不易弥合,用感性方式来排解也难以自禁,又不得不日日面对,其怨、憎之苦苦不堪言。

"求不得苦"指人忍受求而不能得所爱物之苦,其中,不能如愿、不得所欲的痛苦有"得到再失去"和"可望而不可及"两类,程度最严重的莫过于"求生不得、求死不能",它甚至剥夺了人获得其他苦难的能力与机会。

"五阴盛苦"为第八苦,泛指对人生追求所爱而产生的喜怒、哀乐、忧愁、愚痴等的聚合。在《涅槃经》中指色(相当于物质)、受(感受)、想(表象、知觉)、行(意志)、识(精神的总体)积聚,使人身心容受生老病死等诸多烦恼的折磨。以色、受、想、行、识五种储存为苦,旨在说明苦具有普遍性,人的存在本身为苦,生命的存在就是最大的苦,凡是有生命的个人,都避免不了要承受各种痛苦。

"死苦"是人生最后要承受的一种痛苦,是生命体征消失所受的苦痛,《涅槃经》细分为"寿命尽而福未尽"之死、"福尽而寿命未尽"之死,以及"福寿俱尽"之死三种,现代对应的是脑死亡、瘫痪和衰老死,这些都是生命本身所具有的,属于内因之苦。外因的"死苦"指肉体遭遇外力而亡,也被《涅槃经》细分为"非分自害死""横为他所杀害",以及"俱死"三种,相当于自杀而死、被人力谋杀或自然力致死、顺从外力所伤而自戕。其中,肉体死亡的不可抗拒性并不令人畏惧,令人难以舍弃的是未竟的事业或者亲情、爱情、友情,以及清楚地意识到对活着的人带来的痛苦。

总而言之,禅宗本体观的立论是为阐明人生观的,人生观的过去世、现在世、未来世又是围绕着现在世来阐发的,将现在世的人生归纳为三类苦:第一类的肉体层面将人生自然过程归纳为生、老、病、死之苦;第二类的精神层面将主观愿望所不得满足归纳为忧悲恼、怨憎会、恩爱别离和所欲不得之苦；第三类是将肉体、精神通观问题归纳为"五阴盛苦"。从而得出结论：生命是人生的烦恼之源，生命是人生的痛苦之源。

"贵生"只在舍欲、空色。禅宗由本体论得出生命是人生的烦恼之源后，着力从方法论上灭除人生的烦恼。禅宗采取了"逆观"方法，提出肉体所欲是基础性的，只有舍弃人体因所需而产生的饥、渴等妄想、执着之念，就能灭除生、老、病、死等痛苦，所以，"舍欲"是主要的，将人体的各种生理需求降到最低程度，会免除许多在禅宗看来属于本不必要产生的烦恼、痛苦。又由于人处在物质的世界之中，既受万物形象的影响，在大脑中留下各类"色相"之念，还受万事万物"色相"的诱惑，诱发人的贪、嗔之念，只有破除了对万事万物的"色相"的印迹，处处不着色，就能灭除精神上的忧、悲、恼等感受，所以，"空色"①是关键，看空世间一切有形物质，随缘而动。那么，人如何"舍欲""空色"？

首先，"欲"泛指人基于感官所产生的需求。美国心理学家马斯洛的需求层次理论，把人的诸多需求分为生理、安全、社交、尊重需求及自我实现需求五层。禅宗却将其纳入系统理论之中，从更高一层次探究人与外界的关系。人类只是众多生物中的一种，与"六道众生"共同相处在"欲界"，受世俗的财、色、名、食、睡等"五欲"所困扰。

财欲是人为了供给肉身不可或缺的养料而产生的需求。禅宗正视人因资养色身而谋取所需的金钱财物，但反对来路不当、用途不当、获取手段不当等，提倡干干净净的"净财"，要人们摆脱金钱财物的役使，正确处理人的所需与所得的数量、程度等关系，抗拒有益于养生之物的诱惑，坚定寻求解脱世俗烦恼的信念。

"睡欲"指懈怠昏沉、不分状况、不务正事的贪睡，超出正常的休息养神程度。贪睡能导致人整日昏昏沉沉，荒废事业、不修道业。

"色欲"指能使人感到愉悦、舒适的诸多物事。在禅宗的语境里，

---

① "空色"中的"空"在此发 kòng 音，使动用法，表使……不留痕迹、空白之意。

汤显祖的贵生观

"色"具有广义和狭义之分。禅宗的狭义之色包括物质中的"颜色""形状"等。男女淫欲虽然被列入"色欲",但却属于位列盗戒之后的本戒,受到严格的防范。因为僧尼属于出家人,与住家修道者最大的不同,便是戒绝男女的淫欲行为。通常僧尼远离俗世人群,僧与尼也不同地居住,守住此戒不难,难在人受生理上内分泌腺的刺激,如果再加上外境异性的不断诱逼,僧尼如果没有坚定的意志与执着的信念作为立身的基础,很可能破戒。由于男女之事最易受世俗人群注意,如果僧尼所在寺院、尼姑庵不能严格处理犯戒者,不但降低寺院、尼姑庵的威望,而且减少信众的捐赠,因而,僧尼一旦破了色戒,通常被逐出寺院或尼姑庵。广义之色指一切有形象和占有空间的物质:眼、耳、鼻、舌、身这五根属于人体与生俱来的,故名"内色";色、声、香、味、触等大多属于人体之外在环境所具有的,所以命名为"外色";人们常见的各种颜色如黑、白、蓝、黄等为"显色";人体的各种动作如伸、屈、取等,属于人脑指令的外显,在他者角度去看,这些动作从一定程度上展示了动作发出者的精神世界,多属于表面现象,不是全部,不是本质,所以名为"表色";形色指物体的形状和颜色等。即是说,禅宗将存在的一切物质名之为"色",意谓人类所处世界是一个拥有"色相"千差万别、变幻莫测的"婆娑世界",人自身也是其中的一种,发肤、体形等本身属于"色"。

"名欲"指贪求声名之欲,即过分追求个人在政治、经济、文化和社会上的名望。由于人的名望带有无形的传播性和隐性的号召力,为当事人带来荣耀和人、财、物的积聚,因而凡俗之人多羡慕、寻求名望,甚至为了名位之争,不惜与亲友、同事等翻脸成仇,引起嗔恨、嫉妒等不正常的心理活动,表现出卑躬屈膝、阿谀奉承等言行。禅宗反对"名欲",反对过分追求名望,而不绝对反对"名欲",为了弘扬佛法、拯救更多的愚痴众生,得道高僧不得不借助名望扩大佛法的影响力。甚至禅宗史上,弘忍的弟子神秀和慧能分化为北禅、南禅,是因为神秀派得到了北方皇权的大力支持,而禅宗在广东曹溪得以扎根创立,根本上得益于禅师们的到处宣传。

"食欲"指超出正常人所需饮食的世间珍馐美味。对于人体正常所需的一般饮食,僧尼要修道行道,必须利用色身作为工具,禅宗持认可的态度,但有的寺院、尼姑庵继承了将饮食叫作药石的传统,其目的主要在于提醒修道、行道者,饮食不是为了贪图口腹之欲,而是自己经常处在病痛之中,如饥饿被称为饥病,为了医治疾病才去服用,并应当时时警惕。如果想驱除"色身"的病痛,将饮食当作吃药观想,也就不会贪多贪好,能够精进修持,早日了生、脱死。禅宗有自己的饮食禁忌,主要是奉行素食,严禁食"荤""腥"之物。"荤"是指有恶臭和异味的蔬菜,《楞严经》说:荤菜生食生嗔,熟食助淫,所以僧尼不食大蒜、大葱、韭菜等。"腥"是指各种动物的肉,更禁止杀生而食。《涅槃经》中指出:"食肉者,断大慈种",禅宗属于大乘佛教,以慈心戒杀食素,正是悲悯众生、长养大慈悲的体现。《楞伽经》认为僧尼本属肉身,很可能在过去世、现在世、未来世的轮回中出于同一肉身:"一切众生从本已来,辗转因缘常为六亲,以亲想故,不应食肉。"素食的范围也比较广,辣椒、生姜、胡椒、五香、八角、香椿、茴香、桂皮、芫荽、芹菜、香菇类等都可食用,豆制品、牛奶和乳制品等也都不在禁止之列。禅宗的各类饮食规制系统地体现在唐朝中叶的百丈怀海创立的《百丈清规》中,这是禅宗可谓唯一的、系统的管理制度。其特点是禅宗僧尼尚能不纳租、不服投,不受皇权管辖,不受政治波动,耕种土地属于僧或尼群体共有,大家平等劳动、平均消费,过着田园、劳动的生活。到了元明以后,自耕自食的生存方式几乎消失,禅宗几乎大面积地恢复了皇权和信众供养模式。但禅宗的素食结构和习惯深深地影响了后世,珍视劳动、爱惜粮食成为了民族特性之一。

其次,禅宗在理论上阐述了人生理、精神欲望的类别、程度等问题之后,提出的应对之策,不同于儒家和道家、道教。儒家借助国家权力中的经济手段、法律手段去遏制身处其中的人群,这属于官僚群体的

汤显祖的贵生观

"它律"①部分；制度上设计了夫为妻纲、父为子纲的家庭结构模式，以实现对平民百姓的"它律"。与此同时，借助家庭教育、学校教育培育个人品德，试图从源头上解决国民的"自律"。道家的受众较少，尚未来得及系统化、分类化其思想，老子立论，庄子提出的解决之道是放弃人群生活、纵情山林，杨朱提出反向的"拔一毛利天下而不为"。道家承接了其衣钵后，继承了庄子的纵情山林观点，不但割断修道人的亲情、友情、爱情，而且置身于与世隔绝之境，从日常生活方面隔断与社会生活的干扰和潜在诱惑。这种"它律"间接地践行了杨朱的"拔一毛利天下而不为"，间接地使道教群体要么自耕自食，要么衣食供给依赖外界，整体上变成了"寄生"群体，处于为历代皇权认可、不认可的境地，使道教自身的发展走向两个方向，向上进入权贵阶层，提供养生之道和长生不老丹药，向下进入平民阶层，提供膳食方法、各种符咒及其驱鬼做法。禅宗借鉴了道教的割断修道人的亲情、友情、爱情做法，继承了大乘佛教"普度众生"的理念，北派走上了与皇权相连接的寺院修行道路②，南派在创建之初便特立独行，改写了道教、汉传佛教的"寄生"生存模式，物质生存上自给自足，精神上修行理念不断创新。这种应对之策不但创新了一系列汉传佛教观念，留下了至今都影响广泛的禅宗理念，而且吸纳了道教、儒家理论，使禅宗教义由僧尼主导的传播转变为人人主动寻求的格局，使佛教由显性传播扩大到隐性传播，甚至在现代社会状况下影响到了欧美地区。

具体而言，寺院修道者的"舍欲"，其前提是通过专门的幽静之地斩断僧尼与俗世的关联。早期佛教修行之所建造在远离人群的偏僻之地，如少林寺建造在嵩山之下，五台山建造在高山之巅，禅宗的部分寺

---

① "它律"属于综合性的制约，有自然和人世界的不同领域的制约，有政治、经济等不同类别的规制。当然也包括更细致、较为常见的"他律"。"他律"指说人与人之间形成的制约。

② 杜继文称之为"官禅"，主要指由皇权扶植，接受国家的供养，自觉为当时的政治服务；官禅还包括官家行禅，权贵阶层作为缓解权力斗争痛苦的一种解脱方法，以及为胜利者留给失败者一条生存之路，如国史上唯一的女皇武则天曾削发为尼。参看杜继文、魏道儒：《中国禅宗通史·导言》，江苏古籍出版社，1993年，第4~6页。

院继承了这一传统,多根据山林的地形布置寺院建筑,如南华寺建造在双峰山之下。另外由于寺院主持的传承方式不同,禅寺约有三类,敕差住持寺是僧官制度下由朝廷给牒任命的住持者掌管,剃度禅寺由禅师自己所度化的弟子轮流主持,十方禅寺由官吏监督选出住持,有的依法系相传,被称为传法禅寺,有的根据才能选人,被称为选贤禅寺。进入寺院、尼姑庵成为僧尼的前提则是斩断亲情、友情、爱情的羁绊,削减解脱之道的艰辛程度,然后在衣食住行上减少世俗生活方式对修行的羁绊。着衣上以量少、色淡为主调;饮食上戒食葱类、蒜类、韭菜类等五辛,戒饮酒类,戒多饮多食;居住地简朴到了维持基本需要的程度,防止外物引发联想,起到遮蔽的作用。当然在禅定方面,主观上还要借助居住处的简陋顺势而为,采用"不净观法",摧毁、摧破俗世生活在大脑上留下的各种记忆,将俗世时认为的美好,通过观想转变为丑恶,如异性的身体污秽不净、肮脏不堪,如自己若处俗世可能屎尿满腹,这种观想属于改变定式或惯性思维,建立与俗世相对立的新思维方式,从观念上剔除丑恶思绪、情绪乃至情感,进而逐步在心理上建立逆向应对俗世现象的能力。非必要不外出,主要是远离"不净缘",人的眼、耳、鼻、舌、身、意这六根具有相对应的六识,六识具有接收六尘的能力,六尘能诱发人的各种欲望,如静态的色情印刷品、动态的邪语淫音等,只有杜绝六识所接收的看到的、听到的、嗅到的、味觉尝到的、触到的等外部的触发源,隔离六根所触的不净的六尘,练就不为外物诱惑的能力,则能够在外出时不起不净的念头,做到非礼勿视、勿听、勿言、勿动。而且值得注意的是,布施具有综合作用,缺衣少食者的诸多凄惨状况,可以通过对比坚定远离尘世的信念,可以通过做佛法的程序巩固修行决心,可以通过对外施舍激发慈悲之心,使之在程度上不断接近普度众生。

当然,以上所述只是佛教各宗派一般的解脱方法,不是禅宗所特有的。禅宗特色的贵生解脱之道还在于"空观",致力于在衣食住行中悟道本身。《心经》中最关键的"空"字,多用于名词,指万物所具有的形相,在性质上是因缘际会形成的假相的空。形相的例子如菠萝这一农

汤显祖的贵生观

产物,其瓶式的形相是可视、可触、有味的,但其"名相"意义上的"菠萝"却是空的,仅仅是一个词语而已。之所以称其为菠萝,关键在于海拔600米以下的热带砂质壤土或山地红土地区,能够让那一粒种子在年降雨量1 000mm以上的情况下发芽、成长。即使如此,按禅宗教义,实物样式的、名称意义上的、人脑中的菠萝都是假相:无论何种品类、何地的菠萝,离开特定条件,变质、腐烂,融入泥土之中,不再可视、可触、有味、有形,所以,是假相;菠萝这一名称也是假相,汉族人为其命名、规定概念,初期只是为了辨识,后来约定成俗地沿用了,如果改称其他名词,将其规定性挪移过来,也是可以

的,所以,菠萝的名相也是空的;至于人脑中的菠萝,更是假相,迄今为止,人类还完全无法弄明白人脑机理,更谈不上展现其思维过程中的内容物了……对于"菠萝",根据人类现有的科技,还能从更多的如化学成分、药物学含量等维度去谈论。但所有这些,在禅宗看来,都不永久,终将成空。而禅宗的"空""观"都属动词,同指大脑的思维活动,前者指大脑处于空掉记忆的状态,后者指思维过程中的映射,两者合指义用禅宗术语表述即是"不着色"。

对"空"的不同解读形成了七个宗派,佛教史上统称五家七宗。如天台宗提出"一心三观"的理论,认为一个事物有三个方面:本质上由各种机遇和条件形成;具象上有显露于外的色相存在;本质、具象相互依存,空和实是不分离的。法相宗却是通过体悟一切是唯识所变的认识,通过转识成智,达到解脱。因此,六家七宗的哲学理论各有不同,最具影响力的有"心[①]学""理学""般若学"等派别,深刻地影响了儒家,形成了儒家转向儒教的阳明心学、程朱理学。应当说,禅宗属于"心学":禅

[①] 古代汉语语境下的"心",多指人脑的意识或思维功能,而不指心脏。

宗本身没有系统的判教理论,自称教外别传,以心传心。这是禅宗又称"佛心宗"的由来,应归其哲学为"心学"类别。

以心传法是禅宗不立文字、教外别传的主要宗旨,文字、语言被当作次要的传法工具。用禅宗术语表述二者的关系即是真谛与俗谛的关系。真谛指以心传法的修行方式不拘一格,可以是师徒相传,可以是阅读文字悟道,更可以在衣、食、住、行中领悟佛法,即真谛是远离文字,不可描述、不可讲的,需要修行者自己揣摩、自行领悟的。俗谛指的是禅宗像其他派别一样用文字记录真谛的内容,文字只是为传承而借用的工具,并且认为文字本身不能完全承载心法,而是超越于语言、文字之教的心教,正像老子《道德经》中的"道"是可以说的,但说出来的"道"就不是原来存在的那个"常道",有距离。所以,禅宗推崇,真正的佛法是"不可说"的,心外求法、身外求法有缘木求鱼式的偏离。

禅宗第一宗典故"拈花一笑"即是以心传心的模式之一:相传释迦牟尼一天在灵山说法,众弟子都在场,他手拿一朵花示众,意态安详,也不说话,众弟子面面相觑,都不明白他的意思,只有摩诃迦叶突然轻轻一笑,表明领悟了释迦牟尼佛的心法。禅宗借"拈花一笑"传播两层含义:一是释迦牟尼与摩诃迦叶以心传心,师徒彼此默契、心领神会、心意相通;二是对禅理透彻的理解方式可以超越文字、语言。又如禅宗还有佛是"干屎橛"一说,相传一僧曾询问师傅佛是什么时,禅师回答:佛是干屎橛。"干屎橛"原指拭净人粪的工具,用来比喻至秽、至贱之物。和尚求教于师傅本意是想得到一个有理路可循的答案,禅师的回答急转直下,意指徒弟只知道不切实际地求佛的情形,而不知道清净自己心灵的秽污。目的在于截断弟子的妄念,破掉弟子对佛的概念或是佛像的执着,促其开悟。

这两则禅宗典故,站在禅师主导的角度,正是南派宣扬的以心传法,佛法的具体内容,由场景、人的表情及动作等构成。站在徒弟受传的角度,正是徒弟大脑进行"空色"的过程。前一则释迦牟尼借助花朵传达禅意,摩诃迦叶回之一笑,表示他没有受到花朵有形、有色、有味等表相的影响(没有着色),是对当时、当事场景的一次领悟,但究竟领悟到什么样的程度,只有当事人自己知道。后一则典故表明,禅师想表达佛像是一种色相,佛的概念也是一种色相:对"佛"的语言描述或文字表述正是佛或佛像的色相在人脑中的映像,这一映像经过了思维活动,是人脑将实物变成"虚拟"的"造色"过程,"色"在此环节的功能是"变碍"或"示现",一方面反映了佛像的一部分真实特征,属于实物的部分"示现",另一方面又没有完全反映佛像的全部真实,属于人脑对实物进行变化、遮蔽,即"变碍"。由此可见,"空色"的层级、类别因实物而异、因人而异,由实物到实物的语言描述或文字表述,是一次"空色"过程。但受经验知识或文字知识的类别的影响,或者受经验知识或文字知识修养程度的局限,凡是无限接近实物的描述,"空色"程度较轻,说明着色较重,这不符合禅宗的修炼要求;脱离实物原样越远,"空色"程度越重,说明着色越轻,这恰恰正是禅宗力图实现的。

"空色"语境中的"色",除了万物的形象含义之外,佛教一般教义中讲人脑中的主观印迹称为"色界",处于欲界和无色界的承上启下环节。禅宗对此是采取各种方法消去人脑的记忆,从人脑中空掉外在事物的形状、色彩等痕迹,而在实际操作中,往往将修道者、引导者、旁观者的维度相混联。如果分派而言,禅宗北派讲求"空色"的循序渐进性,一般是禅师带领弟子体会具体事物无相、一切事物都空寂无相,然后再引导弟子断除心性当中的一切执着,断除情欲烦恼,达到入悟。所以,北派不说一次领悟就永远悟透,因为世界之大、法门之多,需要不断地自修、自悟,不断升级。自修者通过坐禅这个形式,从浅入深,从外到内,从现象到本质,观察、再观察,认识外在皆空,再观察人的自性,自性也是空的,然后达到解脱。南派提倡无念为宗、无相为体、无住为本,要修行者取消对万事万物的好恶、取舍等观念,浮光掠影式地划过身边的实物,而不执着于某一物,将修行置于日常生活之中,"色"在此被视为自然物,或是现象,或者感性的动态过程……是修道者将要空掉的对象。换言之,无色则无空。修炼者以空观色,或即色悟空,"色"就成为心的证物,心相(心像)或心境。

　　如果将南派的"空色"分解成三个环节,就是眼睛对顺次进入视野的实物晃过,此即离相;对实物映照在大脑中的一晃而过,不停留、不分别,此即无念;也不留记忆,不产生贪欲,此即无住。如果将无念、无相、无住看作三个环节相连的过程,就变成了眼睛虽看到、头脑虽然想到,却没有产生取舍之心、贪取之心,由此人心得到了清静。用禅宗的术语表述即是明心见性、见性成佛。又由于南派僧人多以经验知识为主,禅宗不得不根据他们直觉思维的特点,减缩环节,采取棒、喝等直观方法,促其"顿悟"。这个"顿悟",多是从宏观层面而言的,事物的万象所属的外"色",及万象在人脑中的映像所属的内"色",都被指称为"色",是禅者要空掉的一切。但是,"空色"的彻底并非禅宗的真正精神,如果真实现了诸物空相、诸法空相、诸念皆空,极易引起断灭,让人的神魂无处安放,此处最关键的"菩提"①正是禅宗"顿悟成佛"境界,即修养出人的"神性"。

---

　　① "菩提"一词是梵文 Bodhi 的音译,意思是觉悟、智慧,用以指人忽如睡醒、豁然开悟,突入彻悟途径,顿悟真理,达到超凡脱俗的境界等。其中,无上菩提又被视作涅槃境界,医学上指人没有了生命体征。

第二章 "汤显祖贵生观"产生的宏观背景

马克思说:"人的本质并不是单个人所固有的抽象物。在其现实性上,它是一切社会关系的总和。"①意即现实生活中不存在抽象的人,具象的男、女为了生存,不得不以群的联合力量和集体行动来弥补个体自卫能力的不足,这就不可避免地要与周围的人发生各种各样的关系,如生产关系、亲属关系、同事关系等等。作为个体的汤显祖也不例外,以不同的身份符号与周围的人形成了多种多样的关系:作为一介文人,在求学阶段,为了储备文化知识,汤显祖青年以前与各类儒士尤其是掌握了程朱理学的儒士构成了师友关系,并因为文学创作与志同道合者形成了文艺生产关系;作为一个有志于造福百姓的官员,他中年时期科考成功并进入官场,直到49岁辞职回乡的时期,大多数时间里与周围的人构成了政治关系;作为一个泰州学派的中坚力量,他以诗作、剧作等与其他人往来构成了理念关系。以上这些,都与汤显祖创作《贵生说》密切相关。"汤显祖贵生观"的产生,与他的儒生身份与官员身份关系尤为密切,没有儒生身份或者官员身份,《贵生说》不可能出现。因此,关注他所生活时代的政治状况、经济状况等,是探究"汤显祖贵生观"产生的基础。

---

① 《马克思恩格斯选集》第1卷,人民出版社,1996年版,第60页。

一、身体政治催生了"汤显祖贵生观"

汤显祖1550年降生江西时,正是大明帝国的第十一位皇帝朱厚熜在位时期,辞世时的1616年是第十三位皇帝朱翊钧在位时期,在他66年的生命历程中共经历了三位不同风格的皇权政治,在他死后28年即1644年,陕北的李自成率领一群农民打进北京,崇祯帝朱由检自缢,明帝国宣告消亡。这些历史关节点表明了汤显祖生活的时代,正是大明帝国政治上日益短视、经济上逐渐衰落、管理制度上腐败无治的大爆发时期。因此,作为个体的汤显祖,仕途上,受嘉靖、隆庆、万历三代政治机制的制约;生活上,他的衣食住行所需都受当时小农经济局限,不可能脱离所处的时代;思想上,特别是作为一个文艺创作的知识分子,任何奇思妙想乃至智慧的火花,都可以从他所处的政治制度所决定而成的政治机制、教育制度、文化制度等之中找到发生、变化的逻辑,甚至可以说,他思想的浪花,无论是欢唱还是低吟,都被时代的洪流所裹挟。

(一)杖刑是明帝国管控的基础

探究汤显祖及其贵生观,必须联系汤显祖所处的大明帝国政治状况。这不仅是因为汤显祖作为官员,深受明帝国政治制度的规制,个人的升迁与所处时代的政治状况密切相关,而且是因为,汤显祖被贬徐闻,不是简单的汤氏为官正直、敢于直言皇帝的过失;也不仅仅是万历帝朱翊钧心胸狭隘接受不了臣子的揭批,以个人好恶打压人才,更是因为,明代政治属于典型的"身体政治",洪武帝创建的制度性的身体控制,不仅包括观念、理念等层面对大臣进行间接的身体控制,这属于广义"身体政治"部分,狭义的部分,指以廷杖、鞭打等为表现形式的直接身体控制,试图实现对行政官员的严密管控。

身体作为一种实体存在,就是个体身份及其思维、意识、观念的显现,表现在国家政治上,儒家首创了身体政治理论,直接断言身体与国体之间具有同构性:"君之在国都也,若心之在身体也……四肢六道,身之体也;四正五官,国之体也。心之在体,君之位也;九窍之有职,官之分也。"(《管子·君臣下》)儒家不但将身体安置在国家政治结构中——"天下之本在国,国之本在家,家之本在身"(《孟子·离娄上》),而且指出身体与国体的关联——"正身安国"(《荀子·乐论》),"未尝闻身治而国乱者也,未尝闻身乱而国治者也"《淮南子·诠言训》。甚至个人的身体与家国政治是高度一致的,个人的一切皆归置于家国一体化政治制度。《大学》宣布"自天子以至于庶人,壹是皆以修身为本","身修而后家齐,家齐而后国治,国治而后天下平"(曾参《大学》),完全将个人的身体嵌入政治理论中,为男男女女的身体直接受制于家国政治提供了理论依据,如"和亲"直接用皇族未婚女的小身体去承担两国是稳定还是战乱的政治大任。

大明帝国的身体政治首先表现在机构设置的制度性。太监又称阉(奄)人、阉官,通常指被阉割后失去性能力而成为不男不女的中性人,最初是专供皇帝、君主及其家族役使的仆役。原本高阶阉人被称为"太监",低阶阉人名之为"少监""中监",后人统称为太监。到了明初,明太祖朱元璋创办了太监制度,太监具有了行政官员的职能。太监机构及职官设置已基本形成定制。司礼监是明代宦官十二监二十四衙门中的首席,"无宰相之名,有宰相之实",也是整个宦官系统中权势地位最高者,历代擅政的宦官如王振、刘瑾、冯保、魏忠贤等,均为司礼监太监。其他十一监、四司、八局分别是:御马监、内官监、司设监、御用监、神宫监、尚膳监、尚宝监、印绶监、直殿监、尚衣监、都知监;惜薪司、钟鼓司、宝钞司、混堂司;兵仗局、银作局、浣衣局、巾帽局、针工局、内织染局、酒醋面局、司苑局。

明帝国甚至创建了"净军",由太监组成的军队,广泛分布于北京、南京、中都凤阳府、兴都承天府等地,"内臣得罪,祖宗时,俱下法司。近代以来,多自内批出,其轻者云降作奉御,私宅闲住,盖犹为六品官也。

又降奉御者,或云发南京,新房闲住。或云往凤阳祖陵司香"①。除了卫护皇宫的"净军"战斗力较强,皇陵的"净军"多属于内廷被贬充作劳役的阉人,也有少部分进入国家军队进行军事管理的监军和流放边远卫所充军,"(1634年11月)二十六日,奉旨降(李)永贞净军,发湖广承天府显陵安置"②。由此可见,个人的身体不但是家国政治结构理论中的关键点,而且是国家政治结构事实中的关联点。

其次,明帝国的身体政治主要体现在刑罚制度上,"杖刑"是一种除了死亡之外最普遍的刑罚。

表2.1 《大明律》中所记载的五种惩处标准

刑名	刑名细则
笞(轻杖)	10、20、30、40、50下
杖(重杖)	60、70、80、90、100下
徒(罚役)	一年加重杖责打60
	一年半加重杖责打70
	两年加重杖责打80
	两年半加重杖责打90
	三年加重杖责打100
流(终身流放)	放逐2 000里加重杖责打100
	放逐2 500里加重杖责打100
	放逐3 000里加重杖责打100
死(死刑)	绞杀
	斩首

"廷杖"使用棍棒,鞭打使用鞭子,同属当众击打大臣的惩罚,表现了大明帝国直接的"身体政治",对立了皇帝与朝臣的关系,是大明帝国后期党争的直接原因。纵贯大明帝国276年的"廷杖",凸显了皇帝凭

---

① 沈德符:《万历野获编补遗》卷1,中华书局,1959年版,第815页。
② 刘若愚:《酌中志》卷15,北京古籍出版社,1994年版,第81页。

汤显祖的贵生观

借自己的喜好,在宫廷上杖打、鞭打因进谏触怒自己或有过失的官员。这种折辱士大夫的酷刑,在明代以前鲜有记载,从太祖朱元璋开始死灰复燃,并在嘉靖、万历时期达到了登峰造极的地步。但大明帝国的律令对"廷杖"没有明确的规定,属于法外之刑,是杖刑百姓的升级。作为一种惩罚朝臣的方式,既是对帝国司法制度的破坏,又通过当众杖击官员,试图从肉体上摧残、精神上侮辱朝臣,使"身体政治"前所未有地赤裸于人前,压制和扭曲了皇权依律治罪、依律行刑的制度,削弱了皇帝的威信,加剧了统治阶层的离心离德。

1376年,叶伯巨上书朱元璋,认为当时朝廷存在分封太侈、用刑太繁、求治太急的情况:"今之为仕者以混迹无闻为福,受玷不录幸。以屯田工役为必获之罪,以鞭笞捶楚寻常辱。"①叶伯巨因此死于监狱中。1519年,朱厚照惩罚107名朝臣,命令他们早上出监狱到午门前受廷杖30棍后再跪,晚上进监狱前再受30棍,连续五天,朝臣死掉11人。② 嘉靖"议大礼"事件,以尚书金献民、侍郎何孟春为首,共计229位朝臣一起跪在左顺门进谏,劝作为嗣子的朱厚熜不要给亲生父亲追加皇帝的谥号。朱厚熜逮捕为首者,又拘禁了四品以下的朝臣134人,五天后将其中的16人在午门施行廷杖,过了四天,又将其中的修撰杨慎等7人再杖一次。这次"议大礼"事件中,受朱厚熜廷杖的134名朝臣中共打死17人。

在汤显祖一生的66年里,明史中有记载的大臣被廷杖共6次:1568年,给事中石星被廷杖后削职为民;1586年,礼部侍郎卢洪春被廷杖;1588年给事中李沂被廷杖;1592年和1600年给事中孟养浩和王德完都被各杖一百,创明代廷杖数目的最高纪录。其中,1577年的"夺

---

① (清)张廷玉等撰:《明史》第十三册,中华书局1974年版,第3991页。
② 《明史·本纪第十六》记载:"三月癸丑,以谏巡幸,下兵部郎中黄巩六人于锦衣卫狱,跪修撰舒芬百有七人于午门五日。金吾卫都指挥金事张英自刃以谏,卫士夺刃,得不死,鞫治,杖杀之。乙卯,下寺正周叙、行人司副余廷瓒、主事林大辂三十三人于锦衣卫狱。戊午,杖舒芬等百有七人于阙下。是日,风霾昼晦。夏四月甲子,免南畿被灾税粮。戊寅,杖黄巩等三十九人于阙下,先后死者十一人。"参看(清)张廷玉等撰《明史》第2册,中华书局1974年版,第210~211页。

情"事件,正值27岁的汤显祖参加第三次会试失败,但同门学友沈懋学以殿试第一的成绩授官翰林修撰。在他郁闷于自己落选①,不受朱翊钧、张居正赏识的时候,吴中行、赵用贤各自上书皇帝朱翊钧,要求张居正回家守孝。按照大明帝国的礼教制度,父母亡故,其子需在家中守孝三年,称作"丁忧"。张居正此时正在推行一系列新政,不愿回原籍守孝。朱翊钧的随侍宦官冯保、追随者户部侍郎李幼孜等也担心张居正一走,恐有变故,且朱翊钧此时才15岁,还没有完全独立处理国家大事的能力,于是下诏,要张居正继续留任。但引起一些朝臣的抨击,翰林编修吴中行、检讨赵用贤、礼部主事艾穆、沈思孝、进士邹元标等人,先后上疏弹劾张居正,说张居正之举有悖祖宗之制和伦理纲常,是"背公议而徇私情,蔑至性而创异论"②。张居正立即进行反击,朱翊钧传旨,以廷杖惩罚那些反对"夺情"的朝臣,吴中行等人都被用绳索绑住手腕,身上穿着囚衣,押出午门,在指定的位置脸朝下趴在地上,被掀起上衣、褪下裤子,露出屁股和大腿,接受棍棒的击打。沈思孝、艾穆和邹元标三人每人被打80杖,吴中行和赵用贤每人挨60杖。吴中行被家属抬出京城南下返乡,腐烂的肉割掉几十块,有的就像巴掌那么大,在凄惨中总算保住了小命。③在邹元标家,汤显祖曾会面了达观禅师,所以,汤显祖是明白、了解廷杖、鞭刑的。

明帝国皇权与官员的政治关系转化为直接的身体惩罚,一直未得到有效的改善,行政官员被实质地视为奴隶的状况,也未得到明代文官、文人的正视。今人看来,大明帝国的任何国政举措,都与非官员身份的汤显祖、官员身份的汤显祖发生诸多联系,甚至是汤显祖进入党争

---

① 汤显祖的愤愤不平表现在《别荆州张孝廉》一诗中:谁道叶公能好龙,真龙下时惊叶公。谁道孙阳能相马,遗风灭没无知者。一时桃李艳青春,四五千中三百人。掷至本自黄金贱,抵鹊谁当白璧珍。年少锦袍人看杀,唇舌悠悠空笔札。贱子今龄二十八,把剑似君君不察。参看徐朔方《汤显祖评传》,南京大学出版社1993年版,第22页。

② (清)张廷玉等撰:《明史》第20册,中华书局1974年版,第6000页。

③ (清)张廷玉等撰:《明史》列传第一百十七有"中行等受杖毕,校尉以布曳出长安门,舁以板扉,即日驱出都城。中行气息已绝,中书舍人秦柱挟医至,投药一匕,乃苏。舆疾南归,途去腐肉数十脔,大者盈掌,深至寸,一肢遂空"。

的主要因素,这些都决定了汤显祖的命运。但由于廷杖、鞭刑从未与汤显祖发生直接关系,以至于汤显祖因《论辅臣科臣疏》被贬而写作《贵生说》,虽然提出政治的目标是"为天地大生广生",隐隐然指向治国不只是租赋的征缴,但谈论"有位者"的问题时,如同无数前辈儒者一样,将儒家身体政治理论的转化缺陷归入道德领域,将皇帝视大臣如奴仆的制度性缺陷归咎为德位不匹配,无法揭示明帝国视民人为私产的皇权私人政治具有整体性的、根本性的弊端,使他的思考带有了鲜明的时代局限。从这个意义上说,大明皇权政治催生了"汤显祖贵生观"。对汤显祖个人而言,从小熏染的道家理论没有为他提供解脱的出路,禅理、禅定也使他徘徊于儒家和禅宗之间,痛苦而无法找到灵魂的皈依。最终不得不离开官场,寄情于山水和戏剧、戏剧理论。但汤显祖的可贵之处,在于提出的"为天地大生广生",正是现代行政"为人民服务"的另一版本。

(二)俸禄制难以管控官僚之争

大明帝国"身体政治"的广泛应用的原因,首先有着地理优势。在政治制度、经济特征、文化模式等诸多因素中,优越的地理环境是稳固政权的基础。《明史·志第十六》记载:"计明初封略,东起朝鲜,西据吐蕃,南包安南,北距大碛,东西一万一千七百五十里,南北一万零九百四里。"这只是陆地部分面积的统计。大明帝国东临大兴安岭,西临高原峡谷,北据沙漠盆地,南靠海洋。其中,陆地与海洋接壤的边界几乎占了三分之一。在冷兵器时代,漫长的海岸线有利于防御外敌入侵,这是汤显祖所处时代的自然地理状况。

除此而外,偏居一方的地理位置有利于管理制度的相对稳定与不断完善,尤其在牛马当车为交通工具、书信和口耳相传为信息传播的时代,有利于建立防御性保护机制。明初在全国设置的"两京十三使司",包括京师(北直隶)、陕西、山西、山东、河南(合为北五省)、南京(南直隶)、浙江、江西、湖广、四川(合为中五省)、广东、福建、广西、贵州、云南(合为南五省)。共设置16都司、5行都司、2留守司。其中13个是与布政使司同名的都司,其他3个是万全都司、大宁都司和辽东都司。这些使司(相当于省)管辖有140府、193州、1 138县、493卫、359所,①并且在大明帝国276年国祚的至少二百年以上的时间里没有发生变化。

特殊的地理位置上容易形成相对的封闭状态。表现在政治制度上,是有利于在成文的制度和不成文的机制两方面促进皇权专制。明太祖出身于草莽,对皇权的稳固有着来自于经验的总结。因此,明帝国成文的专制制度主要表现在朱元璋决绝地废除宰相制,将各类权力紧紧握在手中:"今我朝罢宰相,设五府(五军都督府)、六部、都察院、通政司、大理寺等衙门,分理天下庶务,彼此颉颃,不敢相压,事皆朝廷总之,所以稳当。以后子孙做皇帝时,并不许立丞相,臣下敢有奏请设立者,文武群臣即时劾奏,将犯人凌迟,全家处死。"②如图2.3。

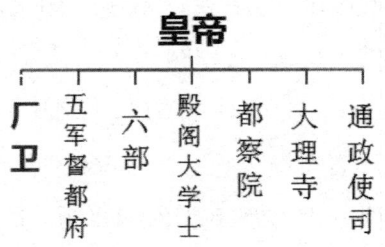

图2.3　明帝国中央主要机构简图

朱元璋及其子孙不断完善废除了丞相制和行省制后的配套机制:在权力设置上,皇族生活的重心之地北京,皇帝掌管军事的五军都督府、管理各类文职事务的六部、担任监督职能的都察院、处理违法乱规的大理寺,以及负责政务、财务、信息流通的通政司等,不断完善、时设时撤的特务机构锦衣卫、东厂、西厂,也完全由皇帝高度专权。而两京③

---

① 黎东方:《细说明朝》,上海人民出版社,1997年版,第51页。
② (明)朱元璋:《皇明祖训》,北京图书馆出版社,2002年版,第2页。
③ "两京":早期皇权中心的南京和改迁的首都北京。1368年朱元璋称帝在应天府,1421年朱棣称帝在顺天府,史学家对此称之为"两京制度"。即南京和明朝主要政治中心的北京一样,设六部、都察院、通政司、五军都督府、翰林院、国子监等机构,官员的级别也和北京相同。但南京各机构官员较少,权力小,管辖范围也仅限于南京,官员由北京调往南京,往往属于贬斥性质,当时人们都把南京官视为闲职。明中期以后,失意官员多集中在南京,成为反对派的聚集地。

以外的地方权力机构"三司",也牢牢地掌握在皇帝手中(参看图2.4):承宣布使司管理府、县辖区的民政事务,都指挥使司负责府、县两级政府机构的治安,提刑按察使司通过都察院向皇帝负责。

太祖朱元璋的愿望是美好的,但实际状况至少是不尽如人意的。废除宰相制度不等于没有了宰相职责范围内的管理事务。事实也证明,朱元璋即使全天候将精力与时间投入政事上,也是处理不了帝国大小事务的。据统计,1384年(洪武十七年)9月14日至21日的八天之中,帝国内外诸司奏事札多达1 660件,共3 391事。① 也就是说朱元璋平均每天要处理奏章207件、411事,这当然是"星存而出,日入而休",疲惫不堪。于是,朱元璋设立殿阁大学士,收阅奏章、批发文稿,协助皇帝办理政务。到了永乐初年,又选翰林院讲读、编撰等入阁,参与机务,这就是已趋成熟的内阁制度。

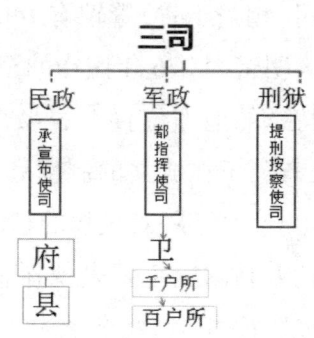

图2.4 明帝国地方主要机构简图

内阁制度是明帝国的一大制度创新,它废除了积极辅佐皇帝处理政务和决策机要的宰相,从制度层面杜绝了宰相可能权力过重而威胁君权,保证了皇帝的绝对权威。但是,从老百姓的角度去看,宰相是百官之首,虽然比皇帝代表着各藩王利益的贵族低下,但好歹有领头的人可以争取利益,也还有途径传达诉求给皇帝。内阁一出现,一方面,各官的升迁、生死由皇帝说了算,敢于为老百姓说话的人必然减少了,出现为自己谋私利的权臣多起来了。例如,宦官中有名的是第6代英宗时的王振、第10代武宗时的刘瑾、第15代熹宗时的魏忠贤,朝臣中有名的是第11代世宗时的严嵩,第12代穆宗和13代神宗时的张居正,都是以权谋私之辈。著名史学家钱穆评价说:"(明帝国)国家并未正式

---

① 钱穆:《国史大纲》,商务印书馆,1994年版,第670~671页。

与阁臣以大权,阁臣之弄权者,皆不免以不光明手段得之。此乃'权臣',非'大臣'。故虽如张居正之循名责实,起衰振弊,为明代有数能臣,而不能逃众议。"①另一方面,朱元璋没有考虑到后代子孙,也是每个人只有一个脑袋、一副身体,智慧有限、体力有限,但帝国老百姓上亿,大大小小的事情都归皇帝独裁,铁打的身体也招架不住呀。再说,皇帝身体不舒服,或者心情不舒畅,不上朝了,或者撂挑子不干了,这一国的官员、老百姓该通过怎样的方式让皇帝干他该干的事儿?事实上,明帝国出现了也许是世界史上的旷世奇事:大明第 11 代世宗皇帝、第 13 代神宗皇帝都至少 20 年不上朝,②无论是新入朝之臣,还是有资历的老臣,几乎都没见过皇帝长什么模样。

汤显祖 66 年的一生中,也没有见过皇帝长什么模样,可能是三个皇帝都没有见过。汤显祖没见过嘉靖帝朱厚熜,一方面是由于汤显祖一直处于求学时期,朱厚熜1521—1566 年在位,殡天时汤显祖才 16 岁。另一方面,从"壬寅宫变"③之后的 25 年里,嘉靖帝一心修玄,日求长生,不问朝政,由首辅严嵩专国,绝大多数朝臣都没见过皇帝。但嘉靖帝对汤显祖的间接影响深远:朱厚熜为了亲生父亲的帝号,与朝臣们进行了历经三年半的"大礼议之争",导致了文官集团的分化,谄媚、依顺皇帝的文官飞黄腾达,敢于坚持皇道正统的文官遭受打压,这两派在朝政上党同伐异,势不两立,党争之风由此时开启,加重了朝政的腐败。汤显祖后来的五次科考、被贬徐闻都与此密切相关。

汤显祖也没见过在位六年的隆庆帝朱载垕。大明帝国第十二代皇帝明穆宗朱载垕,因为排位前边的两位长兄先后早死而侥幸成为君王,他力行节俭,信用徐阶、李春芳、高拱、张居正等内阁辅臣,但也不能制止内阁辅臣之间的倾轧。汤显祖在隆庆六年中,一边师从泰州学派大

---

① 钱穆:《国史大纲》,商务印书馆,1994 年版,第 677 页。
② 钱穆:《国史大纲》,商务印书馆,1994 年版,第 664~665 页。
③ 1541 年,嘉靖帝朱厚熜为求长生不老,要以"吸风饮露之道"成仙,命宫女们凌晨即往御花园中采露,导致大量宫女累倒、病倒。随后宫女们密谋杀死嘉靖帝,但失败了。

汤显祖的贵生观

师罗汝芳求学,一边准备会试。1571年(隆庆五年)春进京赶考,第一次会试失败,自然无法参加殿试,进而没有机会见到穆宗朱载垕,并且永远没见着。1572年,荒于政事、忙于纵欲的朱载垕因长期沉迷媚药英年早逝了。

汤显祖可能也没见过在位48年的万历帝朱翊钧。明神宗朱翊钧在位的1572—1620年间,可以划分为三个时期:

万历帝朱翊钧接受辅政时期为1572—1582年,朱翊钧10岁即位,因为年幼,生活上受自己的母亲慈圣李太后和司礼监掌印太监冯保照顾,朝政上受"内相"司礼监掌印太监冯保和"外相"内阁大学士张居正的指导与辅助。汤显祖这一时期正向着政治生涯的辉煌起点——进士冲刺。其间,他以举人身份进京参加会试3次,在近两三千人的会试者中,次次都名排三百人之外,未能进入殿试名单,当然不够资格面见朱翊钧。

万历帝朱翊钧亲政时期(1583—1587年),清算了张居正,树立了权威,让太监张诚将查抄的冯保、张居正的家产全部搬入宫中。但由于与以内阁为主的文官集团又发生了"国本之争"①,他在僵持中厌恶了文官们,开始疏于政事、沉湎于酒色。这一时期的1583年,汤显祖终于在人才济济的会试中进入前三百名,得以参加殿试,以第三甲第二百一十一名的排次,被赐"同进士"②身份。由于殿试的获得名次比较落后,大约是不能像状元、探花、榜眼那样游街并受皇帝召见的,甚至状元、探花、榜眼也没有受到皇帝荣誉性的召见,万历帝正采用不朝、不见无声地威逼朝臣退让呢。也是在这一年,按照大明惯例,汤显祖在京师礼部

---

① 1586年,万历帝最宠爱的郑氏生子朱常洵,朱翊钧想立此子为储君的风声传出,以首辅申时行为主的文官们要求册立皇长子朱常洛为太子,由此开始了长达15年的立储之争。被后世称之为"国本之争"。

② 万历年间进京参加的会试举人4 500左右,会试合格者为300人左右。这300人经过殿试进行排名,由于人数多,通常皇帝委派大臣主管殿试,并不亲自策问;头甲三人,即状元、榜眼和探花,赐"进士及第"的称号,当即授予官职;第二甲若干名,赐"进士出身"的称号;第三甲人数最多,赐"同进士出身"的称号。一、二、三甲统称进士。

观政,学习律令和日常行政事务,尽快熟悉政事,也有议论朝政的权利,属于职前实地培训性质的,没有实职、实权,"不佥署文案"①。由于不是正式官员,只是取得了做官的资格,一般不能穿官服,②有时奉命办些杂差,但重要事务和行政决策一般都被排斥在外。由此看来,在一年零三个月的观政时间里,汤显祖没资格、不可能见到朱翊钧。后来外放,离开北京奔赴副都南京走马上任,官拜正七品的南京太常寺博士。由于官职太轻、官衔较低,只能是拜别同僚只身离开京师。到南京任职的几年间,也没有特别政绩或其他因由受皇帝召见。

万历帝朱翊钧怠政时期(1588—1620年),为了躲避群臣的骚扰,万历帝宣布实行"静摄",开始不出宫门,回避百官,但通过宦官与内阁进行政事沟通,批阅奏章、处理政事。随着立储事件与文官集团斗智的升级,朱翊钧开始了不郊、不庙、不朝、不见、不批、不讲,甚至在战争时期军队损失惨重都不曾面见朝臣。汤显祖1591年上书《论辅臣科臣疏》时,并不是离开南京进入北京在朝堂上面呈万历帝的,上书的奏折以及万历帝朱翊钧的批复都是由宦官转交的。此后万历帝唯一一次的召见朝臣在1615年,那时汤显祖已经辞官回家多年了。

那么,皇权是如何实现对行政官员的控制呢?

一是通过严把选才的入口以及严格的考察制度控制政府官员。大明帝国早期被迫通过举荐吸收人员担任政府官员,明太祖号召地方的权贵推荐合格的人才,并诏令这些人进京给予考察,然后任命他们在中央政府以及地区行政区中任职。1368年、1370年,他派人两次大规模地前往帝国各地去寻找潜在的官员;1373年,他颁布了专门号召荐举的诏令,规定地方官员必须每年荐举"廉洁奉公""聪慧正直"的"儒家学者"人才,并反复更替地采用了"荐举""征召""荐举与考试结合""大量

---

① 明代进士观政之制始于太祖洪武十八年,属于中央政府培养行政人才的重要举措,受到朝野的普遍重视,遂成为定制,到了万历朝,则已成"故事",有的借机留京,有的则四处奔走争取"美差""优缺",某些人借机骗取驿传待遇,逐渐丧失其本该起到的遴选功能。参看余继登《典故纪闻》卷10《元明史料笔记丛刊》,中华书局1981年版。

② 颜广文:《明代观政进士制度考略》,《华南师范大学学报(社科版)》1992年第2期。

录用国子监监生"等方法来选拔官员。① 由于明太祖早期采用仁政理念治国,以图与民生息,军队奉命通过军屯生产部分自用的粮食;征收的田赋约为总产量的3%,并且都是实物,甚至运送这些实物也基本上由民夫去完成;纸钞只用来支付不得不用到的许多费用。明帝国采用的这些紧缩型经济政策,使各级政府不需任用太多的文官,因此,帝国文官不足8 000人。按1387年规定,官员按其品级领取国家俸禄,政府给付的是若干石的米。

到了公元1384年,太祖朱元璋经过荐举人才和科举人才的使用对比,恢复了科举取士。1440年以后,随着国家培养出来的可任用的业成者和科举考试制度牢固地建立起来以后,以荐举为主的任官制才完全消失了,科举取士被提高到主导地位,科举制在大明帝国正式成为制度。明帝国的科考先后共举行了90次,共产生了24 874名进士②,平均每年录取约90名进士。1425年以后,如果各省按规定③完成定额,大明帝国累计举人总数超过10万人,其中80%~90%的人未被录取为进士,平均每年在册有资格担任实职的有1.2万名举人和3 000名进士,用来充实大约1.5万至2.5万个正式授权的文官职位。④

明帝国不同阶段选官所使用的察举和荐举方式,对被选者而言,具有偶然性,皇帝的面见考察,又加深了被选官员的感恩心理,定期发放俸禄在这用人制度下变成了一种饮水思源式的提醒,有利于帝国政令的逐级贯彻,中央政府实现了源头、使用两环节上把控人事。而科举制度的推行,是机制在运转,皇帝只是整个选人机制上的环节,选拔出来

---

① 颜广文:《明代观政进士制度考略》,《华南师范大学学报(社科版)》1992年第2期。
② (英)崔瑞德、(美)牟复礼主编:《剑桥中国明代史(1368—1644)》下卷,杨品泉等译,中国社会科学出版社,2006年版,第35页。
③ 1425年(明仁宗洪熙元年),会试录取名额开始有南北之分,规定南方人占3/5,北方人占2/5。以后又曾分南、北、中三卷,在100个名额中,淮河以南的各省考生取55名,淮河以北的各省考生取35名,云、贵、川、桂、皖等省的考生取10名。采取了"分地而取"的原则,照顾了各地区的利益。
④ (英)崔瑞德、(美)牟复礼主编:《剑桥中国明代史(1368—1644)》下卷,杨品泉等译,中国社会科学出版社,2006年版,第35页。

的人才对皇帝负责的感性成分减弱、理性成分增强,在实际使用中,削弱了皇帝个人的权威,削弱了皇权政治的私人成分,更多地转变成为对上级官员负责,这是科举用人自然产生的制度缺陷,为文官抗议皇权埋下了制度性的隐患。

汤显祖任官的最高品级是正六品,按照大明帝国的行政管理制度,属于中下级的外官,无论是接受任职期限届满进行德业综合评定的考满,还是接受任职中的进京朝觐考察和不定期的上级巡察,都接受中书省、内阁、吏部、都察院、六科和按察司中的官员考核。受张居正"考成法"的影响以及晚明时期政治、经济的制约,汤显祖接受的考察、考满可分为两个不同时期,在南京任职期间,由于职责上不涉及治安、土地管理等实务性的内容,几乎没有考核压力。贬官徐闻时,突然由六品降至从九品,连降四五级,属于一种官秩上的超格降级,鉴于汤显祖闻名世界的文采、明代皇权专制的性质,难免让今人对汤显祖抱有极大的同情。

这实在是一种信息短缺所导致的认识上的遗憾。一方面,作为中央政府,要求官员包括汤显祖在内有效行使行政职能,以实现国泰民安,各级行政官员在其位谋其事,不在其位不要越级、越位谋其政,这是最基本的行政伦理要求。而《论辅臣科臣疏》按正常的职位权限是不能上达皇帝的,由于是皇帝本人的特许,才得以上报。从皇帝本人发布特许令的目的上看,更多的是,由于政令在具体实施中,受到制度设计、制度执行、官员素质等诸多因素的制约,实际效果不尽人意,所以,万历帝谋求的是有效的政治建议,幻想通过集思广益的办法,扩大收集对策的人群范围,而不是朝臣借机对皇帝本人的道德指控,更不是大面积的人事调整能解决政治困境的,汤显祖的上疏,恰恰正是这两种情况的表述。用现代政治术语说,万历帝希望得到制度性的、高效的建言献策,改善皇权与臣权的矛盾、冲突与对立,而《论辅臣科臣疏》不但没有有效的对策,反而转移了政治焦点,如果万历帝不加以惩戒,将引发新一轮的帝、臣之间的政治斗争。另一方面,汤显祖作为臣子,科举考试形式上是他拒绝了张居正的网罗,实质上追求的是忠诚于皇权,反对大臣借皇权谋私。到了《论辅臣科臣疏》时期,汤显祖是继续忠于皇权的,但他建议的人事调整,执行起来会客观上加剧皇权与臣权的争斗,无益于皇权稳固。他不是万历帝,不了解万历帝朱翊钧在清洗张居正的后续影响时发现,皇帝根本就没办法与文官们就任何重大事项达成一致意见。这种政治格局,导致1585年以后,万历帝本人软抵抗式的怠惰,其私生活也成为文官们的主要批评对象。因而,汤显祖遭贬,是当时政治逻辑的必然结果,并不是说大臣有一颗忠诚于皇权的心,出发点是纯正的,就能解决实际政治问题,这需要政治远见和政治能力。

大明帝国的体制缺陷是由于内阁的设计欠科学,导致最激烈、最持久的党争发生在内阁内部、内阁与六部之间。按照明帝国制度规定:"六部分莅天下事,内阁不得侵。"内阁与六部没有任何的隶属关系,内阁大学士兼尚书只是虚衔,不许实际掌管六部的事务。但是,随着内阁权势的不断扩张,各阁臣为了把持朝政,压制部院,除加紧勾结阉宦外,还经常使用两种手段:运用权势,桎梏群臣,打击政敌。如利用对官吏的考察任选制度,排斥异己;呼朋引党,也常采用拉拢手段,笼络言官,借助代表朝廷舆论的言官影响皇帝。而在内阁的内部纷争也十分酷烈:其一是内阁无定员定制,内阁大学士多至七八人,少则三四人,同列枢要,均为皇帝顾问,参与机务,因此基于不同的利益或观点,都极易引起矛盾冲突,相互明争暗斗,可谓朋党之源。由于阁臣必须由三品以上的大臣廷推产生,这就造成了纷争不休与拉帮结派,互相吹捧或攻讦倾轧,这是朋党扩张之始。朝臣一旦入阁,便可上通天子、下视群僚,为了巩固尊荣显贵的权位,阁臣又势必网罗党羽、培植势力,这是朋党扩张惯性之路:朝臣入阁除了投靠内监外,还须依赖朋党门户之势去攀附、援引形成势力。其二是,内阁首辅、次辅、群辅之间的权力之争激烈持久。根据入阁先后、资历、才能及声望,皇帝确立首辅,内阁大政均由首辅主持,执掌"票拟"之权,负主要责任,其余的阁臣为次辅、群辅,是首辅的助手。嘉靖"大礼仪"之争时,首辅杨廷和因议礼不合世宗之意而失宠,张璁、桂萼趁机扳倒杨廷和而入阁,接替首辅之职的是杨一清。张璁不甘居杨一清之下,网罗党羽,竭尽全力攻讦,把杨一清赶下台,取而代之。夏言入阁,又斗倒张璁,当上了首辅。不久,严嵩暗中勾结京山侯崔元、锦衣卫都督陆炳等人,置夏言于死地。阁臣徐阶授意御史邹应龙、林润等弹劾严氏父子,严世蕃被斩、严嵩被削籍,徐阶任内阁首辅。阁臣高拱等斗得徐阶退出政坛、退休而去,又取代了接任徐阶的李春芳为首辅,但其与张居正不睦,又被张居正勾结司礼太监冯保而攻下台。张居正为首辅,大权独揽,但尸骨未寒,就受到群臣攻击,惨遭抄家之祸。

到汤显祖南京任职时,他本人已经无法避免地陷入实际的上述党争之中,这是当时的政治大环境,非个人力所能免。大明帝国的废相制度,造成皇帝与府、部、院之间必然出现一个权力真空,为解决这一矛盾而设立的内阁,因为不具有法定权力导致政府机构的运转上出现了很大的偏差,反而成为官僚集团争夺权力的源头,嘉靖、隆庆、万历时期的首辅位置之争,可谓到了激烈而残酷的程度,每个阁臣为了巩固自己的权位、争夺首辅,不得不拉帮结党、建立自己的小山头。事实上,明代阁臣们出身翰林,长期在北京中任职,在信息往来、处理朝政当中必然、逐渐形成朋党势力。晚明时期所有的文官从任职那一天开始,便处于同乡、同僚、门生及亲信官员聚结的网络之中,汤显祖科考时与张居正、考中之后与申行时之间的关系,决定了他的宦海沉浮。

张居正与申行时的首辅职历表现出了不同的执政风格:前者事无巨细,行政决策落实有力,表现在外的是贪权、专权;后者处事圆滑、在党争中致使行政效能低下,表现在外的是善于听从不同意见、能理解行政方面的困难。但在汤显祖看来,前十年张居正把持朝政,"刚而多欲",后十年申时行专权误国,"柔而多欲"。或者说,汤显祖与张居正、

汤显祖的贵生观

申行时之间的不合作,有追求忠于皇权、彰显自己品行高洁的书生意气成分,有没有看透官僚制度缺陷的盲目成分,也有身陷党争无力脱身的不得已。例如,与汤显祖交好的邹元标,就是在"夺情事件"①中被廷杖后,打断双腿、终生残疾,长期流放贵州,直到张居正死后才平反回京。西方研究者甚至将汤显祖看成东林成员。②

到汤显祖任官时,文官考核制度已经由早期的"黜贪存良"逐渐蜕化成晚明的官僚之间互相陷害、打击的工具。放眼世界各国,行政官员的职责只在于国家事务的上通下达并保持政府的有效运转,大明帝国对官员采取戍边、免官、降级乃至致仕(退休)、罢黜等七种惩罚,其标准在于行政官员能否履行自己的管理职责,奖优惩劣。汤显祖作为地方官,接受的"外察"以"四格""八法"为升降标准。"四格"分为:守、政、才、年,每一格按考察官员的成绩列为称职、勤职、供职三等。"八法"分为:贪、酷、无为、不谨、年老、有疾、浮躁、才弱。但实际上流于形式,言官们掀起的论战性辩论层出不穷,正常的政务都难以实施。张居正之后的八任首辅王家屏、王锡爵、赵志皋、朱赓、李廷机、沈一贯、叶向高、方从哲,只有任职六个月的王家屏没有受到御史的弹劾,赵志皋和朱赓死于任内,可谓被激烈的指责折磨而死,李廷机不堪忍受各种攻击,称病在家不出,甚至逃到一座荒庙去躲避,递交20多次辞呈,直到迁出京城以示他决意割断和朝政的关系后才终于被批准退职。这些事实表明,文官们没有约束住皇权,皇权也没有遏制了文官集团,万历帝和文官集团之间持续30多年锲而不舍的软对抗,严重地影响到政策的落实。在这种状况下,汤显祖上书《论辅臣科臣疏》,不知道是否看到制度性的缺陷——他利用天象直言指责万历帝及其任命的官员,表明闭关

---

① 万历五年,张居正之父去世,按主流社会的习俗,张居正须回家守孝。但由于新皇与耆老的政治矛盾进入"白热化"阶段,进一步则成,退一步则败。张居正在万般无奈之下,经新皇同意没有回家奔丧,受到许多大臣的指责,甚至为当时老百姓所不能容忍,此谓"夺情事件"。

② (英)崔瑞德、(美)牟复礼编:《剑桥中国明代史》上卷,张书生等译,中国社会科学出版社,1992年版,第590页。

锁国之下,缺少文化交流的明王朝,理工类知识依然停留在已有的低层次水平上,文史类仍然一如既往地主观化,对人和事的评价缺少科学的方法论、数据式的论据支持。汤显祖因此疏被贬谪到雷州半岛南端的徐闻县,是时代政治的必然、文化传统导致的必然。以至于无奈地在1598年(万历二十六)弃官归家,时年49岁,甚至在3年后以"浮躁"的罪名被追论削籍,连致仕应享有的经济收益也没了。

二是皇权通过低微的俸禄控制政府官员。汤显祖1583年考中进士,在北京礼部实习,观政北京礼部,享受八品官俸[①],领78石禄米;1584年7月,汤显祖就任南京太常博士,主管祭祀礼乐,正七品,领90石禄米;1585年调为詹事府主簿,由正七品改为从七品,领84石禄米;直到1589年,汤显祖被擢升为南京礼部司南仪郎、六品主事,主管祭祠,才领禄米120石,参看表2.2。但是,汤显祖所领俸禄并非实际俸禄,除了政府拖欠官员俸禄之外,表面上的数量遵循祖制,实际上,只有部分薪俸付给大米,其余部分折算成各种物品如纸钞、丝、棉、盐、茶等,折色比例即兑换比例根据政府财政当时的需要而定:"凡官员俸给,有本色,有折色。本色三:曰月米,每月一石;曰折绢米,岁两月;曰折银米,岁十月。后定绢一匹折银七钱。折色二:曰本色钞,曰绢布。折钞后又分上下半年之例,上半年支本色钞锭,下半年以胡椒、苏木折钞关支,后又以棉布折支。每俸一石,该钞二十贯;每钞二百贯折布一匹,后又定布一匹折银三钱。其本色钞锭不敷,或将赃罚、广盈等库附余绫罗绢布衣物等件折支。"[②]

---

① 颜广文:《明代观政进士制度考略》,《华南师范大学学报(社科版)》1992年第2期。洪武十八年定,进士观政给以所出身俸禄,即二甲进士出身给从七品俸禄,三甲进士出身给正八品俸禄。观政期满,如仍未能出任成为正式官员,而成为办事进士,则"仍支合得律,给通理月日"。在观政期间,如遇上丁忧父丧,"嘉靖二十六年题准,比照省祭事例,服满不必起送补办,各令收执原引,候文选司行取勘合到日,本处官司查勘明白送部"。观政进士在衙门办事时的服饰也是很特殊的,"凡观政进士,率青袍角带入衙门办事",一般不能穿官服。

② (明)申行时等修:《大明会典》卷39《户部二十六·廪禄二·俸给》,《续修四库全书789·史书·政书类》,上海古籍出版社,2013年版,第677~680页。

汤显祖的贵生观

表 2.2　大明帝国文官每年的禄米①以及折色②定例

官品	岁俸（石）	本色俸（石）	本色俸内 实支米（石）	本色俸内 折银数（两）	色俸（石）	折色俸内 折银（两）	折色俸内 折钞（贯）
正一品	1044	331.2	12	204.82	712.8	10.69	7128
正二品	732	237.6	12	144.76	494.4	7.41	4944
正三品	420	144.0	12	84.70	276.0	4.14	2760
正四品	288	104.4	12	59.29	183.6	2.75	1836
正五品	192	75.6	12	40.81	116.4	1.74	1 164
正六品③	120	66.0	12	34.65	54.0	0.81	540
正七品	90	54.0	12	26.95	36.0	0.54	360
正八品	78	49.2	12	23.87	28.8	0.43	288
正九品	66	44.4	12	20.79	21.6	0.32	216
从一品	888	284.4	12	174.79	603.6	9.05	6 036
从二品	576	190.8		114.73	385.2	5.77	3 852
从三品	312	111.6		63.91	200.4	3.00	2 004
从四品	252	93.6	12	52.36	158.4	2.37	1 584
从五品	168	68.4	12	36.19	99.6	1.49	996
从六品	96	56.4	12	28.49	39.6	0.59	396
从七品	84	51.6	12	25.41	32.4	0.48	324
从八品	72	46.8	12	22.33	25.2	0.37	252
从九品	60	42.0	12	19.25	18.0	0.27	180

---

① （清）张廷玉等撰：《明史》第 72 卷，中华书局 1974 年版，第 1741 页。（明）申行时等修：《大明会典》卷 39《户部二十六·廪禄二·俸给》，《续修四库全书 789·史书·政书类》，上海古籍出版社，2013 年版，第 677～680 页。万历《明会典》卷 39《户部·廪禄·俸给》。

② 俸禄的支给由禄米改折为钱、钞、银等货币以及绢布、苏木、胡椒等实物。

③ 汤显祖从政的履历不多，他所经过的最高俸禄级别为正六品。但按"粮十万石以下为上县，知县从六品；六万石以下为中县，知县正七品；三万石以下为下县，知县从七品。已并为正七品"。汤显祖遂昌所领俸禄不超过从六品。

具体说来,汤显祖和全体同僚的俸禄基本由三部分构成:米、钞、银。其中,银所占比例最大,米最少,纸钞的兑换比例不断下降,钞、银与钱有如下的兑换关系:1 贯钞 = 1 两银 = 1 000 文钱。俸禄的数量分三块:本色俸每人每年仅十二石禄米,其余皆为折色。折色俸中的本色钞,分上下半年支付:上半年支钞;下半年支胡椒、苏木或棉布,后又由布改折银。实物米、布等与纸钞的兑换大致是:一石米折钞二十贯,一匹布折二百贯钞。那么,汤显祖的实际俸禄是高还是低呢?

俸禄是旨在满足职官个人和家庭生活所需要的报酬[①],具有两个特点:官吏获得的劳动报酬;用以保障自己及家人基本生活。根据万琪的研究,与自耕农收入、一般地主的地租收入、劳工收入以及当时一般消费水平相比较,如果能在官田租税收入的保障下得到足额及时发放,大明帝国的俸禄足以保障官员们衣食无忧。他认为,根据折色前后官俸数值,折色前 18 级官俸的总体平均水平为 307.6 石,折色后官俸的平均水平仅为 177.7 石,官俸整体下降比例达 42%。受折色影响最大的是正五品以上的高品级官员,俸禄几乎砍掉一半,正一品、从一品、正二品、从二品减俸竟高达 499 石、421 石、345 石、258 石,折色后能维持在 100 石以上的官员为从五品以上,其余八级官俸全在 100 石以下。从数值上看,低品级官员俸禄的折色在 5 石至 20 多石,但由于高低品级官员俸禄在起点上相差较大,低品官员起薪点低,至多能维持生活,折色无异于将低品官置于贫困潦倒之地,同时还存在拖欠甚至数年不支的现象,这是《明史》中"自古官俸之薄,未有若此者"的真实原因。

到了被贬徐闻后,汤显祖的俸禄应是更低了,原因在于官、吏之间的阶级之差。从 1443 年(正统八年)开始,明帝国统一给官员自带、录用的两类吏员发放俸禄,供职于各府州县的典史、书算、知印等每月可

---

① 刘国新:《中国政治制度辞典》,中国社会出版社,1990 年版,第 40 页。

领米 3 斗,其余部分折钞。①汤显祖被贬官到徐闻任县级典史②,掌管一县监察狱囚之事,官秩上应是未列入官员俸禄制内的。由于史料浩瀚,难以查找古徐闻属于哪一类的县制。按明帝国规定,县级区划按纳税分为上、中、下三类。上县事务较多,吏员配给稍微多于下县,个别时段的事务性潜在性收入也不同。除了知县之外,一般都设有正八品的县丞、正九品的主簿等事职,以及一名不入官秩的典史等事务性官员。如果下县不设县丞和主簿,则县丞和主簿的职能也由典史一人兼任。在升迁方面,县丞可以升任知县,县丞以下属吏员,非经特许不得升任知县。因此,汤显祖贬任徐闻典史,职位上属于明皇朝吏员一级,不在正常的官员俸禄品级之列,应是按照吏员领取。但由于他属于进士被贬至低的特例,最大可能是按照官秩的从九品领取俸禄。参看表 2.3。

表 2.3 汤显祖任职徐闻的禄米及折色俸

官品	岁俸 (石)	本色俸 (石)	本色俸内		色俸 (石)	折色俸内	
			实支米 (石)	折银数 (两)		折银 (两)	折钞 (贯)
从九品	60	42.0	12	19.25	18.0	0.27	180

从俸禄上,后人可以直接得知汤显祖费心尽力创办书院的动因了:要提高俸禄唯有升迁,要升迁离开徐闻唯有较有分量的政绩。从鼓动县令熊敏一起捐俸开始,请亲家刘迎秋写《徐闻贵生书院记》文,又以此文为线,跨过雷州府这一级给时任广东巡按汪云阳写信,将创办书院事件写入徐闻县志、雷州府志、广东通志——这是官报路径,为了强调政绩的政治程度,甚至以"其地人轻生,不知礼义"为名。详情参看第

---

① 万历《大明会典》卷三九《户部二十六·廪禄二·俸给》,中国社会文献出版社,2008 年版,第 104~106 页。
② 元朝创设典史职位;明初户部的宝钞提举司、广积库及工部的大通关提举司曾设置典史,负责管理制钞等技术性事务;后非直隶州、县设置典史,职责不尽相同,县级典史的职责为辅佐县令处理杂务,晚明时期缺官严重,如无县丞或主簿,典史兼管粮马、巡捕,品秩在九品之外。明清典史均由吏部铨选、皇帝签批任命,清朝沿袭县级设置。

四章。

  明皇朝对官员们的掌控还通过无处不在、无时不有、无人例外的监视实现的。大明帝国不成文的专制机制主要表现在对官吏的特务活动以及随心所欲的惩戒狠厉,这是大明帝国政治的一个显著特点。1382年,朱元璋设置锦衣卫,初期约五六万人,专职负责皇帝出入的仪仗和警卫。后来权属不断扩大:"锦衣卫,掌侍卫、缉捕、刑狱之事。"①锦衣卫中的北镇抚司专门负责诏狱,受皇帝直接指挥对官吏进行惩罚所设。朱元璋殡天后,锦衣卫消失了一阵子,篡夺侄子帝位当上皇帝的朱棣重新恢复了诏狱,锦衣卫的职责又扩大了,连刑部和大理寺都无权改变镇抚司的决定,完全是任意所为,无法无天。1420年,朱棣又设立了与锦衣卫职能相近的东厂,将皇帝的手眼由监视朝臣扩大到了一般民众。由于锦衣卫官员常常由掌管东厂的太监亲信出任,因而东厂地位略低于锦衣卫,负责"缉访谋逆妖言大奸恶",上至官府、下至民间,任何人都可以成为它的侦察对象。锦衣卫和东厂相互勾结,后世合称"厂卫",不仅造成了人人自危,"士大夫不安其职,商贾不安于途,庶民不安于业"②,形成了人人道路以目的恐怖气氛,而且严重地败坏了政治风气和社会风气,所谓"自厂卫司讥访而告奸之风炽,自诏狱及士绅而堂廉之等夷,自人人救过不给而欺罔之习转盛,自事事仰承独断而谄谀风长,自三尺法不伸于司寇而犯者日众"③,正是对这种现象的形象描述。

  皇帝对朝臣惩戒狠厉的表现除了前文所述廷杖、鞭打之外,还随心所欲地夺命并株连无数无辜之人,成语"株连九族"远不能包括被波及的无辜。朱元璋任内的胡惟庸案,因株连被杀掉的人数高达 30 000 多,

---

① (清)张廷玉等撰:《明史·职官志五》第十三册,中华书局,1974年版,第3991页。
② (清)张廷玉等撰:《明史·商辂传》,中华书局,1974年版,第4687页。
③ 《刘子全书》卷十七《敬循职掌疏》。

汤显祖的贵生观

蓝玉案被株连而死的有15 000人。靖难之变后,方孝孺①因拒绝为篡位夺权的朱棣草拟即位诏书,牵连的亲友、学生847人全部遇害,另有1 000多人被入狱、充军、流放,成为华夏史上有确切记载的、唯一一个被"诛十族"的人,其著作也被列为禁书。

  表面上看,大明帝国是皇权高度专制,但皇帝毕竟只有一人,(万历朝)在职的文官约1.6万之巨②,这就造成在实际处理政务中,皇帝所依赖治国的文官们联手,能够千方百计与皇权抗衡。"夺情"事件因权臣张居正而备受瞩目,又因廷杖文官之惨烈蜚声两京。也许年代久远遗失了,纵览汤显祖遗留的诗作,很难看到他对明帝国皇权专制及文官制度的评价。一方面,受明帝国的车马交通、口耳相传或书信传达信息的局限,汤显祖和所有同僚一样,不可能对皇权制度有一个宏观上的科学把握,只能就事论事地表达对具体事件的看法。另一方面,明帝国以理学儒家为导向、根据朱熹集注的四书五经取士,文官们的知识素养大致相当,以文史类的社科知识为主,既不能客观认识儒家的利弊,其言行受儒家简单粗浅而又无法固定的原则所限制,也无法对政治制度进行改良,当然更不可能改变自身依附皇权的境况。如从汤显祖二十八岁时写的《广意赋》可知,他的政治价值取向与儒家保持了一致性,又如"粤余小子,姓于天乙,以施于尼父,则我之自出鸿矣"③,表明汤显祖是以"汤"姓和"孔"姓同出一源而自豪的。因此,以儒家学说为安身立命之本、以道家养生为借鉴、以禅宗教义释放心中块垒的汤显祖,同明代大多数同僚一样,既然不能对它有一个高度、客观的评价,那就难免在为人处世上左右摇摆。或者说,太祖朱元璋时期通过举荐任命任政府

---

  ① 方孝孺(1357—1402),浙江宁海人,明初理学家,是朱元璋长孙朱允炆的老师。《明史·方孝孺列传》记载:"成祖降榻,劳曰:'先生毋自苦,予欲法周公辅成王耳。'孝孺曰:'成王安在?'成祖曰:'彼自焚死。'孝孺曰:'何不立成王之子?'成祖曰:'国赖长君。'孝孺曰:'何不立成王之弟?'成祖曰:'此朕家事。'顾左右授笔札,曰:'诏天下,非先生草不可'孝孺投笔于地,且哭且骂曰:'死即死耳,诏不可草。'成祖怒,命磔诸市。"参看(清)张廷玉等撰《明史》第十三册,中华书局,1974年版,第4 017~4 019页。
  ② (清)徐鼒:《小腆记传》,中华书局,1958年版,第12卷,第5b~6a页。
  ③ 汤显祖:《汤显祖诗文集》上卷,徐朔方笺校,上海古籍出版社,1982年版,第139页。

官员的做法,到了 1440 年以后,荐举制被正式的科举考试所淘汰①,文人只有参加科举才能担任政府官员成为唯一路径。汤显祖不得不锲而不舍地连续五次参加会试,做官后又上疏揭批皇帝的过失,做了五年县令后又辞官归隐,都与这种皇权专制密切相关。这是汤显祖身处明帝国渐趋专制但又孜孜以求科举得中、进而希望仕途通达的政治环境。

二、身体经济局限了"汤显祖贵生观"

《贵生说》是集官员、知识分子于一身的汤显祖,在被贬徐闻任职县级典史期间的作品,它集中地表现了汤显祖的"贵生"观点,但又不同于公元前 5 世纪前后《老子》篇中的"贵生",以及以《老子》为经典进行理论拓展、实践检验的道教,也与秦朝杂家《吕氏春秋》中的"贵生"大有差别,而是以儒家为指导,以德位匹配为主导,用于行政管理的。除此而外,汤显祖创建贵生书院、写作《贵生说》,又与他的经济状况密切关联:以此彰显政绩,或是在徐闻升职,或是升职离开徐闻,得到的俸禄比典史高一些的概率很大。当时,汤显祖上有高堂、下有妻儿,县级典史是从九品的吏类文人,俸禄很低,身在异乡难以照顾已经亏欠至亲,如果俸禄太少不能邮寄回家,又是一层精神折磨。

(一)移民垦荒奠定明帝国的经济基础

如果说前文探究汤显祖所处时代的政治状况是基于个人与制度的关系,那么,探寻当时的国家经济背景,也是基于经济状况对个人的影响。牛津大学和斯坦福大学经济学和医学专家联手撰写了一本经济学著作《身体经济学》②,把宏观上的经济学目标与微观上的人的健康相

---

① 参看(清)张廷玉等撰《明史》第 71 卷,中华书局,1974 年版,第 1711~1715 页。
② (英)戴维·斯图克勒(David Stuckler)、(美)桑杰·巴苏(Sanjay Basu):《身体经济学》,机械工业出版社,2015 年版。

结合,以大量的实证数据证实经济衰退会严重影响国民健康,不当政策会使弱势群体陷于更悲惨的境况。称明帝国初期的经济政策为身体经济,其直接表现为征派农民垦荒采用了身体束缚的手段,北方至今使用的词语"解手",相传流行于山西洪洞大槐树事件,官兵强迫农民登记后,用一根长绳联结成一串,押解着移民迁徙,由于长途跋涉,路上经常有人要小便,被缚农民只得向官兵报告:"老爷,请解手,我要小便"。人数多了、次数多了,这种口头的请求趋于简单化,只要说声"老爷,解手",就都明白是要小便。此后,"解手"便成了北方人小便的代名词,甚至今天民俗中背着手走路,大多来源于移民手臂被缚于后所形成的习惯孑遗。

明帝国的移民垦荒通过政治权力对国境内的农民实施暴力驱使,打破了中原地区农民"安土重迁"的传统,按"四口之家留一,六口之家留二,八口之家留三"的比例,强迫农民从狭乡移到宽乡、从人多田少的地方移到地广人稀的地方,覆盖中原、华东数省,波及大半个中国,前后历经三代皇帝长达50余年。其积极意义不仅表现在权力拥有者对辖区之内的所有身体实施的管理与规训,如杖刑、鞭刑对拒不服从者进行公开惩罚,使国家迅速恢复经济,而且迫使移民垦荒的暴力行为,克服了汉民的惰性,激发了聪明才智、生机和活力,优化和提高了汉族的生存能力,激活了汉民的各种潜在素质,在中原地带的人口进化史上发挥了积极的作用。但消极意义不只是藐视人权、凌虐人体、贱视人命,更是人为地打断了人化自然技术的进化史,停滞了中原的农耕史。尽管明中期以后江南出现了商业文明,但这种商业经济主要以手工业为主,仍然没有脱离身体经济的范围。

以黄炎培的周期律衡量明帝国,大明帝国经历了战后恢复、发展、衰败三个阶段。第一阶段为社会经济重建时期,移民垦荒是其主要经济政策。从1368年(洪武元年)开始,到1449年(正统十四年)土木之变以前为止的 80 多年①,为朱明王朝的建立与建设时期。根据时间确凿、地点和人数明确的要求,表 2.4 选取了朱元璋时期的 7 次移民情况:除了洪武十五年 9 月、二十五年 8 月的移民以兵民混合为主,总计 12.44 万人之外,其他移民 7.67 万户,属于帝国范围内的巨量移民。为了减少迁移过程中的种种困难,朱元璋根据建国初期的政治、经济状况,采取了就近移动的方针:前期主要由塞北向华北、江南向临濠移民;中期主要由广东向淮南、各地向南京移民;后期由山西南部向山东西部、山东东部向西部移民。从社会历史的发展逻辑上看,即使局部地区的社会生活不同于一般地区,可能存在超出小农生产之上的商品经济,但改朝换代的杀人放火、劫掠财物等现象,必然造成了人人以保全性命为主的生存需求,生产创造力让位于生活驱动力,由此造成社会生产难以顺利开展。因此,商品经济的产销规模必然小于社会稳定时期,这是论断明帝国初建百年属于身体经济的依据。

表 2.4 朱元璋时期移民②的不完全统计

时间	三年	四年		15 年	24 年	25 年	
	六月	三月	六月	9 月	7 月	2 月	8 月
迁出地	苏、松、嘉、湖、杭五府	山后		番禺、东莞、增城降民	江南富民	登、莱诸府贫民	兵民
迁入地	临濠	北京		泗州	南京	东昌	山西
户数	4 000	17 000	35 800	24 400 人	14 300	5 635	100 000 人

移民伴随的是国库财力的消耗,针对移民垦荒、军队屯田和商人屯田的不同类型,朱元璋实行了不同的政策,三类移民政策最主要的优惠是三年不征收田租,并资助耕牛、种子、粮食等。因此,朱元璋在位的 31 年里,全国大约开垦土地近 200 万顷。参看表 2.5。

---

① 数据来自史仲文、胡晓林主编:《中国全史》第 72 卷《明代经济史》,中国书籍出版社,2011 年版,第 143~148 页。

② 数据来自史仲文、胡晓林主编:《中国全史》第 72 卷《明代经济史》,中国书籍出版社,2011 年,第 143~144 页。

表 2.5 朱元璋时期垦田的不完全统计数①（单位：顷）

时间		垦田
元年	1368	770
二年	1369	898
三年	1370	（山东、河南、江西）2 135
四年	1371	106 622
六年	1373	353 980
七年	1374	921 124
八年	1375	直隶、山（陕）西、两江 62 308
九年	1376	275 664
十年	1377	1 513
十二年	1379	273 104
十三年	1380	53 931
十六年	1383	1 265
总计		1 805 164

由于战后重点是生产自救,通过移民垦荒来增加耕地面积、解决粮食供应,既不可能实际地进行精耕细作,也不可能对土地进行深层次的开发利用,更没有改变依赖体力劳作的农业传统,当然谈不上改变农村的经济结构。例如从社会身份上,参加垦田的农民、军人、商人、罪犯、富民的地位、职业都没有发生改变,绝大多数仍然被限制在土地上从事体力劳作式的粮食种植。这是论断明帝国初建百年属于身体经济的实证依据。

明帝国初期的身体经济的特征明显,即使为史学家所重视的中期商业经济,也没有大面积脱离依赖体力劳动为主的范围。这即是第二阶段以农业自然经济占主导、初级商业性农业发展的时期。从 1450 年（正统十四年）土木之变到 1582 年（万历十年）,属于明帝国社会、经济

---

① 参看徐泓《明洪武年间的人口移徙》,《历史与中国社会变迁研讨会论文集》,台北"中央研究院三民主义研究所",1982 年版,第 235~294 页。

等比后来较为稳定的时期。

　　自秦汉以降,华夏主导的经济模式一直是自给自足的小农自然经济。这种小农经济依赖体力劳作,以一家一户为最常见的经济单位,在皇权制度法和习惯法的严密控制下,以种植粮食为主体,以生产自给为目的,国家既不谋求先进的生产工具以改进经营方式,农民也只是年复一年重复简单劳动。尽管历时276年的明帝国经济,曾经在建国初期推动移民垦荒、军队屯田和商人屯田,也曾在嘉靖和万历两朝推广"一条鞭法",使东南地区的农村人口从粮食生产中分流出来,分化、流入市镇从事各种工商业活动,出现了商业性经济,削弱了自然经济的比重。但是,"学而优则仕"的儒家官本位文化没有发生根本改变,知识分子重人文社科、严重轻视自然科学的实际状况也没有发生根本性的变革,商业性经济大发展所需要的生产部门的工厂化、生产工具的机械化、生产规模的专业化没有成为一般现象,应是中原人南迁后所带来的先进农耕知识与当地气候、地理环境结合,不断试验、纠错产生了较好收益的结果。

　　虽然商业性农业没有改变明帝国小农经济的实质,但只要处于社会稳定状态,全国的农业经济就会有一个比较宽松的发展环境,能够积累一定的财富。东南沿海农、渔、工、商业得以继续稳步发展,特别是广大北方地区,添加了垦荒屯田基础上的生产,经济发展速度明显加快。与此同时,以"一条鞭法"为中心的赋役改革,虽然因有利有弊而时断时续,但从嘉靖初年在部分地区试行开始,一些地区的赋役改革并没有停止,到了万历初年张居正进行政治、经济综合改革,"一条鞭法"终于在全国得到全面推广,赋役合一、计亩征银的实行,松懈了农民对地主、官府等的人身依附关系,调整了生产关系,也有利于由实物地租向货币地租转型。在东南沿海地区,伴随着"海禁"的时严格时松懈,民间海上贸易得以进行。农民、渔民主动自发地放弃粮食种植发展商业性农业,大种经济作物、大力发展家庭手工业和各种加工业,或者富余劳动力纷纷脱离农业生产,从农村流入小城镇从事工商业,使得农业人口减少、工商业人口猛增,促进了生产力的解放和商品经济生产的发展。这就是一些历史学者赞称的"资本主义经济"的萌芽。

建立在体力开荒种粮基础之上的明帝国,在永乐—万历时进入社会经济稳定的时期,正是汤显祖饱读诗书、追求功名的时期。1571年,汤显祖22岁初次参加会试;1576年25岁时再次参加会试;1577年28岁时第三次会试落选;1580年31岁第四次会试落选。根据明帝国人才选拔制度,考生以举人身份进入京城后,先要过会试关,一般人数控制在4 000~5 000人之间,无论试题难易程度如何、考试采取何种方式,会试的结果是一致的:选拔出来的300人叫作贡士;选拔出来的贡士都将要进入殿试;殿试之后才能获得最高资格——进士。当然,汤显祖会试落选存在主客观因素。主观上,一方面,参加会试的举人都要写作八股文,根据徐朔方的研究,汤显祖不擅长八股文。另一方面,汤显祖在获得进士资格之前的会试前后,正是书生意气浓郁时期,既不明了官僚系统的运作机制,可能也不大清晰人才的现实作用,才站在官僚系统外以忠于皇权的政治立场拒绝权臣的延揽,直到赴任徐闻典史后,才稍微转变了儒生们固有的书生气。

(二)商业经济的发展以身体劳动为主

明代商业经济的大发展究竟到了什么样的程度?表面上看起来,南方各繁华城市的店铺林立,各种类型的集市出现,商品种类增多,贸易兴隆。但细细检索就会发现,酒楼、茶馆、旅馆等食宿店铺的林立,属于服务类行业,既不创造价值,也不创造产品,只是使服务性劳动转化为货币形态。农产品市场上,苏杭、湖广地区的农民将剩余的粮食进行交易,篾匠所做的竹木器成为商品,这种生产性劳动,创造了商品价值,但又属于全国同类产品的同质化商品,依赖自然环境,不是组织化、规模化生产的结果,没有提高社会化大生产的效率。即使是颇具实力的晋商,利用地接北部边防之便,先是运送军粮获利,后通过获得国家批准的盐业致富,这两种获利形式,都没有在运输、保管、分类、包装等方面追加附加值。徽商经营盐业致富之后,经营茶叶、木材、粮食等行业,同样没有在各环节追加附加值。如果商业劳动只是使商品的价值由一种形式转化的另一种形式,使商品由一个地方转移到另一个地方,本身没有创造出追加利润,那么,明中期所谓的商业经济大发展,只是平衡了地区商品的数量,降低了商品的稀缺性。

以现代东南沿海农村的商业性经济为参照,今人能看到的是,所谓东南沿海商业性经济的主要表现,是将海产品由原生态经过切割、晾晒或加盐腌制等简单加工成可运输品,这就决定了沿海经济模式仍然以牛马耕作、手工处理、车拉船载为主,大批劳动力从事的商业,只是手工业在初级加工工业领域的存量扩张,与北方地区的加工工业处于不同农产品的同质加工阶段,两者都没有改变传统农业的初级商业特性:缺乏科技支撑的农业生产理念没有发生实质上以生产商品为主的改变,缺乏科技资金、科技人员投入的生产工具在形式上、效能上都没有发生大面积的质变,甚至于商业管理采用了限制人身自由的身体控制方式,农村游手好闲、好吃懒做的人员成为中层管理者,所以,明代以身体劳动为主的商业经济趋向于低端化。

为什么明代没有发展出在商业领域本身增加了附加值的经济样式呢?

从客观原因去看,宏观上的皇权专制及其局部复制品的官宦专权,都在实际地抑制着管理层的创造动力与活力。在明帝国皇帝、内监、内阁三角权力关系中,以司礼监、御马监、内官监、御用监等为代表的内府宦官系统,控制以五府、六部为代表的外廷文官及武职系统,形成了以内制外、内外相制,以下制上、上下相制的权力制衡关系,无论是哪一个部门,其权力都在其他各个权力的制约之中。如果说皇权确立之初是经济状况决定政治状况,那么,社会渐趋稳定后,则是国家管理系统主宰经济发展。

从汤显祖屡次会考落败角度看,当时的政治状况是束缚了人的活力的。位居首辅的张居正可以因延揽被拒而压制后辈的上进之门，那么，以"张居正"身份出现的"官本位"经济制度，其驱动力是基于"官本位"政治制度下个体生存成本最小化的经济动力：小农经济社会的财富创造极其有限，凡事不能带来直接经济效益的事情都受到轻视。因为专制权力具有内生的强化与扩张趋向，它不但辐射和笼罩在社会的各个层面和一切环节，而且会在社会每一个层面和各个环节涟漪一般地迅速放大和扩散，这必然造就了整个国民唯"官首"是瞻的经济驱动生存方式，连各地为衙门当差的民丁，都千方百计地借助官权的威势，通过欺压更为贫弱的百姓，借机搜刮财物。如万历时的矿监和税监，到处横征暴敛，使老百姓人人都痛切地受到专制权力的压迫，都深受贪官污吏敲骨吸髓之苦，但人人又只能越来越依靠钻营以及逢迎于官权，才能使自己相对地减少饱受盘剥的机会和程度。

这种以体力劳动为主的商业经济很快地遭到行政管理方面的破坏。张居正辞世后五年，经济改革彻底结束，皇帝一张嘴说不过百官百张嘴，朱翊钧懒得接见大臣，也不愿意亲自面对群臣处理政事，久而久之，懒惰造成的智识、见识越来越短浅，越来越不明白皇宫外面的事理，甚至不敢与大臣直接对面商议政事。这种皇帝与文官避而不见的国政管理状态，长达了三十年，必然政纪疏怠，涣散人心。"万历二十九年，两京缺尚书三、侍郎十、科道九十四。天下缺巡抚三、布按监司六十六、知府二十五。朝臣请简补，不听。"[①] 1615 年，朱翊钧勉强到金銮殿上亮了一次相，就又躲回金銮殿之后。皇朝政事的疏懒具体到什么程度，最突出、证据确凿的是汤显祖辞世三年后的 1619 年，朝臣们派杨镐为辽东经略，抵达辽东的援军约 87 000 余人，加上叶赫兵一部、朝鲜军队 13 000 人，共约 11 万，号称 24 万，[②] 分四路进攻后金，想一举征服后金。但开原、铁岭沦陷，北京震动，"甲戌，廷臣伏文华门，请发章奏及增兵发

---

① 钱穆：《国史大纲》，商务印书馆，1994 年版，第 674 页。
② 陈涴：《萨尔浒之战双方兵力考辨》，《辽宁大学学报（哲学社会科学版）》1980 年 05 期。

饷,不报"①,朱翊钧毫不理会。到了努尔哈赤集中6万兵力,大败明军于萨尔浒(今辽宁省新宾县西面浑河南岸),明军三路丧师,将领死亡300多,士兵死亡45 000多人,②"百官伏阙,请视朝行政,不报"③。所以,公元1601年,汤显祖52岁时已经辞职回家了三年,才收到朝廷正式免职的公函,是一件很平常的事情。可想而知,这样的政治局面,只会产生越来越多的不劳而获的人群。

建立在体力劳动基础上的农业经济和商业经济,有多大的财富空间能经受住数以万计的皇族与文臣武将、僧尼与道士、道姑等寄生群体的消耗?在汤显祖入职为官时期,华夏农业社会特有的土地兼并已经恶性膨胀,地主加紧掠夺财富,霸占田地、侵渔成风,农民、渔民得不到安心农业生产的稳定环境,出现了田园荒芜、生产凋敝的现象,各阶层之间的矛盾再度趋向紧张,已经出现了百姓大逃亡的惨象。时间上,从1583年(万历十年)到1644年(崇祯十七年)为止的60年时间里,自然性和初级商业性的农业逐渐遭到各种破坏,大明帝国经济滑坡、财政枯竭期到来。北京先是出现了"国本之争",党争无休无止,长达30年,涣散了管理机制。各级官僚尸位素餐、掠夺财富,连皇帝本人也大肆搜括民膏民脂。紧接着发生了"万历三大征"④,历时近十年,到1601(万历二十八年六月)结束。褒扬地看,避免了国家分裂,维护了西南、东北、蒙古地区的利益,一定程度上维护了大明王朝的统治,践行了明太祖坚决抵抗外侮的祖训,属于不得不打之战。但客观地看,每场战争都是一波三折,在胜利的同时也付出了惨重的代价,《明史》载:"宁夏用兵,费帑金二百余万。其冬,朝鲜用兵,首尾八年,费帑金七百余万。二十七年,播州用兵,又费帑金二三百万"(卷三百五《陈增传》),十年间军事开支高达1 200万两白银,辽东、西北、浙江的精兵折损大半,将张居正

---

① (清)张廷玉等撰:《明史》本纪第二十一,中华书局,1974年版,第292页。
② 史仲文、胡晓林:《中国全史》卷073,中国书籍出版社,2011年版,第371页。
③ (清)张廷玉等撰:《明史》本纪第二十一,中华书局1974年版,第292页。
④ 指发生在万历年间的朝鲜之役、宁夏之役、播州之役。

汤显祖的贵生观

把持朝政多年千辛万苦积攒起来的财政家底化为乌有。

在文官集团与皇权持久的博弈中,汤显祖进行着他的为官生活,他上书《论辅臣科臣疏》,除了一颗为国的忠诚之心外,疏中直接向皇帝本人开炮,次向首辅、科臣中的一部分开炮。结合当时的农业、商业的经济发展状况,万历帝呵斥中层行政官员中饱私囊、"讪上要直",正是官僚集团借公谋私的表现形式之一。对从小接受治国理政专业训练的万历帝而言,如何解决文官集团与皇权的对峙才是关键,这已经不是罢官首辅或一小批文臣的小问题,他本人陷入权力的泥沼不能抽身,满朝的文臣没有一个能提出宏观层面的、有效的建言献策,才会躲开面目可憎的文官们长达30年。汤显祖本人正是其中的一员,其行政历练不足十年,且偏向不务实际政务的虚职,其行政能力,在上,不是万历帝,没有俯视全国、众臣的政治经历,向下,没有大面积接触过不同区域的农业、商业发展状况,也没有独立的区域管理经验,可谓在行政经验知识的获得上,几乎处于空白状态,怎么可能提出系统性的政治建议呢?由此可以理解,进入徐闻不久,汤显祖即提出"贵生",对当时的行政管理提出了"为天地大生广生",不要压抑各领域的活力,释放百姓的创造力,使行政为人民服务,成为重视百姓生存、生活的推动力量。他能提出并呼吁这种"贵生"的行政观,已经是非常可贵了。

遗憾的是,那时国家财政仍然主要依靠赋税、劳役,中央政府已经派出大批太监为矿监、税使,名义上是到全国各地督领开矿催税,实际上是伺机榨取农人、渔人、商人的体力劳动所获,自然而然地导致商旅不通、民穷财失。除了东南沿海约四分之一国土范围内的富庶,帝国半数以上的渔民、农民、牧民始终挣扎在赋税、各类寄生人群的盘剥和自然灾害突袭造成的贫困之中。汤显祖辞世前后,为了增加朝廷财政收入,1618年(万历四十六年),朱翊钧在正常的税赋之外加派了"辽饷",每亩加银三厘五毫,第二年再加三厘五毫,第三年又加二厘,前后三加,使每亩加征银九厘,全国每年的"辽饷"银共计520万两。1630年,朱由检又强征"辽饷",亩加征银三厘;1639年,朱由检又加征"练饷",每年征银730余万两;1637年,朱由检为镇压农民起义,开征"剿饷",每年加派银330余万两。御史郝晋言:"万历末年,合九边饷止二百八十万。今加派辽饷至九百万。剿饷三百三十万,业已停罢,旋加练饷七百三十余万。自古有一年而括二千万以输京师,又括京师二千万以输边者乎?""辽饷""剿饷""练饷"的加派使得激化的社会矛盾更趋尖锐,顾炎武在《天下郡国利病书·福建三》中记载:"民田一亩值银七八两者,纳饷至十两。"因此,官兵愈剿"盗"愈多,全国各地小规模农民起义不断发生,并最终星火燎原。

第三章　文化碰撞:"贵生"方式的合流共生

汤显祖生活在大明帝国走向没落的时期,这与他创建贵生书院、写作《贵生说》有着深刻的内在逻辑。可以说,他提出的"贵生"既有个人耳闻目睹了大明皇朝日益走向没落的感慨,有知识分子人到中年激情不息的励志,有身为政府官员对履职认识的表白,也有他对雷州半岛这一独特地区民众生存风貌的不以为然。

一、贵生存:雷州半岛的"迷"式村落

村落是行政管理中最小的人聚地和人居地,属于地理学、社会学、历史学等多学科的研究对象。但雷州半岛村落具有典型的区域特性,它在一定程度上展现了广东的区域特色,成为与其他区域迥然不同的人文精神的外现。

(一)雷州半岛原生村落形态的选取

地理学的聚落一般包括城市、集镇、村落等,指人口集中分布所形成的区域。古雷州半岛包括遂溪、海康、徐闻三地,尤其海康与徐闻,完全是三面环海,与现今湛江市的区域特点稍有不同,因此,选取海康或徐闻的行政村与自然村,是雷州半岛乡村历史、人文、自然的"活化石"

和"博物馆",蕴藏着丰富的人文精神,代表了雷州半岛村落形态的原生性。

与全国各地一样,徐闻村落有160人以下的小村、1 000人以上的大村和介乎于二者之间的中村。依据管理方式分为两类,行政村是依据国家法律法规设立的农村基层管理单位,村民委员会既是乡镇级党委政府的管理抓手,又是村民的自治组织。自然村则是经过长时间在某处自然环境中聚居而自然形成的村落。按照行政管理制度,行政村必然包括自然村,自然村可谓行政村的末梢。南北方村落共用的词儿是"村",带有北方地区特色的则有"庄""沟"或"屯"等。徐闻村落的名称则极为丰富,除了"那""麻""调"等壮语村名之外①,具有典型区域特色的村名还有"寮""仔"等。"寮",由最初的几座小屋、茅屋增加成一个村落;"仔"指村落很小;"坷"大约指房屋由土坯造成。南北村落不但名称上有所不同,规模大小也各有区域特点。北方平原地区的自然村通常比较大,在许多地方,行政村与自然村重叠。在一些地方,一个自然村可能上千户,便于管理起见,被以明显的标记如巷路、大树为划分线,归到不同的行政村。徐闻属于丘陵地区,没有上千户的行政村,自然村通常比较小,多以30~50户为主,多则近百户。

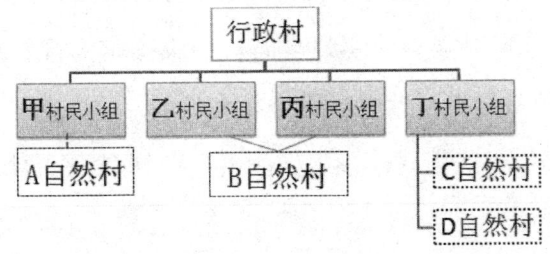

图3.1 行政村和自然村的关系

---

① 徐闻有"那"字地名56个,相当于汉语的"田";"麻"字地名2个,相当于汉语的"村"。

汤显祖的贵生观

"原生态"指人或事物产生之初的生活或存在状态,是生物和环境之间相互影响的一种生存发展状态。由于其构成部分的"状态"一词是一个自然科学类词语,广泛应用于不同领域,如液体具有固态、液态和气态,运动物体具有始态和终态……所以,"原生态"具有丰富的内涵和外延,具有多学科乃至多维度的特性:有政治、经济、文化和社会等系统性领域的划分;有具象和抽象、一般和特殊之分、常态和非常态之别。

"村落"是乡村聚落的简称,是常住人口2 500人以下、非农人口超过30%的居民点。根据从事生产领域的不同,村落可分为渔村、牧村、林场和农村四类:渔村是渔民聚集的村庄,主要从事渔业捕捞和水产养殖;牧村是以畜牧业为生的牧民聚居区;林区是从事培育、管理、采伐森林等工作的人们的聚居区;农村是以从事种植业为主的人们的聚居地。这四类村落中,农村、林区的村落通常是固定的;渔村有陆地定居村和以舟为居室的船户村;牧村有定居、游牧的不同。也许徐闻曾有林区和牧区,新中国成立前"徐闻县境(含英利)腹地至北部纵横五十多公里的地方都是原始山林地带,全县境内的北热带雨林在1951年以前还有总面积1 423.2平方公里,拥有北热带常绿次生季风雨林面积达1 726 129亩,当时北热带雨林面积占全县土地总面积的60%以上"[1],新中国成立后徐闻乃至整个雷州半岛被中央确定为橡胶种植基地。因此,徐闻现存的原生态村落主要为农村和渔村。

"村落形态"一般指村落中静态的、存续时间较长的物质实体,包括巷道、宅院、房屋等。"原生态村落"指的是存在于民间没有被特殊雕琢、散发着乡土气息的聚集物的状态。表面上看,村落由水池或水塘、石墙茅屋或石砖墙瓦屋等人造物构成,实际上内含了一个时间概念。

---

[1] 何强:《揭秘历史:雷州半岛原始森林消失之谜—湛江农垦开垦雷州半岛史话》。http://zjphoto.yinsha.com/file/200712/2007120218500726.htm。

这是因为，组成村落的所有人造物都是由勤劳的人脑成形并经过人手打造成各类形状，人脑的特殊性使得人造物蕴藏了不同政治时代的、不同民族的、不同区域的同类物风格。所以，徐闻原生态村落包含了两层含义：一指广袤的农村民居建筑，不包括宫殿、官署等表现政府意志在内，或经过行政规划或受到行政制约的城镇，它体现的是徐闻人的自由意志；一指较少受到"现代化"侵入的传统农村聚落，能够透过种种物质形态散发出非物质文化的气息，能看到历史时段、地域特色和时人生活概况，承载了原汁原味的环境印记。

按照建筑学的要求，"原生态村落"是以村民为主导的生产、生活场所，由于狭义"村民"在国家管理中常指的是户口在城市以外区域的渔民、牧民和农民等，与由居民组成的城市聚落有诸多根本上的差异，导致村落至少不具备如下特征：专门用于防卫的设施，专门的产品加工区，专门的交易区，按照法律规定能行使行政管辖功能的设施。因此，本文选取原生态村落样本的首要类条件，是没有政权机构驻扎的自然村。

一方面，站在1949年回溯历史，徐闻属于较少受到儒家文化和皇朝权力高度影响的化外之地①，其典型之处在于：第一，徐闻的自然村诞生于三四百年前的自由选择，它是自由人自由迁徙自由打造的生存结果，微微与原始人创建村落不同的是，通常是一姓人为躲避文明社会叠加的各种压力而举家迁徙到徐闻人迹罕至的区域，凭借自身对内的血缘"权力"和对外的应变"拳力"与他人、自然搏斗；第二，徐闻的自然村的价值观念具有相对独立性，1672年前后，经历了战火洗劫的雷州半岛

---

① 古中国对地理的划分是按方位进行的，称中原、东夷、南蛮、西戎和北狄，这是一种地理特点，对长江以南各民族的统称，因此徐闻位属"南蛮"区域并不是贬义。

汤显祖的贵生观

只剩下 4 196 户人家①,区域特点的文化几乎毁灭殆尽,此时,一批批内陆不同文化区的开拓者来到雷州半岛,在北热带、滨海的红土地上,不得不告别过往的生活方式,重塑价值观,与此同时,又受车拉船载的交通、口耳相传的通信的限制,沉淀成为与众有别的区域人文精神。

另一方面,站在1949年展望未来,城区和乡镇在近百年的社会变迁中,管理上经历了民国、国统等政权的变迁,建筑上历经战乱、自然灾害等侵袭和改建,尤其城区、各乡镇政府聚集地的行政村和自然村,具有雷州半岛原生态印记的茅屋全部消失,石墙瓦屋、手工砖墙瓦屋遗留的数量也相当稀少,或者是作为文物,或者是零星地散落在高楼大厦间,较少具备本土性的探究分析价值。特别是近三十年来的市场经济改革,城区、各乡镇党委政府聚集地都无一例外地进行了民居改建、道路改建等,深深地烙印上了市场经济的痕迹,较多地体现了党委政府管理公共事务的意志,表现了规范、规制、规定或限制的印记在内等方面内容,不在本文"原生态"样本选取范围。

其次,徐闻原生态村落样本选取的类条件,是以清朝至新中国成立前这一时段的自然村为主、新中国成立后的自然村为辅,为什么呢?

就新中国成立前的行政级别看,"徐闻"作为一级行政单位由设立、变化到明清两朝才正式稳定下来。从公元前 111 年被西汉设置为县级行政区划到唐代的公元 758 年,徐闻下辖整个雷州②,隶属合浦郡,也曾(以齐康郡)管辖徐闻、遂溪、海康三县。从 758 年(乾元元年)开始,徐

---

① 明末清初海康县(现雷州市)1 924 户,遂溪县 913 户,徐闻仅存 1 386 户。参看《雷州府志》赋役志,第 9~11 页。

② (公元 621 年)唐武德四年省徐闻郡仍为南合州;(公元 627 年)贞观元年改南合州为东合州;(公元 635 年)八年改东合州为雷州,是为雷州之始。(971 年)宋开宝四年改雷州为雷州军;(1368 年)明洪武元年改雷州路为雷州府。参看嘉庆版重修成的《雷州府志》之沿革卷,第 2、6~8 页。

闻才开始了较为稳定的县制。① 但真正成为雷州府下辖的县制,则始于971年北宋废徐闻县并入海康县为时邑乡,治所在递角场。② 行政区划是国家根据政治和行政管理的需要,充分考虑经济联系、地理条件、民族分布、历史传统、风俗习惯、地区差异、人口密度等客观因素,设置相应级别的地方国家机关,实施权限不同的行政管理。徐闻由县到郡、州的行政级别的变化,表明辖区的领土范围、人口多少有很大的差异。如唐朝的行政区划分设为道、州(府、军)、县三级,徐闻郡变为南(或东)合州,辖区地域面积相当于现在1/2个地级市,人口数量大于当时县级的人口数。这样,行政区划的时代变迁不仅仅表明管辖范围的变迁,表明了行政管辖权力特征、大小的变化,还使得"原生态"回溯有了文物留存时间段、人口变迁的多重限制。明末清初至新中国成立前,位处边疆的徐闻,政府干预力度较弱,政府意志力表现的痕迹较少,更能体现自然人在徐闻生活的自然状态。

　　就现存文物遗迹而言,回溯徐闻的历史越早,民居、村落等历史留存物越少。从国家历史上看,徐闻属于朝代更迭引起人口逃亡所致的中原人五次南迁③的流入地,时间较早的几次资料遗轶、毫无实物留存,第四、五次属于人口流入高峰,这是判断雷州半岛古越人销声匿迹、古黎族和古壮族消隐、多民族进入的证明。具体说来,目前发现徐闻有线索可循的人口变化有三次:

---

　　① 原文:"乾元元年,复海康郡为雷州,领海康、遂溪、徐闻三县。"嘉庆版《雷州府志》之沿革卷,第8页。
　　② 参看嘉庆版《雷州府志》之沿革卷,第4页。
　　③ 中原人五次南迁:第一次是西晋末年,由中原迁至河南信阳、固始及皖、赣沿长江南北两岸,以至赣江下游;第二次是唐朝末年,迁至皖南及赣之东南、闽之西南,以至粤之东北;第三次是宋代末年,迁至粤之东部、北部,也有不少人进入福建;第四次是明末清初,迁至粤之中部及滨海地区、台湾,有的奔向东南亚乃至世界各地;第五次是清同治年间,迁至广东南路与海南岛等地。详情请参阅罗香林《客家源流考》,中国华侨出版公司,1989年版,第35~36页;(台)程光裕、徐圣谟主编《中国历史地图》下,中国文化大学出版,1980年版,第61页。

汤显祖的贵生观

第一次是"到了宋初,雷州府人口只剩下 106 户"①,即无论徐闻作为海上丝路始发港前后是多么繁华,至少由于持续的混战、水灾旱灾和雷州半岛必有的台风等,到北宋建立之初,雷州半岛的人口几近灭绝。第二次是明末清初,徐闻和海康、遂溪县一样人口锐减,1672 年(康熙十一年)仅存 1 386 户②,徐闻进入千里无人烟、荒村无鸡犬的境地。第三次是清末至民国初,徐闻县 1 000 多条村庄中有 800 多条村庄惨遭烧掠,造成十室九空,完全毁灭的村庄难以计数,贼乱平息后,仅存 5 万余人③。即徐闻和北方现存千年文物丰富的情况不一样,清朝之前的留存物几乎全部湮没,现存文物的时间段一般在清朝到新中国成立前,要探究徐闻原生态村落,就不得不选择这一时间段。

就人口变迁状况而言,古徐闻地处边疆,缺乏正常的人员流动,各种原因引起的人口减损难以抵消自然增长:元代时"徐闻县户 29 696,坊都 90 里"④,这是明清到新中国成立前徐闻从未有过的人口高峰期。即使这样,徐闻的人口密度远远低于世界人口分布第四级的 1 人/ km^2 ,属于人口极稀区。⑤ 人迹罕至的地方必然是北热带气候催生大量植物疯长、野兽四处出没之地,进而必然导致人口因瘴疠而减损,从而降低了人口质量。由于清政府人力、财力有限,行政管理的力有不逮导致人口数量急剧下降。徐闻常年 23℃左右的温度使之成为极好的种植

---

① 引自张莲、李雄飞:《古代雷州半岛海神信仰略析》,《广东海洋大学学报》2010 年第 2 期。雷州府在此表示的是辖境相当今广东省湛江市区、雷州、遂溪、徐闻等地。参看《雷州府志》之沿革卷:宋开宝四年(971 年)改雷州为雷州军;明洪武元年改雷州路为雷州府。嘉庆版《雷州府志》,第 2 页。

② 参看嘉庆版《雷州府志》卷之五《赋役志·户口》,第 9 ~ 11 页。

③ 《徐闻县志》,广东人民出版社,2000 年版,第 844 ~ 854 页。

④ (清)嘉庆版《雷州府志》卷之五《赋役志·户口》,第 1 ~ 11 页。

⑤ 人口密度分为四个等级:第一级人口密集区 >100 人/ km^2 ;第二级人口中等区 25 ~ 100 人/ km^2 ;第三级人口稀少区 1 ~ 25 人/ km^2 ;第四级人口极稀区 <1 人/ km^2 。根据人口稀密=人口/面积计算公式,以每户 10 人计算,古徐闻人口不过 30 万;不算海域在内的陆地面积约 1 600 km^2 ;人口密度在 0.02 人/ km^2 ,属于人口极稀区。

地,三面环海所致的渔获也是极为丰富的,这两个得天独厚的条件使徐闻成为富庶之地,当然也随之产生械斗和匪患,造成人口的大量死亡。如1918年7月,李福隆等盗匪杀死锦囊的邓宅、那楚等村100多人;1919年,李福隆匪股夜袭下桥,残杀王家村100多人;1920年夏,杨陈仔匪股杀害曲界400多名;1923年3月28日,龙塘镇锦山村300余人惨死在盗匪屠刀下;1923年4月28日,迈陈镇新地、北海仔等村3 000多人被害;1924年夏,匪贼杀害那屯村2 200多人①……徐闻县匪祸之惨,广东之最,田野荒芜,白骨遍地,往往百余里不见一人。从1916年出现小股盗贼,到1933年上半年,延续了18年的匪患平息,其间被杀害或饿死、病死者达19万人,4万流浪他乡,包括逃往南洋诸国谋生。②所有这些天灾人祸,使得积累财富的速度可能比不上减损的速度(徐闻每两三年遭遇一次台风破坏,财、物损失数以亿计③),进而反映在民居样式、规模等方面,形成迥异于北方地区的"徐闻""原生态"特色。

(二)雷州半岛原生村落的"迷"式形态

徐闻的地形呈北高而东、西、南三面低,但各乡镇又具有丘陵、盆地、平原和滨海的不同,人口以移民为主,历经三四百年的变迁,已经形成多省移民大杂居、小聚居的状况。和世界各地一样,徐闻有集村和散村,也有根据村落平面延展出块状、带状和环状村落 。

微观上看,徐闻原生态村落的第一种形态,表现为民居边界、村落

---

① 《徐闻县志》,广东人民出版社,2000年版,第845~847页。
② 《徐闻县志》,广东人民出版社,2000年版,第854页。
③ 2014年,徐闻遭遇超强台风"威马逊""海鸥",受灾人口30多万,损坏房屋19 000多间,直接经济损失超过87亿元。参看何瑞琪《被"威马逊"重创 徐闻待援》,《广州日报》,2014年7月28日A2版;2015年,台风"彩虹"导致徐闻农作物受灾面积41.73万亩,各类经济损失已达5.37亿元。参看李亮《"彩虹"掠走徐闻5.37亿》,http://www.xwie.com/news/newsshow - 136073.html。

图 3.11　自由自在的墩仔村

二、贵生活：雷州半岛人的自主性

岁月流逝产生的沧海桑田，实实在在表明村落是一种"活态"文化，剥离附着的不同时代的种种突出特色，还原三四百年前移民雷州半岛的人们的生存状态，其实是探究这块红土地上的文化密码。

（一）雷州半岛人隐蔽的生活方式

顾名思义，生存是生命体存在于世间，是生命体为了保持其存活而进行的努力。对人来说，活着并继续活下去都证明他（她）是真实存在的。但是，由于群居引发的人际政治关系、经济关系、文化关系等社会化系统，处在无休止的发展、危机、重建过程中，既有促进个体生存的一面，又有削弱的一面，从而划分出了人群活着的层级：由不择手段的生存到讲究方式的生活再到谋求生命意义，表明处于"生物人"阶段的生

汤显祖的贵生观

边界最规整,如图所示:

图 3.2　曲界镇后寮村①

徐闻常态居住建筑经历了四次建材大变化,原创性居住建筑是木墙、茅屋,普遍性居住建筑是石墙、茅草屋,改建性的是砖墙、瓦屋,现代性建筑是水泥房。曲界镇后寮村的民宅囊括了后三种建材,如图 3.2 所示,不但现代水泥房、宅院造型规整,而且石墙茅草房及宅院造型规整,中途改建的砖墙瓦屋、宅院造型规整,这在徐闻是非常罕见的:在追求高效利用、讲究审美的现代建筑群中,徐闻在新中国成立后所建行政机构和企事业单位边界规整的占比也不是很高,后寮村这种有较长历史的三边规整的民居更是凤毛麟角。

曲界镇后寮村是吴姓于清嘉庆年间由海南文昌迁入创建的,长方形或方形的民居构成的村落边界十分规整,应是建村之前将防御作为最主要的任务去考虑和规划,按意图逐步实施。不但村民的院落成长方形或正方形,便于形成宅院防御,而且,民房的坐落方向也是按统一

---

① 如无特别说明,本章所采用的图片均来自 google 截图。

规划建造;村巷成长方形格局,借助直线最短原理,遭遇突发或紧急情况时有利于声音的空气传播和村民的最短时间内集合,有利于村民在短时间内相互熟悉彼此的防御设施,将局部的宅院防御纳入整体的村落防御之中。后寮村 1982 年被评为"广东省文明和睦村",2001 年被定为"广东省生态示范村",2003 年被评为"广东省卫生村",享有"徐闻第一村"美誉。

徐闻原生态村落的第二种形态,表现为民居边界规整、村落边界不规整,如下图所示:

图 3.3 曲界镇城家村

曲界镇的城家村坐落在缓坡地带,清康熙年间由吴姓人从海南文昌迁入创建,早期规划中的单个民居是规整的,房屋坐北面南,整个村落顺北高南低布局,考虑到了灌溉、洪涝、台风等自然因素,就地取材,以石墙、茅草为原材料,传统三间房的长度为坐基。随着人口的繁衍和财富的增加,区域性的独特民风占据主导,茅草屋被替代为石墙瓦房,但村落内整个宅院的布局没有改变,奇异的是后建的宅院从块型大小、建筑材质、坐落方位等显现出较高的自主性。从20世纪八九十年代开始,水泥房逐渐替代石墙茅屋、砖墙瓦房,基于以风水为目的综合利用、节约建材占了主导,打破了传统的村落和村巷的御敌功能,原生态村落处于逐渐消失过程中。

图3.4　新寮镇东塘村

最能体现徐闻原生态村落自主性的,是远离城镇或人口密集地依海而建的村落。如新寮镇原属海岛,与徐闻的六极岛、外罗等一样,孤悬海外。这类海岛村落的出现与建造,如图3.4所示,具有三个特点:

一是创建宅院、村巷无须考虑御敌。海岛四周依次是海水、滩涂和陆地,人居海岛中心地带的高处,自然而然地形成了御敌的屏障,村落整体防御功能的必要性减弱。

二是道路建设比较随意。自然物的沙土地面几乎不需要修建成本,日积月累即可踩踏成路。

三是在原自然状态的岛上,四周低、中间高,浅表层2～5米的地下水大多不能食用,需要挖凿更深一些作为饮用水。所以,水塘的建造是依据地形地貌和人力多少去考量的,甚至三四十年前的人畜用水、灌溉用水都是直接使用水塘储蓄的雨水。

东塘村于明代末年建村,据说现在的村名因位处北尾塘之东而命名。该村民居以石墙、砖墙瓦屋为主,宅院块状的大小、方位以及房屋的坐落方位等依据主人意愿而建。该村既不是依据道路而建,也不是依水塘而建,而是依据地形地貌、各人自主意愿而会聚成村落的。

徐闻原生态村落的第三种形态,表现为单姓民居边界、村落边界不规整。迈陈镇的潭板村创建于清嘉庆年间,由潮汕陈姓迁入建造,虽然依图3.5可见其具有以水塘为端点、顺着北高南低方向建造的特点,但民居边界、村落边界无一处规整。如果村名和现状上没有水塘的痕迹,那是徐闻自然村落的一般性特点。

图3.5 迈陈镇潭板村

中观上看,徐闻原生态村落的形状首先表现为丘陵、平原、滨海的条带状村落。徐闻三面环海,连绵的海岸线长达378公里,有众多的海垭、港湾和岛屿,适宜养殖、捕捞、晒盐等,因而呈条带状的村落绝大多数出现在滨海区域。如直接坐落在海垭上的角尾乡、海安镇、新寮镇等,行政村和自然村滨海而建的更是众多,对直接与海水接壤的西港、四塘、关山园、边港、毛练、二桥等而言,大海是衣食父母。对滨海的下塘、南上、挖仔、前海、后海等村庄来说,大海又是恶魔的故乡,表现出敬而远之又离不开的矛盾心态。徐闻丘陵、平原地带的条带状村落不同于高原、盆地地区,它们是先建村后布局道路,实实在在奉行的是"走的人多了便成了路"。曲界镇下辖的行政村的三河、自然村的调胜村便是其中的典型,如图3.8所示。调胜村为陈姓人于清朝道光年间的遂溪县迁入创建,位于菠萝生产区,大多数村民已经将茅草屋改建为水泥楼房。

图3.6 与大海接壤的四塘村

图 3.7　滨海的前海、后海村

图 3.8　丘陵地带的曲界镇调胜村

其次,徐闻原生态村落的形状表现为带状与树状融合。龙塘镇青安村是一个滨海的行政村,现有 499 户 2 207 人,村委会办事处设在包宅村,面积 2.6 平方公里,管辖包宅、杨宅、中村、朋寮等 4 条自然村。其中,包宅村创建于 16 世纪初,源于北宋著名政治家包拯嫡系子孙包文魁携妻由合肥市肥东县大小包村迁入创建,后清代杨姓由广东电白县迁入,其后叶姓由临近的乌港村迁入。由于长期生活而引起的矛盾、冲突不断,包姓居住青安上村,村落呈条状;叶姓居住中村,村落呈点射的叶脉状;杨姓居住下村,并逐渐移出独立成杨宅村,村落呈叶脉状。需要关注的是,无论是建材的砖瓦木还是雕饰形状、颜色等,青安上村、中村保留了典型的传统北方风格,而分离出来建构的杨宅村,并没有像曲界镇后寮村一样规整,这正是徐闻民风的特别之处,表现出渗透到民居文化中的自主特性。

徐闻属低丘台地地形,地势自北向东、西、南三面沿海倾斜,地势较高的北部海拔一般在 100~150 米,中部地区起伏平缓,海拔 20~80 米,海拔最高的石板岭 245.4 米,没有明显的主峰,占地仅 20 平方公里。大多属于缓坡丘陵,几乎没有超过 20°,因而自然村的建构大多数选址在便于走风的缓坡地带,如图 3.10 所示,在县道东边的山峡、湖仔、峒仔、墩仔村。

图 3.9　带状融合树状的包宅村

图 3.10　四个自然村构成的树状村落形态

再次,徐闻原生态村落表现为自由自在的散点式村落。龙塘镇墩仔村创建于民国初年,郑、李、邹等八姓村民大多来自广东廉江,现有 40 户 236 人,住房多为石墙或砖墙瓦屋,少数为水泥平楼。村落外形呈线状,村民宅院的选址、大小和房屋面向大多自由,甚至没有院墙,户与户之间以果树连接,与周围自然环境融为一体,体现了人与自然和谐共生,体现着开放与多元。

存,侧重于动物式的存在,是生命体发展的低级阶段。新中国成立前雷州半岛人的生存阶段由人与自然的互动决定。

自然因素促进了村落选址的隐蔽。众所周知,古代交通不便,各州、府、县治及其周围是政府、学校、集贸等的聚集地,为生活方便起见,移民理应聚集于此。古代的信息传播非常落后,除非是行政召集,通常情况下绝大多数迁入者多是盲目流动的,陆路进入者应是沿着官道居住。虽然水路进入者应是由南海进入海滨居住,但明清两朝有海禁政策,清朝尤其严格,在严令内迁三五十里甚至二三百里的情况下,也应该造成陆地人口稍多于海滨人口。就移民进入情况而言,沿海省区靠海生存的人未必大多数移民,即陆路移民人口不一定远远低于水路移民人口。但实际情况是,徐闻除了腹地乡镇只有6个,县政府驻地占了3个(显然是近百年现代化的结果),其他广阔的陆地只有3个,海滨乡镇高达10个,距海三十里以内的5个、不足百里的5个。整个雷州半岛都如此,海滨人口远高于陆地。如果这种状况与明清时期大致相同,就出现了一个谜题,为什么移民要远离县治及周围,以一种不可思议的"隐居"方式扎根人迹罕至之地?

要还原移民的动因,尤其探究其深层移民的动机和原因,就需要剖析人与周围的环境关系,即人与自然、人与人的关系是否有利于生存?

一是明末清初频发的各类瘟疫,表明人和自然的关系受到极大破坏,自然环境不利于人的生存,想要活下去的人们当然要换个地方找活路,流民出现;各类瘟疫要人命的恐怖,又迫使流民不得不离群索居以保生命。瘟疫古代又称作"瘟瘴""疫疠""疫病""大疫"等,陈旭的硕士毕业论文统计明代瘟疫爆发的次数为75次,瘟疫发生的频次与人口分布呈正相关的关联,越是人口分布密集区,瘟疫的总次数或爆发频率越多,[①]《明史》中"霜旱疾疫""水旱疾疫""旱涝蝗疫""霜雪瘟疫""饥荒疾疫"等词频频出现,几乎隔一两年、全国平均5.12年即发生瘟疫,间

---

① 陈旭:《明代瘟疫与明代社会》,西南大学硕士毕业论文,第27~28页。

隔时间最长的不超过六年①,北直隶、江西、湖广发生10次以上疫情,瘟疫范围小到一县,大到数府甚至5省。②1580年(万历八年),山西"大同瘟疫大作,十室九病,传染者接踵而亡,数口之家,一染此疫,十有一二甚至阖门不起者",随后疫情进一步扩大,"万历十年(1582)春夏,大头瘟疫,民死者十分之四"③,由于没有有效的药物遏制和对疫区进行人力控制,大头瘟传染到了陕西、河北、北京、河南及山东等地区;1602年(万历三十年),贵州因瘟疫"十室九死";崇祯年间,山西、陕西、河南、北京等地瘟疫大流行,死者无数。④ 与此同时,治理瘟疫常见的有效手段是疏散、中药等(其他埋尸、赈灾等政府管理行为不是针对瘟疫本身),以1~5年之间的瘟疫爆发、治理频率,老百姓应当依据经验有了认知与行动模式,即应对瘟疫要么服中草药、要么逃离疫区,但前者的疗效未必管用,后者更能让人安心。这应是流民由北向南流动,陆陆续续进入南方、进入徐闻并远离县治地创建村落的原因之一。

二是明末清初的人祸迭出,尤其是豪强吞并土地之下的赋税远超出了农民的承受力,人与人的依存关系变成了祸害关系,农民成为皇族、王族和缙绅、地主以及土匪、黑社会等的祸害对象,不得不成为流民,不得不离群索居以避各类人祸。万历初全国课税民田是70 139.7万亩,不包括(军队)屯田、学田和皇庄、王府庄田数,至少国家财政少收了8 550万亩的应缴赋税。⑤ 当然也不包括陆续进入上层的皇亲国戚、勋臣贵戚、太监,以及中下层被缙绅、地主等吞并的土地:万历时期的潞王朱翊镠在湖广占地40 000顷⑥,福王朱常洵在湖广、河南、山东占地

---

① 陈旭:《明代瘟疫与明代社会》,西南大学硕士毕业论文,第27~28页。
② 陈旭:《明代瘟疫与明代社会》,西南大学硕士毕业论文,第27~28页。
③ 浅川:《万历年间华北地区鼠疫流行存疑》,江苏省社会科学院,《学海》2003年第4期。
④ 田澍:《瘟疫肆虐与明朝政府的应对措施》,《光明日报》2012-2-9。永乐十一年(1413年),浙江归安等县疫死10 580余人;正统十年(1445年),浙江绍兴、宁波等地疫死34 000余人;景泰四年(1453年),江西建昌府疫死8 000余人,武昌、汉阳二府疫死10 000余人;正德六年(1511年),辽东疫死81 000余人。
⑤ 郭松义:《明清时期的粮食生产与农民生活水平》,中国社会科学院历史研究所学刊,社会科学文献出版社,2001年版。
⑥ 《明神宗实录》卷五三一。

20 000顷①；因军功、椒房之亲而获封公、侯、伯和勋臣、贵戚及宦官通过受赐、奏乞、夺占民业等手段使自己的庄田迅猛扩大，如成化太监汪直占宝坻县七里海荒地21 560余顷（《世宗实录》卷82），正德太监谷大用夺占民田4万顷（《明史》卷194）；缙绅、地主等"占有百亩田者，居十分之六七，占有千亩田者，居十分之三四，占有万亩者，居千分之一二或百分之一二"（《明史》卷二五一《钱士升传》）。土地兼并使自耕农逐渐转变为投充佃户、佃农和奴仆，但国家财政的常规支出必须通过赋税实现，并出现不定期或定期的加派税收，如明末"辽饷"每亩加征银一分二厘，"剿饷"按亩加粮六合，每石折银八钱，后又加征"练饷"。农民不堪忍受逃离家园，地方官又不得不用严刑峻法责令农户代纳，一户逃责令九户分赔，九户逃则勒逼一户独承，"有赤子无立锥地而包赔数十亩空粮者，有一乡屯而包赔数十顷空粮者"②。由于明王朝实行"路引"③制度，逃避赋税的农户以及匠户、军户、城镇工商业者、灶丁等自然而然成了"流民"，流徙人口动辄成千上万，使得流民从土地瘠薄的北方地区流向肥沃的南方地区，如成化四年的荆襄流民达20万～30万（《宪宗实录》卷50），这是中原人第三次南迁中继南宋以后波及范围较广、持续时间较长的一次；流民从内陆流向边塞，雷州半岛属临海边疆地区，统治力量较薄弱，赋税收缴无论运输还是兑换成银钞都比较困难。这应是流民进入徐闻并远离县治地创建村落的原因之二。

三是南方地区躲避战乱的流民继续南下。战争的目标是获取自然资源、人力资源等的支配权，各类资源一般都集中在州、府、县治等地，因而各州、府、县治等地必然成为争夺对象，祸及老百姓。明清也不例外，晚明皇帝怠政导致官吏疏懒，无人关心民生："逃溃转多，饥馑荐臻，胁从弥众，星星之火，至今十九年。分之一股，各称十数万；合之股股，

---

① 《明神宗实录》卷五一八。
② 转摘自顾诚《明末农民战争史》，光明日报出版社，2012年版，第11页。
③ "路引"实际上就是离乡的证明。凡远离所居地百里之外，都需由当地政府部门发给一种类似介绍信、通行证之类的公文，若无"路引"，或与之不符者，是要依律治罪。明朝还有《逃户周知册》《挨勘流民令》等措施。

汤显祖的贵生观

不啻百余万。而黄河以南,大江以北,东连庐、凤,西尽汉、延,幅员数千里之间,一任往来飘忽,生灵百亿万之命,尽遭屠戮伤残。"① 据统计,"1588年(万历十六年),在今安徽、江西、湖北交界爆发刘汝国领导的上万农民起义;1589年李园朗、王子龙在广东始兴、翁源一带起义;1599年、1604年、1606年、1622年(天启二年)浙江、福建、南京、山东均有大规模的暴动。1627年(天启七年),陕北澄县饥民暴动,由此拉开了由李自成参加和领导并于17年后推翻明王朝的明末农民大起义的序幕"②。当暴动越来越频繁、波及地区越来越广的时候,总有不愿陷入杀人或被人杀的农民逃离,富庶之地的南直隶、浙江、江西、湖广等地区躲避战乱的流民,从地少人多的地区流向人稀地广的地区,或者躲进南赣山区、闽浙山区,但南方流民绝大多数不会流向寒冷的北方地区,而是继续向南流动,包括了流向边疆的雷州半岛、海南岛,甚至漂洋过海去了国外,这应是流民进入徐闻并远离县治地创建村落的原因之三。

虽然古华夏疆域广大,但能够让流动人口落地生根的、自然环境优越的地区,当数沿海的闽、粤、云南及海南,雷州半岛及海南岛的优势更是绝无仅有,优越的自然环境使流民有能力远离州、府、县治自由创建村落:

气候适宜,节约了防寒衣物。徐闻位于中国大陆最南端,地处东经109°52′~110°35′、北纬20°13′~20°43′之间,属于北回归线附近低纬地区的北热带季风气候,夏长冬短,年平均气温23℃,最低温度5℃~10℃,大约十年有一回霜冻,大大减少了防寒衣服、被褥等支出,减少了取暖材料的消耗,更没有寒流冻死人畜的现象。

日照充足,作物一年两三熟。雷州半岛太阳辐射能丰富,年平均日照2 078.7小时,年平均雨量1 346~1 802毫米。冬无严寒,11—3月雨量较少,常有旱情出现;夏无酷暑,4—10月为多雨季节,8月雨量最多,常有水灾出现。这样终年受海洋气候调节的状况使得境内一年四季常

---

① (明)杨嗣昌撰:《杨文弱先生集》卷十,南京图书馆藏清初刻本,第130页。
② 朱绍侯主编:《中国古代史(下册)》,福建人民出版社,1982年版,第188~215页。

绿,人迹罕至的地方更是原生林恣肆成绿色汪洋,具有从事农、林、牧、渔业得天独厚的大自然优势,蔬菜、瓜果四季有种有产,粮食作物一年两三熟,衣食无忧。

栖息材料充足、省力。徐闻全境都适宜人口居住,三四百年前的移民村落选址自然而然地就近茂密的绿林——夏天可遮蔽艳阳的炙烤,台风天气可阻隔或减弱暴风对居处的破坏;春秋季可以方便取得落枝、落叶用作燃料,无须运输或发掘燃煤;就地挖坑可做蓄水池塘,牲畜饮水便捷;腹地掘地八九米即可见地下水,用于人口食用。换言之,雷州半岛区域的村落选址,自然条件方面比北方高山峡谷村落的选址更节约人力、物力和财力。

人借地理构成了村落的"迷"式布局。由于当前文化界对雷州半岛传统村落的探究以文物为分析对象,不约而同地注目于清朝、富裕大户所属的石墙或砖墙瓦屋,由此将传统村落空间形态的防御归结为宗族集体修建的碉楼和富裕人家的带碉楼的宅第。显而易见,清代中产阶层人数较少、社会地位较高,其主导下的传统村落的选址、布局等,既带有部分儒家文化的烙印,也带有部分雷州半岛的习俗,反映的只是传统聚落中凸显的一部分,很少反映出雷州半岛的原生特色。为什么呢?

就制作建材来说,砖、瓦这两种普通建材在雷州半岛并不像北方易造,制砖需要泥工、瓦工和窑工的团体协作,需要砖瓦的泥坯在进入烧制前保存完好,还需要烧制的煤炭和制成蓝色必需的水,这对流民是巨大的挑战。实际情况是,流民一进入雷州半岛,就利用树木和茅草搭建茅屋,村名中的"寮"字由此而来。又由于搭"寮"而居的流民人数较少,搭建的"寮"低矮,由此产生村名中的"仔"字。这是流民的第一代居住样式。其后,除了四柱用木梁架以外,其他多用石块代替,石柱、石梁颇为常见。解决了食物问题之后,流民又开始考虑改善居住条件,毕竟搭"寮"的木头长度有限、埋入地下深度有限,且因多雨潮湿,木制房屋易腐朽生白蚁,难以抵御台风或者大型野兽的侵袭,一部分人不得不制作红土坯,像以前在北方做的那样,夯地基、夯土墙、搭木头、覆茅草,

汤显祖的贵生观

建成第二代民居样式。清康熙二十六年《徐闻县志》载:"徐之居处屋宅多简陋。盖滨海多风,地气复湿,风则飘摇,湿易蠹朽,城中惟官署始用砖砌可耐久,巷则土垣素壁,仅蔽风雨而已,不数年俱圮坏,世家豪族宅颇完美,然亦稀见。乡落间瓦盖者少。农家竹篱茅舍有太古风。但终岁拮据,未可以为安也。"红土坯墙也有自身的不足之处,屋顶茅草排水有限,或渗透入房内,或顺着茅草下渗入土坯导致土墙坍塌。石墙茅屋的出现,不知道是幸运的流民一进入半岛就选择了无主石墙茅屋住进去,还是在半岛腹地的移民建造土坯茅屋房时期,滨海搭"寮"流民因为食源充足、打发漫长时光而建。

图3.12 石墙茅屋的外部(作者自摄)

徐闻常见的石墙茅屋最早出现于何时,又经历了多少时光不得而知,要从石墙上看到岁月侵袭的痕迹微乎其微。至今,滨海徐闻人还有很多居住在石墙茅屋中,涂抹白灰、更换茅草没有改变徐闻人对它的钟爱。

徐闻还有一种原生态民居是国内独一无二的——珊瑚屋。在海滨

图 3.13　石墙茅屋的内部（作者自摄）

的角尾乡，毗邻珊瑚海区的徐闻先民采用海中的珊瑚石作为建材，叠砌成墙，再覆以茅草，冬暖夏凉、透气吸潮，很受乡人喜爱。更令惊奇的是，珊瑚屋地连接着珊瑚院路和珊瑚巷道。

如今，红土墙茅屋、珊瑚墙茅屋稀稀落落地夹杂在石墙茅屋中，又混杂在砖墙茅屋、砖墙瓦屋中，衬托着越来越多的水泥楼房。

由此可见，徐闻民居除了建材、样式具有地域特色，基本院落也具有地方特色，典型的独院前有围墙，与入户的小门楼或棚口正对着"一明两暗"的正堂，两侧的厢房、厨房都与正堂留出通风口，呈"梳子"布形。如图 3.2 曲界镇后寮村多独院式的，因创建之初聚族而居，入村通道狭窄，坚固村门、巷门以增加防御，村落外围的树林有利于遮挡台风和炽阳，又利于隐蔽村落，新中国成立后社会安定，毗邻县道，为汽车入户方便，村路已铺设为宽阔水泥路，村门消失，原来用于护村河作用的壕沟也随之消失。实际上，如果更多地探究人口迁徙史、迁徙动因，就会发现，徐闻民居样式、村落构建样式，不是一般性的儒家文化在居住样式方面的隔空大挪移，而是流民迁徙过程中、进入新环境后新文化习俗的建构。

流民背井离乡所寻求的是安定的聚居生活，出于安全的防御是人们的共同的心理，不同的迁出地、迁移时间、迁出路线下，不同姓氏选择了各不相同的定居点，相互之间交往较少，甚至老死不相往来，由此形

图 3.14　阳光下古朴的珊瑚茅屋（作者自摄）

成各省移民大杂居、小聚居的空间形态。表现在村落防御性方面，单姓氏村落考虑的方面有两个：一方面是防御各种自然灾害或禽兽的侵袭，村落布局必须考虑防台风、防洪水、隔热等问题，如为防洪水村落一般都坐落在丘陵顶部，为防台风村落如何利用北热带树林等。另一方面是防御外人入侵、强盗袭击等。单姓氏村落布局如曲界镇后寮村是全村人集思广益、协商一致的事情，多姓氏情况比较复杂。

一种情况是先入为主。徐闻地处边疆，海岸线漫长，一直远离军事政治中心，外受海盗、劫匪的不断威胁，内有资源占有权、婚丧嫁娶等引起的群体冲突与械斗。因此，原初多姓氏村落的布局由先入者主导，后

杨宅

安永仔

图 3.15　杨宅、安永仔

落户者接受先落户者近似于强压式的建议。如龙塘镇青安村的三姓族人，以包姓先入、杨姓次之、叶姓本地迁入为组建顺序，现在的村落格局是杨姓分离出来的。也许出于对久受压制的反叛，杨宅村民将自主发扬光大，有的宅院无院墙，以庭院经济菜园或果树替代，这样的院落布局，也打破了正方形、长方形的传统规整布局；有的以正堂为中心向四周拓展建院，求开阔、求通风，不求规整；有的正堂坐西面东，保证了阳光的全天候充足，侧房坐北朝南。多数村民建正堂前请风水师看风水，不再一味信赖"后有墩、前有堀；双手捧捧，见水入，不见水出；左青龙、右白虎，长生水流归明堂"等传统民居建筑意识，也完全突破了"背靠山意味着'后土硬'，前有塘意取前景开阔，左右地势略高意取左右手强"这些传统俗语表现的巫意识，正堂也完全打破坐北朝南的习惯，按照小家庭的希望目标建构宅院，表现出渗透到民居文化中的自主特性。

一种情况是因地制宜。徐闻民间有个地理位置划分法，以207国道为界，将西边的迈陈、西连、角尾等乡镇称为"西向"，将东边的曲界、龙塘、锦和等乡镇称为"东向"。"东向"地理位置较好，小丘陵、小盆地的地形状况有利于存贮雨水，比较大的有东风水库、风桥水库、合溪水库、梁村仔水库、北松水库、迈胜水库，无名小水塘更多，土壤疏松肥力好，适宜农林牧渔业，所以比较富裕；"西向"的地理位置不好，位处干旱少水区，农林牧渔业的发展滞后。从民居、村落形态上看，"东向"过半数的民居呈一正两厢结构，正堂坐北朝南，宅院痕迹较为鲜明，包括小岛上的后湖、六极村和大新寮岛上的民居。微有不同的是，"西向"的角尾、锦和、迈陈沿海村落更具特色，"东向"的和安、锦和、下洋、前山、龙塘和海安这些乡镇的滨海村落，正堂多面海建造，甚至出现一个村庄三种聚落方位，如图3.16所示，北面民居的正堂坐北朝南，南边民居的一些正堂背东面西，为出行方便，一些背西面东，东面是大海，利于靠海生存。锦和后山溪村的天蓝、云白、空气清新，是330年前福建莆田的董氏兄弟创建的，现有村民百余户，距离东面的大海仅有400米，所以村民们都正堂背西面东，以海水养殖为主。

图 3.16　因地制宜的下洋镇崩墓村、锦和镇后山溪

和安镇后宫村面东、面南的民居

西连镇以西北面向为主的下宫村民居

图 3.17　后宫村、下宫村

"迷"式的大井村

"迷"式的龙腋村

图 3.18 "迷"式的大井、龙腋村落

一种情况是以史为据。近三十年,因养殖南珠而闻名海内外的西连镇三面环海,北面的北栋湾、南面的东场港接北部湾,凹进的流沙湾接壤迈陈港,其陆地中间高,西、南、北大部分偏低,因此,西连镇流沙湾的大井到龙腋一带村落,一方面受地理环境影响,不得不顺地势面向大海建筑居所,另一方面又受中原"面南背北"观念的影响,表现在居所建造上,两者杂糅其中。龙腋村的西边是腹地,北面、东面、南面逐渐低向大海,村民的正堂一般面西背东,少部分面东背西,还有少部分面南背北,体现了因地制宜和恪守传统的矛盾。大井村村民的宅院仍然遵从一正两厢的宅院布局,但完全正向坐落的房屋更少。

"西向"的大井、龙腋和其他村落一样,在20世纪60年代之前一直是徐闻旱区的重中之重,但在行政管理中被县级政府替代,凸显不出地域状况:徐闻县干旱发生的概率高达91.7%,最长连旱日数228天[①],虽然降雨丰沛,全年的降水量绝大多数集中在4—10月,一次降水过程可达400mm以上,一年的降水量经常在几次暴雨即可完成,但干旱与降水的空间分布相同,年蒸发量1 934mm,水资源严重匮乏。而"西向"境内的鲤鱼潭水库面积仅仅300平方米,难以满足附近村民。远距离的其他几个乡镇既指望不上,也没有解决蓄水问题,使得这丰沛的降雨又在三面环海造成的砂质土壤中蒸发、渗漏掉,参看表3.1。而且,由于沿岸地区经常有风暴潮与海浪灾害,使得海岸侵蚀加剧,部分土壤砂质化并流失掉,可种植的旱地逐渐减少,加剧了贫穷。

表3.1 徐闻年均降雨情况(mm)

	年均降雨量			年均季节降雨量		年均蒸发量	
最大	最小	4—9月	10—来年3月	蒸发量	降水日数		
徐闻	1 323.4	2 116.6	859.5	1 035.9	287.5	1 934	116(天)
平均	1 560.7	2 258.4	1 068.5	1 267.3	293.4	1 841.3	134(天)

资料来源:根据湛江市气象局有关资料整理。

① 张争胜、孙武等:《热带滨海干旱地区生态环境脆弱性定量评价——以雷州半岛为例》,《中国沙漠》,2008第26卷第1期,第125~130页。

由图 3.18 可见,先贫后富的大井、龙腋几乎处处是砖红,可以看到村民的砖墙瓦房有取代土坯或石墙茅屋的必然趋势。这种变革发生在 20 世纪 70 年代。政府先是引领民众建筑引水工程,将县城以东片区的大水桥水库蓄水引入"西向",努力解决了大部分人的畜饮用水问题。其后,又大力推广海水养殖,解决了穷困,"西向"人住进了大瓦房甚至楼房,但历史上移民和自由造成的习俗后果逐渐显现出来——巷路、村路成"迷"。

图 3.19 "迷离"的角尾乡北注村

最能表现这种"迷"式的是北注村。北注村虽然是个行政村,但下辖的潘宅、昌寸和新村独立成自然村,现有 323 户 2 524 人,面积 4 平方公里,位处角尾乡腹地,是一个干旱的纯农地区,年降雨量不足 1 100 毫米,大部分耕地都属"望天田",人均耕地不足 0.2 亩。20 世纪末,广东省委、省政府调动治旱资金,钻打大小口径机井数百眼,解决了农田没水耕种问题,使弃荒的耕地全部种上农作物,境内适宜种植的番薯、花生、玉米、芒果、红葱等现已成规模化、产业化,靠种植北运瓜菜致富,也建起了水塔,但由于北注村的民居选址、布局自主程度极高,即使空中鸟瞰,也难以辨别清楚巷路、村路,外人进去更是如行迷阵、如进迷宫。北注村的东面是县道,未来要实现水泥路和夜间照明,还需要较大的脑力和财力去协调解决。

(二)雷州半岛人生活的自主性

近年来,文化学者们梳理出雷州文化的大致发展脉络:生活在半岛上的先民们,观察到一年四季下雨前往往伴随着雷声,面对雷声的震撼和雷雨的威力,难免产生神秘、敬畏和崇拜,雷图腾出现;面对因河流短小、地表水缺乏造成的干旱,又逐渐产生了求雷、拜雷、崇雷、祭雷的仪式;634年,东合州刺史陈文玉为了凝聚民心、顺应民俗,将半岛改称雷州;清代学者屈大均在《广东新语注》中说"雷州无日不雷",并且有"冬雷""旧雷""新雷""阴雷""阳雷"[①]的不同。伴随着文化探根研究,将雷州半岛抬升到文化领域的努力一直继续着,2014年,广东省社科学术年会的"雷州文化学术研讨"分会的举办,标志着与客家文化、广府文化、潮汕文化并行的雷州文化,被视作一种独立的地域文化。尽管理论上将雷州半岛视为一个文化区域的时间很晚,但无论什么样的人到了这里,都不得不在自然、地理环境的迫使下,汰换了习俗。

一是半岛人不攒财物,随遇而安。半岛人并非不想积攒财物,而是生存所需的食物首先不易积攒,每年的春秋两次回南天,致使地产物极易回潮而发霉。回南天由湿度、温度合力而成。雷州半岛地处中国大陆最南端,南隔琼州海峡与海南岛相呼应,一直没有发生较大的地壳变动,保持了有史以来的地理形貌、气候样态。半岛属热带气候,东侧沿

---

① 林之光先生的论断是,"中国的雷暴的分布是南方比北方多,山区比平原多,陆地比水面多"。他以新中国成立后五十年各地气象台站提供的资料为依据,进行科学分析,认定我国的多雷地区首推云南、海南,次为青藏高原东部和横断山区北部,第三是两广地区。

海为不规则半日潮,西侧沿海为规则全日潮。年平均气温23℃,1月平均气温16℃,7月平均气温28℃。年平均降水量1 400~1 700毫米,5—10月为雨季,9月为暴雨鼎盛期,有明显的干湿季之分。常年多风,冬季盛行西北风,夏季盛行东南风,年平均风速3米每秒。夏秋季多台风,年平均登陆台风2~3个。其次是每年1~3次台风导致收获物减少。半岛位于北纬21°15′~21°20′,东经109°22′~110°27′,属于新生界第三系、第四系地层①,受喜马拉雅运动影响,多次火山喷发形成了大面积玄武岩地质,沙砾层、粉砂层、黏土层渐次覆盖地表。半岛地形以台地为主,次为海积平原,起伏和缓,地面坡度一般仅3~5度。北部为和缓的坡塘地形,海拔25~50米,只有遂溪、城月、湖光岩一带为玄武岩台地,海拔45~55米,台地上有螺岗岭、湖光岩等7座火山丘。南部玄武岩台地更平坦,分布有10座火山丘,一般海拔25~80米,高者达200米以上,如高259米的石卯岭、高245米的石板岭。这种丘陵极易导致三面海水顺风冲击人居区,田野的种植物在台风中遭遇摧残,各类建筑物尤其古代的砖瓦—木质结构的房屋,往往在台风中碎为瓦砾。

二是半岛人亦农亦渔,沿海而居。热带气温是双刃剑,热带气候下的沙砾类黏土固然适宜一年四季的农业种植、牧业蓄养,但随着人口的增长,半岛热带季雨林所构成的天然植被日益减少,原始森林几乎殆尽,著名的徐闻虎亦已少见,所以,古代牧业蓄养应是仅限于家庭范围内,而半岛土壤以砖红壤为主,谷地为冲积土,海滨为盐土,台风和多雨导致水土流失较为严重。即雷州半岛的农业和牧业比内陆的风险更大,加之植物、肉类极易在高温下发生化学质变,人们不得不将生存所需之物的获得转向海洋。雷州半岛三面环海,南北长约140公里、东西宽约60~70公里,面积13 225平方公里,岸线长约1 180公里,算上海岛岸线总长达1 450公里,东海岸沿海有海成平原,外缘多沙泥滩,并有东海、南三和硇洲等岛屿。东海岛有海堤与大陆相连,西海岸具高岸特

---

① 司徒尚纪:《雷州文化概论》,广东人民出版社,2014年版,第35页。

征,多砂堤、潟湖分布,南部海岸港湾众多,有红树林和珊瑚滩。海洋中的鱼、虾、螃蟹、贝类等所形成的多重食物链,能够为人类提供滋味鲜美、营养丰富的蛋白食物。现代科学技术使海洋专家指出,海洋粮仓的潜力很大,2014年,产量最高的陆地农作物每公顷的年产量折合成蛋白质计算,只有0.71吨。而科学试验同样面积的海水饲养产量最高可达27.8吨,具有商业竞争能力的产量也有16.7吨。半岛天然的港湾也提供了渔船的栖息,因此,就现有的行政区划看,雷州市、徐闻县绝大多数乡镇沿海而建,如半岛西边从海安算起,角尾、迈陈、西连、流沙、乌石、企水等十多个乡镇在沿海线5公里左右,10~20公里左右而建的乡镇也比腹地乡镇数量多。

三是历代皇权控制力弱,文盲人口占比高。雷州半岛固定的地理性状使得历史沿革上也比较稳定。西汉时期,伏波将军路博德受皇命平南粤时,开始在雷州半岛设置"徐闻"县[①],隶属合浦郡管辖。634年开始,生活在此的西瓯、骆越人被称为俚人。中原人五次南迁[②]史上,第四、五次属于人口流入雷州半岛的高峰,这是判断雷州半岛古越人销声匿迹、古黎族和古壮族消隐、多民族进入的证明。目前发现有线索可循的人口变化有三次:

第一次是"到了宋初,雷州府人口只剩下106户"[③],即无论半岛最南的徐闻作为海上丝路始发港前后是多么繁华,至少由于持续的混战、水灾旱灾和雷州半岛必有的台风等,到北宋建立之初,雷州半岛的人口几近灭绝。第二次是明末清初,雷州半岛人口锐减,1672年(康熙十一

---

① 《雷州府志》载:自汉邳离侯平南粤,设为徐闻县,隶合浦,雷地始入版图。《雷州府志》卷之三《沿革志》,第1页。

② 中原人五次南迁:第一次是西晋末年,由中原迁至河南信阳、固始及皖、赣沿长江南北两岸,以至赣江下游;第二次是唐朝末年,迁至皖南及赣之东南、闽之西南,以至粤之东北;第三次是宋代末年,迁至粤之东部、北部,也有不少人进入福建;第四次是明末清初,迁至粤之中部及滨海地区、台湾,有的奔向东南亚乃至世界各地;第五次是清同治年间,迁至广东南路与海南岛等地。

③ 古雷州府的辖境相当今广东省湛江市区、雷州、遂溪、徐闻等地。参看《雷州府志》之沿革卷:宋开宝四年(971年)改雷州为雷州军;明洪武元年改雷州路为雷州府。嘉庆版《雷州府志》,第2页。

年)遂溪、海康、徐闻三县仅存共 4 196 户①。其中,海康县最多,是 1 924 户;遂溪县最少,才 913 户;徐闻仅存 1 386 户。雷州半岛进入千里无人烟、荒村无鸡犬的境地。第三次是清末至民国初,由于匪患导致雷州半岛人口再次减损。

汤显祖被贬为县级典史寓居徐闻时,雷州半岛的主流价值观同样是儒家理论,孔孟儒家的核心理念在雷州半岛也传承下来了,但更多地存在于行政所在地,三纲五常的伦理秩序展现得较为严密。对多数沿海亦农亦渔的半岛人来说,上交了赋税、支应了差役之外,并不将官府放在心上:明代官府文、武派驻人员的数量有限,除了官家无尽的索取之外,既不能给半岛人带来更多的收益,半岛人也不更多地依靠官家保障自己的人身及财产安全。移民,使得雷州半岛人以同宗、同姓聚居在一起,凝聚力很强;村和村之间通过婚恋形成的结盟,因为特殊气候所造成的不易储蓄产生了随机化的彩礼,普遍偏轻甚至更多表现为象征,致使向心力较强;结拜契兄、契弟及海上共命运、同生死的情谊,"认同年"活动也让同龄男男女女建立了亲戚一样的友谊,号召力较强……这就形成了雷州半岛人重感情、轻财物的生活习俗,相较于内地皇权政治管控较严的区域,亲情、友情、爱情的凝聚力更强。

汤显祖在徐闻寓居近三年②的时间里,处理公务以履行职责,访谈文人以了解民情,贵生书院的创建及其《贵生说》的写作,正是官员职责与民风所获的结果,那么,汤显祖为什么在雷州半岛提出"贵生"之说呢?或者说,雷州半岛以何种样貌触动了汤显祖去提出"贵生"?

雷州半岛以移民为主,自主程度较高,这是触发汤显祖《贵生说》的主要因素。如前文所述,北宋初年,雷州府的土著与移民后裔只剩下 106 户,自此以后的半岛人口主要得益于移民及其生育。移民背井离乡,犯难冒险,远走他乡,无论是战乱、灾害,还是生活所迫,都具备自主

---

① 参看嘉庆版《雷州府志》卷之五《赋役志·户口》,第 9~11 页。
② 刘世杰认为,汤显祖任徐闻典史的时间接近三年,精确地说是两年零十个月。参看《汤显祖被贬徐闻典史时间考略》,《人文岭南》,2014 年第 44 期。

精神,才能躲避、逃避了种种艰险与困苦,生存于完全陌生的环境中。这种自主,包括了自立、自强在内:

雷州半岛人的自强,体现在男人承担了自己的那份人生,出海捕捞,将生命握在手里,和大自然拼人生,和大海的愤怒搏命,这样简单的人生,孕育了半岛男人直率、彪悍、韧性相融合的品性。半岛男人的韧性体现在底线之前的随和上,不出海的日子里,坐在树荫下,三五成群喝茶聊天。直率的是言行,较少玩弄阳奉阴违、口是心非的机巧,多喜欢以暖色衣料展现自我轻快的心境,远远望去,蔚蓝色的大海上,大红、橘红或金黄、孔雀蓝点缀其间,随着波涛起起伏伏。彪悍的是半岛男人敢于面对台风、海潮及鲸鱼、鲨鱼去搏命,也许正是这种生活方式,才使得他们比其他区域的男人更具有美国西部牛仔的风格,不畏强权、无畏艰险,敢于直面人世间的任何不公正。甚至一直到今天,半岛男人的自强,还深深隐藏在基因中,体现在迷一样的庭院布置和村落布局中,坦率地宣示着"我的地盘我做主"。

雷州半岛人的自立,尤其体现在儿童和女人身上。这里的孩子很小就行走在田间、海水中,到了十岁前后,女孩子与母亲进入田间、海边,男孩子就已经帮助父兄耕海,他们大多抱着识字够用的观念,不像北方同龄孩子较多地专注在求学奔功名。女人的自立尤其体现在成婚及婚后,因为自立,所以并不过多追求彩礼,不将生育风险置放于财物寄托上,也不过分担忧被夫家以"七出"名义休弃,有着直颜面对未来一切风险的勇气。事实上,与北方女人的精雕细琢相比较,同样承担家务劳动、生育子女、赡养老人的半岛女人,少了人为挤压的狡猾,少了察言观色的机巧,也少了北方女人藤一样的依赖,甚至在举止神情上,也布满了坦荡荡的轻灵。

雷州半岛人的自主性,表现在现有的宅基地面积上,户户不尽相同。由于不同时期的匪患和战乱,人口锐减,地旷人稀,移民的宅基地几乎是随意占用的,尽管他们的财力有限,但"一正两厢"的雏形还是比较清晰的,这算是占有了历史先在的优势。即使是新中国成立后的大队化、公社化时期,贫困仍然是主要问题,很大程度上掩盖了人口逐渐增多、宅基地扩建的土地纠纷。到了 20 世纪 80 年代后,随着人口的变化,移民晚的要分离出人口,见缝插针盖起房,占"拳力"优势的和历史先在优势的两帮人马对阵起来,各占一理、纠纷不断,村干部调解无效,常常不了了之。

表现在宅院建造方位上,户户从心所欲。如前文所述,移民早的人家请风水师勘测,有的注重人丁兴旺,有的看重财富连绵,有的重视封爵显禄,但风水师测定的方位不可能全部满足这些美好的意愿,传统的"面南背北"住宅观念又受到地理、气候环境的制约,以及浮萍之人历经坎坷之后传统观念淡化等因素的影响,宅院面北背南、面东背西、面西背东甚至毫无方位。随后各个时期人口或观念的变化、行政管理的变迁等,都不足以撼动业已形成的、渗入区域民族性血液的风格。

表现在村落规划布局上,最大化地传承了历史。由于区域民族特性随着移民定居时间而逐渐成形,元朝、明帝国、清朝等政权变化在后,那么,顺应时势加以管控的基层行政部门,如果没有强大的财力和政府意志力支撑,就不足以根本性地改变已有格局——在雷州半岛,自由或自主式的村民住宅布局,以及由此产生的人造巷路继续维持着"迷"的状况。中华人民共和国实行市场经济政策以后,雷州半岛的人富、村富了,但"迷"式的聚居样态没有发生根本性的变化,仍然是最能展现广东省历史特色的地区。虽然现有乡镇、县城、市区的行政级别的升高,与村落、巷路的规整程度呈现正比例关系,但如果要提高土地利用率、提升通行质量,将巷路硬底化,麻烦随之而来,"迷"路导致建造成本过高,各家各户要支付的成本不一,而各村集体经济有限的财力未必能最大化惠及大多数村民,故而屡次动议屡次无奈作罢,使得雷州半岛在民居领域最大化地保持了历史原貌。

雷州半岛人的自主,最典型地表现在"祖宗地""祖宗海"问题上,展现了敢于质疑权威的自主意识。众所周知,新中国成立以后,土地收归全民所有。雷州半岛在民国时期匪患问题之后的耕地占有状况,在人民公社化时期消失了,到了20世纪80年代土地联产承包到户之后,政府的土地划分登记和实际耕种状况有了一些出入,有些民间耕地名义承包人依照法律法规种不到名义承包的土地,往往是被私下调整为民国时期的耕种者后代耕种。虽然人均耕地不算多,但有天然的海洋资源可供利用,还有考学跃出农门、外出经商、外出打工等较好地解决生存问题的出路,才使得"祖宗地""祖宗海"问题虽然一直存在,但维持了民间各自相安无事的局面。直到2012年,徐闻县西连镇金土村35位村民将徐闻县人民政府告到广州海事法院,暴露了民间对现行法律法规关涉"祖宗地""祖宗海"司法解读的质疑。

徐闻县西连镇金土村"祖宗海"纠纷潜藏于1997年,黄氏村民集体商议将"村前海"承包给本族的黄某等人建设虾塘,并收取年租金2 300元,合同期限为12年。2007年2月换了承包人,虾塘新承包人、瑞民海业有限公司的法人代表刘某,以个人名义向徐闻县海洋与渔业局申请办理该海域使用权证。徐闻县海洋与渔业局根据法定程序进行了海籍调查,发布了公示。5月,徐闻县人民政府向刘某颁发7440825011号《海域使用权证书》。证书清清楚楚地记载:海域使用权人为刘某,项目名称为刘某西连镇上好村对虾养殖场,用海类型为海水养殖,用海面积为2.850公顷,批准使用终止日期为2022年4月2日。刘某依照《中华人民共和国海域使用管理法》,每年向徐闻县海洋与渔业局缴纳1 282.5元海域使用金。2008年2月,刘某申请变更海域使用权人为瑞民公司。徐闻县人民政府向瑞民公司颁发7440825011号《海域使用权证书》。刘某因此不再向金土村黄氏村民支付租金,黄氏35位村民愤怒了,于2012年4月26日将徐闻县人民政府告到广州海事法院。[①]

"祖宗海"一词是模仿"祖宗地"的叫法变化出来的。"祖宗"在《说文解字》中的解释分别是:始庙、祖庙。合起来表示对包括始祖在内的先祖的尊称。从民族高度的意义上说,汉族人的始祖是炎黄二帝,有时

---

① 胡后波、杨雅潇:《"祖宗海"也要依法取得使用权 广东一宗海域使用权纠纷案的警示》,《海洋与渔业》2013年 第1期。

候,甚至把全中国人一律称为炎黄子孙。在钓鱼岛、南海其他岛屿的国家主权上,就称它为"祖宗海",这属于广义的"祖宗海"用法,是国家与国家之间领海主权的纠纷。例如南海的黄岩岛,从元朝开始就属于中国的领海,1997—2012年曾被菲律宾使用。全国人大代表、海南省委书记罗保铭说,海南渔民在南海进行捕捞生产的历史有上千年,由口口相传到归纳总结出具有600多年历史的《更路簿》,足以证明南海是海南渔民的"祖宗海"和赖以生存的"生命海",上千年的民事存在是中国维护南海权益的历史自信。① 从具体一家一姓的角度上说,某镇某村王家的曾祖父母、祖父祖母等是王氏的"祖宗",跟另一个乡镇另一个村庄的王氏没有关系,这属于狭义的"祖宗海"用法。20世纪90年代后期,"祖宗海"的纠纷逐渐增多,在徐闻锦和镇、外罗镇等地,曾不断有渔民在浅滩上堆砌石块,插上木棍,将雕刻有祖父母或者父母名字的石碑,用红漆刷得红亮亮的,摆放在石堆最显眼的地方,用来主张石堆左右的海洋是自己的,表示这是祖宗使用过的,后边的人要用,要讲先来后到,"祖宗海"的叫法就这样流行出来。

历史上的沿海居民世世代代靠海谋生,徐闻县1个街道、14个乡镇中,12个乡镇的人们生活在海边二十公里以内,有的是一半靠土地一半靠海洋,海洋对渔民的重要性与土地对农民的重要性是一样的,渔民们把海洋当成自己的命根子。不但徐闻的乡镇所在地、渔民生活的情况是这样,全部的雷州半岛的乡镇所在地、渔民生活情况也都是这样。荣获第五届海南省文学双年奖(2014—2015年)的诗歌《南海,我的祖宗海》,正是沿海渔民靠海生活的心声。

从某种程度看,徐闻县西连镇金土村"祖宗海"问题的公开,似乎基于经济利益驱动,但我国的沿海省份较多,能够以群体意愿将之公众于全国的,却只有雷州半岛区域,这至少体现的是特殊气候、地理环境孕育的区域民族性。按照中华人民共和国法律体系,个人或者一家一户

---

① 罗保铭:《南海是海南渔民的"祖宗海""生命海"》,中新网海南,http://www.hi.chinanews.com/hnnew/2016-03-28/410766.html。

不能对海域和土地享有所有权,也不能作为"祖宗地""祖宗山""祖宗林""祖宗海"所有权的主体。但多起类似纠纷形成的民间的认知,却展现的是自主意识主导下的权益的伸张:国家所有权是一种抽象概念,按照家庭联产承包制度,农民得到的是土地的使用权,但使用权是一种具象概念,它包含了众多的事实行为,抽象不可触摸的所有权难以动摇以经验知识为主的农民群体认知中的所有权,以及对历史传承的理解。制定最早的1954年《中华人民共和国宪法》第六条规定:"矿藏、水流,由法律规定为国有的森林、荒地和其他资源,都属于全民所有。"第八条规定:"国家依照法律保护农民的土地所有权和其他生产资料所有权。"即五四宪法中,个体有资格获得土地所有权和其他生产资料所有权。累世聚居区附近的山、林、海是山民、渔民赖以生活的生产资料,具有一定的先在历史合理性。这个历史合理性,不只是"五四宪法"曾经有过的规定,还有人类传承下来的生存自然法则,如自然物的先占所有权、约定俗成使用权等,与35位村民所主张的"祖宗海"使用权,具有逻辑上的一致性。人类诞生之初,地球上的一切自然物都是无主物,通过先占的方式归属于某一个体或某一部落。国家产生后,对物的归属和支配以法律的形式加以确认和保护,起到定纷止争的作用。先占所有权是通过先占取得排他性的支配权,例如深海中的鱼、遭遗弃的猫狗等。它属于自然权利,法律只是对这一权利加以确认。"祖宗海"的先占使用权并不违反领海的国家所有权,它只是要求遵循古老的自然法则,从法律角度给予同等条件下的优先使用权。

广州海事法庭正视"祖宗海"的历史使用权与现行法律规定使用权之间的矛盾,两次走访徐闻县西连镇金土村,深入了解用海矛盾形成的历史原因后,提出刘某在持海域使用权证期间,每年以每亩50元的租金补偿给金土村,黄某等35位村民撤诉。从而合理地解决了历史遗留问题在现实面前的纠葛,为"祖宗地""祖宗山""祖宗林""祖宗海"等类似纠纷问题提供了判例,使"祖宗海"的民间内涵上升到了学理层面:概指我国沿海渔民对累世聚居区附近的海域,以及渔村附近的近海海域进行自发的排他利用的现象。为国家声索领海及其附属岛屿的主权提供了事实样本、研究样本。

三、贵生命:汤显祖贵生观的萌发

(一)禅宗的"贵生"旨在活出人的神性

禅宗的"贵生"理念与众不同,实践上与佛教汉化的线性历史发展密切相关,主要是政治与经济的产物。如果没有历代皇权的纵容与打击,没有流民的依附与加入,就没有禅宗。从印度佛教传入古中国开始,其发展历史的外在间接原因,是"佛教在西汉末年和东汉初年逐渐传到我国内地,它依附于社会上盛行的黄老神仙方术,得到统治阶级上层部分人的信奉"①,直接原因则是东汉连续的自然灾害。194 年因地震导致的三辅大旱,"是岁谷一斛五十万,豆麦一斛二十万,人相食"。197 年发生蝗灾,汉水泛滥,发生饥荒,江淮一带百姓易子而食。217 年又发生世界历史上也少见的大瘟疫,当时江淮军阀笮融用多设酒饭和复除徭役的办法,招诱群众信佛,致使"远近前后至者五千余人户",浴佛之时"民人来观及就食者且万人",并建造起壮丽辉煌的寺院和佛像。到了西晋时期,"洛阳的寺院已达四十二所……全国各地的寺院总计有一百八十所之多"②。随后,皇权中央专设的"僧司"③或"僧局"的机构,勾画出僧官制度的基本轮廓,旨在通过行政干预寺院、尼姑庵的活动,管理因僧尼数量不断增长所带来的潜在问题,防止僧尼在政治上和经济上给世俗政权带来阻力和动乱。如大约 4 世纪之后的百年间,南朝宋有佛寺1 913处,僧尼 36 000 人;南朝齐有佛寺2 015处,僧尼 32 500 人;南朝梁有佛寺 2 846 处,僧尼 82 700 万人;南朝陈有佛寺1 232处,僧

---

① 任继愈等:《中国佛教史》,中国社会科学出版社,1981 年版,第 105 页。
② 谢重光、白文固:《中国僧官制度史》,青海人民出版社,1990 年版,第 2 页。
③ 杜继文、魏道儒:《中国禅宗通史》,江苏古籍出版社,1993 年版,第 13 页。

尼 32 000 万人①。因此,僧官制度首要的任务是确保这些人数众多的僧尼拥护当时的皇权制度,北魏孝文帝至宣武年间的 12 次农民起义中,僧侣领导的即占 6 次。② 其次将寺院经济遏制在适度范围之内,既遏制其土地的不断扩大可能造成国家财税的流失,也遏制僧尼数量的无度扩张进而导致劳动力流失,还要防止寺院自然发展成自治权过大的、皇权失去控制的力量。但"僧徒日广、佛寺日崇"与"国库枯竭、军费拮据"的矛盾尖锐,"十分天下之财,而佛有七八"(《旧唐书》)。公元 841年,唐武宗李炎禁佛时,废毁大、中寺院 4 600 多所,敕令僧侣还俗 26 万人,没收良田千万顷,放免寺院奴婢 15 万人③,而且不包括为数不少的沙弥、童行。

由此可见,汉传佛教在相当大的程度上破坏了生产力,阻碍了社会的进步。庞大数量的僧尼群体不但免除了兵役、徭役,其衣食住行的消费全部来自他人,而且上不赡养老人、下不养育子代,这种寄生方式消耗社会财富,传播不事生产的消极社会影响,不利于行政管理。寺院、尼姑庵占用的大量农田和房产,以及诸多的佛事活动,都在消耗社会财富。更何况,当时的佛教缺乏严格的管制制度,声誉并不好,僧人喝酒、吃肉、窝藏宵小、赃物,甚至与人通奸、密藏女人供其淫乱。概而言之,寺院同国家争民众、争税收、争土地,有的寺庙如同小国家,和国家争武装,甚至僧尼役使"僧祇户""佛图户",造成众生不平等。特别是佛寺中有总计 15 万奴婢受修行的僧人"役使"一事,与佛教教义背道而驰。因而,"禁佛"成为难以避免的国家行动了,佛教史上"三武一宗"的禁佛运动,分别为公元 444 年北魏太武帝拓跋焘禁佛,公元 574 年北周武帝宇文邕禁佛,公元 955 年后周周世宗柴荣禁佛。"三武一宗"的禁佛活动断断续续了 500 多年。其意义影响深远,打击了寄生式的佛教,遏

---

① 任怀国:《试论魏晋南北朝寺院地主经济》,《烟台师范学院学报》2000 年第 3 期。
② 任怀国:《试论魏晋南北朝寺院地主经济》,《烟台师范学院学报》2000 年第 3 期。
③ 道端良秀:《唐代佛教寺院与经济问题》,李孝本译,大乘文化基金会出版,1980 年,第 55页。

制了寄生生活模式的蔓延,尤其在遏制僧尼的贪欲方面,从侧面推动了教规的变革。814年怀海禅师的《百丈清规》的出现,正是禅宗在禁与传之间找到的生存之道。《百丈清规》要求僧人立誓遵守戒律,不坐高广大床,不触歌舞、不触娼妓,不抹香涂身、不蓄钱财珠宝等,提倡"一日不做,一日不食",改变了僧尼吃伸手饭的寄生传统,将禅事、农事融于一体,让僧人从劳动中领悟禅理。与此同时,促进的佛教教义变革,表现在禅宗淡化对释迦牟尼等佛的崇拜,重视修行者的现实需求,从而将传播宗教神性转向人的神性的发掘。

  按照禅宗的理论,人人具有一颗出世、入世的心,这颗心自身具有两种特性,"真如"心"不生不灭",是绝对的"不动",是永恒的存在,是没有任何分别的"一"。这是人从过去世继承所得的,需要在现在世努力"舍欲""空色",以求得还原人性的本真,并能最大程度地传给未来世。今传的禅宗六祖慧能的菩提偈之一正表达了这个意思:

    菩提本无树,明镜亦非台,

    本来无一物,何处染尘埃。①

  禅宗的心性派更进一步阐发"真如"心,说它没有色相也无所作为,不平凡也不圣明,不分善性和恶性,既无原因也无结果,是"三世"留转的本真心。与"真如"心相对立的"生灭"心,是绝对的"动",是即时产生即时消失的存在,千差万别,其产生、变化与消失没有规律。禅宗北派神秀的心偈表明的即是此意:

    身是菩提树,心如明镜台,

    时时勤拂拭,莫使有尘埃。

  禅宗的心性派认为"生灭"心,是所谓的人"不觉"的部分,它可以是瞬息产生、刹那消失的念头,可以是因故产生却屡败屡战、愚顽不灵的执着之念;"生灭"心又是俗世之心,聚集了凡人或沉湎于物质名利或超凡脱俗勇于追求等共性特点;"生灭"心还是由"不觉"转化"觉"的部

---

① 杜继文、魏道儒:《中国禅宗通史》,江苏古籍出版社,1993年版,第130页。

分,由"本觉"到"不觉"是凡俗之路,由"不觉"到"始觉"、由"究竟觉"到"本觉"①,是得道脱俗之路。对"生灭"心的不同解读与应对,正是禅宗各派修道之法各显所长之地;由人心的"生灭"部分转向"真如"部分,或者将"生灭"部分剥离出去,露出"真如"心,即是"舍欲""空色"的修行过程,认证诸物空相、诸法空相、诸念皆空而获得"菩提"的过程,也是俗世之人修炼出"神性"的过程。

"菩提"是梵文 Bodhi 的音译,意即觉悟、智慧,禅宗用以指人豁然开悟真理、进入超凡脱俗的境界。《大智度论》卷五十三载揭示了五种菩提:

一是发心菩提,指下定决心寻求菩提。对凡人而言即是经过筛选锁定目标。

二是伏心菩提,指消除沿路的烦恼,用六度②修行之法向菩提进发。身在俗世的人按照所定目标的要求控制无关思绪、无关事务的干扰,在实施过程中调用一切能用的资源、运用一切能用的智慧,有根据所定目标的相关情况调整的能力,甘愿为此付出牺牲。

三是明心菩提,指折断一切烦恼,切实修习,彻证离相菩提。身在俗世的人则需要不断明确自我所定目标的确定性、坚定性和执着性,明确自己能够为此舍去一般人观念中的美好与幸福,明确自己准备付出"我不下地狱谁下地狱"的勇气和牺牲。

这三种菩提是佛门之人趋向菩提道中的前三阶段,是禅宗"顿悟成佛"的临界点。惠能说的"一闻言下便悟,顿见真如本性","若识自性,一悟即至佛地",正是表明人的肉体并不能在各种"顿悟"中消失,只是达到了物我两忘的精神层面,在禅定中体验到大脑活动超出肉身这一"欲界"的各种"喜乐",体验到大脑活动超出万事万物这一"色界"说不尽的"胜乐",摆脱了情欲、食欲以及花鸟鱼虫等色相的扰乱,提供了宁静思虑的保障。由此可见,禅宗抓住哲学上的根本问题,致力于主观思

---

① 禅宗的"本觉"指人本来就具有的觉性,不用修炼就具有清净之德,属于"真如"心部分。
② 佛教的"六度"指到达彼岸的六种修行方法:布施、持戒、忍辱、精进、禅定、智慧。

维和客观现实的矛盾如何统一的问题。"顿悟"二字有如下六种含义：一是宏观上的顿悟；二是修心过程中的顿悟；三是诸法皆空又实相的顿悟；四是转变前六识的认识、依相解脱的顿悟；五是"成满"上的顿悟；六是鼓励信心不足的众生的顿悟。从中可以明了，禅宗对主客观矛盾的解决之道是以心代替了物、以主观消弭了客观，"顿悟成佛"正是这种主观唯心主义观点的典型展示。由于"顿悟"具有如上含义及程度性、突发性、唯心性等特点，既解决了芸芸众生祈求福祉实现与否的寄托和信心问题，又使文人阶层视为精神与生活方式而融入了自己的心性，标示了禅宗启迪人的神性的一面。禅宗昭示的俗世之人精神层面由凡入圣的必然性趋势，遂成为了一种民族性的、强大的精神内核。

四是出到菩提，指灭除系缚的烦恼，完全脱离了欲界、色界，进入了无色界。对凡人而言，是对政治、经济、文化、社会等各方面的认识，不但能够排除纷繁复杂的现象的干扰，察觉其中的根源性因果，能够透过表象看到隐藏的本质，而且能跨越专业的羁绊，融会贯通各类知识，将所学用得得心应手、游刃有余。

五是究竟菩提，指进入无须再修学、无所不知的一切智境界，觉悟到一切法的法性与道理，并且能够毫无差错地随着众生的根器而说法。

出到菩提、究竟菩提是成佛后的境界。其中的无上菩提，具有"常乐我净"四德。"常德"指佛性常住不离，具有经历过去世、现在世、未来世而不变和融润于各种法则不变的固定德性。"乐德"指佛乐于远离人世间生死逼迫之苦，乐于寂灭于涅槃佛国。"我德"是指佛身虽在人世间，但没有了凡夫俗子的"妄我"，自由自在，毫无拘束。"净德"指佛远离人世间的垢污而无染。"常乐我净"四德又称涅槃四德，其觉悟为永远不变的觉悟。其中的涅槃，被视作禅宗修习所要达到的最高理想境界，具有较多的特性：息除了烦恼业因，灭掉了生死苦果；达到安乐无为、解脱自在的境界；进入常、恒、安、清凉、不老、不死、无垢、快乐的境界。如果说禅宗"顿悟成佛"启发了古华夏民族神性的方面，那么，顺着心性之学，禅宗教义让民族性的神性走得更深入："涅槃"表现在肉体上

汤显祖的贵生观

即是医学上的死亡,具有没有呼吸、瞳孔散大、脑干反射消失、脑电波平坦等生理现象;世俗世界给予引申、分化,取用了智慧之义,指人的智慧及其成果的水平进入了广博圆融的圣人层面,包括用所积累的渊博知识应对各类现实问题,所做的决策有益于最广大的人群,可谓其现实生命的价值进入了形而上的、令人仰视的境界。

从世界范围的思想发展史角度看,真正超验的、神性意义上的宗教不包括禅宗教义渗透的儒家。在古华夏诸多理念的主体构成中,虽然儒、释、道并提,但处在支配地位的儒家经由禅宗的渗透演变为占主体地位的"儒教",神性意义上的宗教被摒弃了,神性被保留了下来,并被延展到了神秘的程度,如童化时代"玄鸟生商"的神秘,到了清朝仍然演绎为佛古伦吞食朱果诞下爱新觉罗·布库里雍顺生。① 大到皇权合法性所采取的宣示如此,小到为谋生活目的寻求根据依然如此。但无论宗教意义上的还是儒家倾向化的禅宗,对曾经的进士、曾经的官员——汤显祖来说影响都十分深远。明帝国科举制度下的进士汤显祖的知识修养有三块,儒家尤其程朱理学为主体,道家或道教占一部分,佛教尤其禅宗占一部分。明代时的儒家早已不是孔孟式的原旨儒家,也不是汉代董仲舒理论下的儒家,而是融汇了佛、道的理学儒家。甚至可以说,汤显祖为科考所必须修习的程朱理学本身是佛教化的儒家。

心性学是宋明后人对探究人的心理、思维等学说的概称,宋明理学为其中的代表之一。宋代理学是儒家发展到两宋时的产物,以二程、朱熹为代表,或者说朱熹继承了二程的部分理论,完成了理学的系统化、理论化,成为明帝国科举钦定的必考内容。程颢这样界定"天理":"理者,本也,实也";"天者,理也"(《河南程氏遗书》卷十二);"万物皆只是一个天理"(《河南程氏遗书》卷二上)。由此可知,程颢将理或者天理看作唯一实在的最高宇宙本体,否定了天的物质性,天理成为了万事万物的本源,万事万物都出自天理,也是天理的显现。而且人心就是天

---

① 《八旗通志》《清太祖武皇帝实录》《清史稿》等都有记载,具体细节参看《清实录》第一卷,中华书局,1986年版,第22~23页。

理:"心是理,理是心"(《河南程氏遗书》卷十二);"只心便是天"(《河南程氏遗书》卷二上)。人所能做的,是"不必远求,近取诸身"(《河南程氏遗书》卷二上)。灭掉人与生俱来的各种欲望,天理就可以回复到完全自足的状态。程颐继承了哥哥程颢的唯心主义理论:"天、地、人,只一道也"(《河南程氏遗书》卷十八),"理与己一"(《河南程氏遗书》卷十五);"致知在格物,非由外铄我也,我固有之也"(《河南程氏遗书》卷二十五)。程颐与之稍有出入的是,将程颢的主观变为客观,人能做的是对外物"穷理""明理","但于一事上穷尽,其他可以类推"(《河南程氏遗书》卷十五),通过渐修与顿悟的结合,达到对天理的豁然觉悟。所以鲁迅说:"宋儒道貌岸然,而窃取禅师语录。"①

朱熹"得了二程的正传……一直被尊为儒家正统,成为后期各封建王朝的官方哲学,统治中国思想界达600年之久"②,其著述《四书章句集注》既是明代各级各类学校的必读教材,又是科举考试士子的主要立论依据。他的"理"先于天地而存在,是万物存在和产生的本原与根据,"未有天地之先,毕竟也只是理。有此理,便有此天地;若无此理,便亦无天地"(《朱子语类》卷一);这个"理"就是周敦颐的"太极","太极只是天地万物之理","太极者无形,太极者有理也。周子恐人把作一物看,故云无极"(《朱文公文集》卷九十四);"理"不但是第一性的,无形的,而且是实在的,"理也者,形而上之道也,生物之本也"(《朱文公文集》卷五十八);并非佛家的虚空无寂,"若佛家之说都是无,以前也是无,如今眼下也是无。色即是空,空即是色。大而万事万物,细而百骸九窍,一齐都归于无。终日吃饭,却道不曾咬着一粒米;满身着衣,却道不曾挂着一条丝","要之,佛氏偏处只是虚其理。理是实理,他都虚了,故于大本不立也","吾儒心虽虚而理则实,若释氏则一向归空寂去了"(《朱子语类》卷一二六)……他认为,佛教把万物实相、万法实相归结为虚无空寂,连"理"也"把做空虚说了"是偏颇的,"儒者以理为不生不

---

① 鲁迅:《鲁迅全集》第五卷,人民文学出版社,2005年版,第328页。
② 夏甄陶:《中国认识论思想史稿》下卷,中国人民大学出版社,1996年版,第107页。

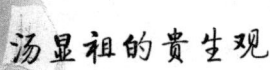

汤显祖的贵生观

灭"(《朱子语类》卷一二六),"且如万一山河大地都陷了,毕竟理却只在这里"(《朱子语类》卷一)。日本学者甚至评价说:"朱熹之学如神秀之禅,陆氏之学则如慧能之禅,顿悟心源。"①

由以上简述可见,宋明理学着重透过人的生理、心理现象,深入探究人的本质、本性,甚至将心性论上升到了宇宙本体的高度。宋明理学所重视的内在超越和主体思维,与禅宗的主旨殊途同归。二者围绕着心性修养,用不同的语言方式表述相同的认识,相同的是心,是本心。人心成为了儒、佛、道理想的共同依据。程朱理学的"穷理""明理",围绕"理"字,主观唯心论也罢,客观唯心论也好,都注重人的认识、重视言行修养。禅宗的"不昧本心"与"顿悟""渐悟",也重点在于人的觉悟,甚至阐扬佛教与儒、道合流的精神境界论。正因为如此,明代著名佛教学者真可说:"学儒而能得孔氏之心,学佛而能得释氏之心,学老而能得老氏之心……且儒也、释也、老也,皆名焉而也,非实也。实也者,心也。心也者,所以能儒能佛能老者也……知此乃可与言三家一道也。而有不同者,名也,非心也。"②把佛教与儒、道归结为本心的同一,从根本上调和了三者,消除了实质性差异。在此意义上说,汤显祖为科考所必须修习的程朱理学,本身是佛教化的儒家,使得汤显祖学养中的佛教知识增多,潜移默化地影响着他的人生。而且,佛教对汤显祖职业生涯、戏剧创作生涯的启迪,不仅仅表现在科考路上必修的佛教化程朱理学,更是表现在通过他与达观禅师交往所获得的禅宗启迪。

汤显祖与禅宗的关系以及对教义的理解,足以佐证的主要表现在他与达观禅师的交往。达观俗姓沈,生于1543年,卒于1603年,南直隶苏州人,后改名为真可,晚年号紫柏,后世敬称为紫柏尊者,明代四大高僧之一。达观兼修各宗各派之学,在宏观上主张儒、道、佛一致,不执守佛教的一宗一派,融会性、相、宗义,贯通宗、教。例如,他提出:不杀曰仁,不盗曰义,不淫曰礼,不妄曰信,不酒曰智。实际上将佛教的五戒与

---

① (日)忽滑谷快天:《中国禅学思想史》,朱谦之译,上海古籍出版社,2002年版,第654页。
② (明)真可:《紫柏尊者全集》卷9,钱塘许灵虚重刊本,1878年版,第31页。

儒家的五常相融合,他的文集《茹退集》正是儒、释、道融合的结晶。达观尤其重视禅宗,提出禅净双修、禅教一致的口号,并以振兴曹溪法运为己任。达观年长汤显祖七岁,注意到汤显祖时,正是汤显祖二十一岁(1570年)秋试高中第八名举人后,在南昌云峰寺墙壁上所题的两首诗:

搔头向东林,遗簪跃复沉。
虽为头上物,终是水云心。

桥影下西夕,遗簪秋水中。
或是投簪处,因缘莲叶东。

这两首诗起因于汤显祖拜谢主考官出来,路过南昌西山云峰寺,当时夜幕已垂,月朗星稀,汤显祖愉悦地观景之际,头上的一枝玉簪不慎掉落在云峰寺的莲池中。达观禅师读了那两首诗以后,据此断定汤显祖"受性高明,嗜欲浅而天机深,真求道利器"[①]。那么,达观禅师何以认定汤显祖具有"受性高明"的禅心呢?

若将两首诗互为映照,如果说第一首诗展现的是禅宗语境下的觉悟,那么,第二首诗则补充了第一首诗,尤其是"因缘莲叶东"补足了"终是水云心",让达观能够将两首诗解读为禅境:因缘虽然不是佛教的专门术语,但佛教常常用"因缘果报"强调事物生起的主要、次要条件;"莲"更是佛教常用的词语,以莲花的"出淤泥而不染"比喻佛教教义及物事的超凡脱俗,如称佛座为"莲花座"或"莲台",称庙宇为"莲刹",称佛国为"莲花国",称僧尼的受戒为"莲花戒",称袈裟为"莲花衣"……又如佛寺中,佛祖释迦牟尼、阿弥陀佛和大慈大悲观世音菩萨都端坐在莲花宝座之上,菩萨们有的手执莲花,有的脚踏莲花,或做莲花手势,或向人间抛撒莲花……

从现代汉语角度去看,拟人、拟物是常见的修辞用法,汤显祖的"终

[①] (明)真可:《紫柏尊者全集》卷二十三,钱塘许灵虚重刊本,1878年版,第609页。

汤显祖的贵生观

是水云心",用的不但是拟人手法,而且采用了双层定语修饰,"水""云"在此句中已经不是名词,而是活用为形容词,修饰核心词"心"的易脆、易动,乃属全诗的画龙点睛之笔。就受众而言,四句五言二十字,展示的是一个掉落发簪的人站立于池边的动态场景。这个场景,用文学语言来说,即是诗作营造了头簪跳跃着沉入水中,景中不见人,人却跃然在场,且心情跃动不静的意境。这个场景所营造的意境是如何实现的呢?是演绎、归纳两种逻辑方法所启发出来的联想:由"搔头"逻辑推理出挠发的动作,由此联想到人,属于第一次演绎;"复沉"能够让人联想到的是掉簪人的惊讶或焦急,在逻辑上则是古代玉簪用于束发,一旦失落,披头散发不美观,不符合社会习俗,属于第二次演绎;"终是水云心"属于归纳,逻辑上是掉簪人最后不便或不能入水找寻发簪的无奈,此处的联想是汤显祖的"心"如水如云,至于读者的联想,则因人而异,见仁见智了,如达观禅师的联想,是汤显祖具有接受禅宗教义的智慧。

就体现禅理而言,第一首诗没有汤显祖描述自己的句子,文字表现及当时的现实场景都脱离了主观意识,表明在那一刻,汤显祖看空了他自身,是第一层的空色;玉簪本是可视、有形的实物,但在汤显祖的眼中,它却是情绪的载体,它从高处落下,弹跳着沉入水中,荡漾起一圈圈的涟漪,实实在在是一位中试举子心态的映射,可谓玉簪非玉簪,这是第二层的空色;玉簪落入水中那一刻所展示的韵味是不可捕捉的,像水一样流变不拘,像云一样飘忽不定,正像水、云一样流变的汤显祖之心,即玉簪又是被赋予了人化的灵性的玉簪。现实情境上是,掉入水中的头饰,既不是完全物化的玉簪,又不是此前在汤显祖发上的玉簪,而是带着汤显祖胀满了诸多纷杂思绪的玉簪,这既是一次着色,又是一次非非色的着色,属于建构在人脑中的、情绪化的物体组合状况,可谓形而上之色,展示的是"此物即心、此心即物"的禅意,是进入禅境的着色。换言之,汤显祖描述玉簪落水的过程,在达观禅师看来,是汤显祖借之展示了他的初悟境界,明了人心本性空,能在现象世界即染而离染,这种境界,即便是现代众生,也是需要储备了渊博的知识才能达成的境界的,对生活在明代信息流通不畅的汤显祖而言,弱冠年纪便如此聪慧,令达观禅师不由自主地激发了欣赏之情、爱才之心、知音之慕,这正是达观禅师与汤显祖书信往来、千里相会的动力。一些专家学者认为,达观禅师后来与汤显祖的交往包含了爱其才欲收其为弟子的目的在内。笔者以为,不排除达观禅师曾有此想法,但达观禅师的境界应是要比度汤显祖出家更高一些。

明代知识分子的读物绝大多数是官方出版物,少数是知识分子自己掏银子刻板发行的,而明代的交通,除了军机和政要信息的传递最多能和现在的绿皮火车速度媲美,其他交通及其工具所连接的跨区域交往,非常不便,受此限制,书籍的流传范围有限,人才和人才之间必须借助的口耳相传的交流也非常有限,加之教师所授知识多为科举准备,即使不是为科举,闭关锁国所造成的文化交流稀缺,也使得知识的传播超脱不出儒、释、道的文史类知识的范围,致使儒生的知识视野比较窄、思维效能低下。古代读书的男孩中,受文盲父母经验知识的限制,抽象知识的开发极为有限,子代的先天智高应是低于现代儿童,至多与现代持平,这与古代较为封闭的信息圈子、男孩接受的外界信息刺激较少等一道,影响了男孩的抽象思维的开发,使得一些人通过社学、达到县学已是十分痛苦,一些人努力奔上秀才乃至举人已是极限,再无智力继续上进,难以实现知识的通达。明代文史类知识不但属于典型的脱离现实生活较多的抽象知识,而且属于跳跃性大、或然性高、逻辑线索稀少类型的抽象知识,教化出来的儒生人云亦云者多,圆融者少,圆融、通达而又能独立创新的儒生更少……这三种情况致使人才的产出数量有限、才能有限,但二十一岁的汤显祖显然属于能够达到通达、圆融那一境界的稀有型人才,这是达观禅师对汤显祖的欣赏之情,结交是主要目的。因为,单靠两首诗去判断汤显祖完全具备了觉悟人心本就一丝不挂、一尘不染的素养,证据太少,至少在现代人看来,壁上题诗,有可能是"江郎才尽"之前的一显,也存在几个儒生一人一句拼接而成的可能……达

汤显祖的贵生观

观禅师需要进一步观察汤显祖,这是实情。说达观禅师没见着汤显祖本人,因两首诗就存了度化汤显祖出家的想法,这个判断有偏颇之嫌。

达观禅师与汤显祖都属于知识渊博之人,两人对当时的儒、释、道理论都了然于胸,不同之处在于,达观禅师的知识以佛教为主,汤显祖的知识侧重于儒家。从禅宗、儒家发展到了明代的角度而言,两个领域的专业人士都有借鉴的必要,至少达观禅师的行动表明,书信往来不足以表达心中所想,古文言文也束缚了所思所想的表达,只有聚会才能畅所欲言,这是达观禅师千里迢迢去浙江遂昌、前往江西临川的动力之源,属于知音之慕,不纯然是想度化汤显祖出家而交往。因为度人出家意味着至少不能孝敬父母,违背回馈养育之恩的社会公理,更违背了佛家普度众生的理念,这显然是幼时已孑然一身的达观禅师断然不能、不屑做的。也许是达观禅师判断汤显祖"受性高明,嗜欲浅而天机深,真求道利器"的说法,徐朔方说汤显祖三十岁时曾在南京清凉寺登坛讲法[①],以及他的其他诗作,给后人留下了较深的印象。

事实上,达观禅师与汤显祖知音式的交往共计四次。1590年冬天(万历十八年),汤显祖和达观在南京刑部员外郎邹元标的寓所会见,这是二人的首次见面,应是相谈甚欢,汤显祖在此次会面中受记[②],皈依佛门,法名"寸虚",后来汤显祖还曾冒风雨赴栖霞山拜见达观。在此,学者们多认为,达观禅师与汤显祖的交往旨在度其出家。笔者认为,达观禅师有此主观愿望,但由于两人知音式的交流存在分歧,这个分歧,不只是禅宗的出世与儒家入世迥然不同的分歧,更多的是达观禅师与汤显祖个体对生命的价值实践方式的分歧。之后,汤显祖因《论辅臣科臣疏》被贬徐闻。事实逻辑是,汤显祖由礼部祠祭司主事这一务虚型职位,进入了徐闻典史这一务实型职务,远离庙堂高大上的政治事务,思维发生细微的转变,关注的不再是行政管理本身,而是官员自身的生命

---

① (明)汤显祖:《汤显祖诗文集·前言》,徐朔方笺校,上海古籍出版社,1982年版,第4页。
② 佛教用语。是来生因果及将来成佛的预先记录。摩顶受记、受记成佛等表示皈依佛门的一种仪式。

价值的绽放。或者说,徐闻独特的民风民俗启迪了汤显祖,创办贵生书院固然内藏了多重因素,但《贵生说》所论述的官员德位匹配状况及其解决之道,则表明他职业的目光不着力于注视中上层行政,转向了广大老百姓,"为天地大生广生"便是转向的行政宣言。这种转向,有无禅宗的启迪,虽然没有突出或鲜明的证据显示,但文中"天下之生皆当贵重"的生命观,脱离了儒家三纲五常的生命等级观,不能不说与禅宗教义的善待众生是有关联的。到了1597年(万历二十五年),达观禅师第三次会晤汤显祖时,达观禅师从杭州出发,不得不经龙游到浙江西南,去遂昌拜访任职县令的汤显祖,在游览了遂昌县城北唐山寺赋诗后,返程路过赤津岭时,赋诗《还度赤津岭怀汤义仍》:

步入千峰去复来,唐山古道足苍苔。
红鱼早晚迟龙藏,须信汤休愿不灰。①

对于后两句的解读,有学者认为是达观禅师将汤显祖比作唐末五代著名画僧贯休,旨在度其出家。但是,即使将"休"解读为贯休,此处的"愿"也未必指出家之愿,解读为达观禅师希望汤显祖像贯休一样在所喜爱的领域精进,也是可以的;"红鱼早晚迟龙藏","鱼""龙"对比暗喻的是一种质变,"红"与"藏"暗示两种生活方式,解读为达观禅师希望汤显祖改变生活方式,也是可以的。后两句合起来至少表明,达观禅师认为,职业生活浪费了汤显祖的才华,如果汤显祖改变生活方式,追求自己的所爱,生命将更能绽放价值。

有些汤显祖研究者或者遵循前辈式学者的观点,或者对佛教乃至禅宗的解读存在仁者、智者之见,将达观禅师与汤显祖的交往、交流局限在出家与否的自以为核心的范围内。② 与之形成反向的是,达观禅师至少有两个主要观点值得今人深思。一是在禅心与文字的关系上,达观禅师持文字是理解禅宗教义的"春之花"的观点,认为文字"即春之

---

① (明)真可:《紫柏尊者全集》卷二十三,钱塘许灵虚重刊本,1878年版,第722页。
② 参看周世泉《汤显祖的禅宗情结》,《抚州社会科学》2006年第3期;朱旭明《汤显祖和达观禅师》,《汤显祖研究通讯》2010年第1期。

花,或者必欲弃花觅春,非愚即狂也"①,"凡佛弟子,不通文字般若,即不得观照般若……今天下学佛者,必欲排去文字,一超直入如来地,志则高矣,吾恐画饼不能充饥也。且文字佛语也,观照佛心也,由佛语而达佛心,此从凡而至圣者也"②。肯定了文字比语言更有助于领悟禅宗教义,笔者解读他的潜在之意是,文字促进了思维方式的转变,使人脑由言语的直观式转向文字的逻辑式,以言语为主的经验性领悟教义与以文字为主的抽象性领悟教义,存在的是入门与提高的不同,是凡人境界与圣者境界的差距。世界思想发展史也印证了达观禅师的上述核心观点,人的进化倾向是由体力到脑力的不断发达,是由脑力的具象提升到抽象、感性上升到理性,由思维的一维到三维,乃至现代物理学的玄理论所讲的 11 维或 26 维。所以,达观禅师与汤显祖的关系不只是禅师与俗家弟子的关系,更是文字的内涵与外延、文字所指界域的探究者的关系。二是在儒、释、道三者的关系上,达观禅师持门派相通的观点,"我得仲尼之心而窥六经,得伯阳之心而达二篇,得佛心而始了自心。虽然,佛不得我心不能说法,伯阳不得我心二篇奚作,仲尼不得我心则不能集大成也。且道末后一句如何播弄:自古群龙无首去,门墙虽异本相同"③。笔者的解读是,儒、释、道三家同属系统化、理论化的学说,宏观上都是主观的,聚焦于人脑,中观上存在客观内容的多与寡、主与辅的不同,微观上采用了不同的语言表述方式,表达了追求幸福的不同途径,其目的都致力于众生层面的福祉。达观禅师的《五常偈》正是儒家"五常"的佛教化,表达了儒、释同理不同语式的观点:

南无"仁"慈佛。爱人如己,此心常不昧,如来即出世。
南无"义"气佛。爱人必得所,临事不苟且,立地成正觉。
南无"礼"节佛。事事要明白,长幼序不乱,世尊即是你。

---

① (明)真可:《紫柏尊者全集》卷一,钱塘许灵虚重刊本,1878 年版,第 322 页。
② (明)真可:《紫柏尊者全集》卷一,钱塘许灵虚重刊本,1878 年版,第 323 页。
③ (明)真可:《紫柏尊者别集》,钱谦益纂阅,佛教网 http://www.ebaifo.com/fojiao-13860.html。

南无"智"慧佛。变通无滞碍,扶正不扶邪,化苦而为福。

南无"信"心佛。真实夫所改,一念与万年,始终常若一。

如是五如来,人人本自有,善用佛放光,不善佛灭度。①

所以,笔者认为,达观禅师与汤显祖的关系不仅仅是禅师与儒者不同理论派别身份的关系,更是不同理论派别相互借鉴、各自深度发展的研究者的关系。正如他在《答王相如》中所说,"秀才念佛,如秦皇海上求仙,是英雄末后偶兴耳"②,表明了他对禅宗的理解。由此表明,尽管汤显祖写作禅诗、结交禅师,拜禅师为师、与诸禅师研讨禅理,展现了他与禅宗的深厚情缘,更多的是理念上的矛盾与冲突,而不完全是达观禅师要度汤显祖出家、汤显祖出家与否。即使在生存处境艰难时,汤显祖曾涌现出刹那的境界之困:"达公去处何时去,若老归时何处归?等是江西西上路,总无情泪湿天衣。"③但这更多的是一个思想家的困惑,是一个思想者面对客观问题不能主观上去圆融的苦恼。究竟是禅宗启发了他对肉体凡胎的神性的执着,还是儒家在政治和社会中展示现实生命价值的理念主导了他的人生,后人看到的,是汤显祖选择了俗世,在现实场境中不改积极进取的儒者之风。

(二)汤显祖"贵生观"的儒家之柱

1398 年朱元璋驾崩,孙子朱允炆继位,信用黄子澄、齐泰和方孝孺,开始强皇权、削藩权,但三位大儒缺乏实践意识、从事公共事务的经验以及战时的领导才能,④导致 1402 年 6 月,建文帝被叔叔朱棣以"清君侧,靖内难"名义夺了皇权,史称"靖难之役"。1415 年,经过 9 个月的努力,翰林修撰胡广等奉敕撰的《五经大全》(154 卷)、《四书大全》(36

---

① (明)真可:《紫柏尊者全集》卷二十,钱塘许灵虚重刊本,1878 年版,第 505~506 页。
② (明)汤显祖:《汤显祖诗文集》,徐朔方笺校,上海古籍出版社,1982 年版,第 1436 页。
③ (明)汤显祖:《汤显祖诗文集》,徐朔方笺校,上海古籍出版社,1982 年版,第 531 页。
④ (清)陈鹤:《明纪》,世界书局 1935 年(民国二十四年)出版,缩印本第 53 卷 6,第 15 页。

汤显祖的贵生观

卷)、《性理大全》(70卷)完成,共计260卷,"上溯唐、虞、夏、商、周、孔,下及关、闽、镰、洛"①,既为当时的社会寻找到了统一的思想准则,又使朱熹之学纳入官学的轨道,成为科举考试的标准答案,标志着程朱理学②正统地位的树立,成为后世儒生观念的主流和参加科举的必修,程朱理学也被称之为理学儒家。

汤显祖参加科举的晚明③时期,国家的主体价值观仍然是理学儒家,其基本理念有三个:

一是认为理或天理是自然万物和人类社会的根本法则,理无所不在,不生不灭,至善至美,是万物形成之前的一个总规律,是化生万物的根本;气,是形成万物的具体材料,是化生万物的工具。所以,世界上的万物都是由"理"与"气"结合而成的,人与物的降生或出现,必然禀受了这一"理",然后才有各自的属性;必然禀受了这一"气",然后才有各自的形状。换言之,形而上的"理"与形而下的"气"相结合产生万物(包括人在内)。

二是天即人、人即天④,天人一体两分。物、人各自之理都源于天理,所以天就是人,人也就是天,自然的天不比人大,人也不比天小。但人只是天下万物中的一种。从源头上来说,天与人绝不能分离。当人类步入社会之后,人更具有其他动物所没有的自然属性和社会属性的双重性。这是人之本质属性所在,也是人之优越性所在。如果脱离了人的双重性,就无法去论"人"了,也就无法去正确处理人与天的关系。

三是存天理、灭人欲。程朱理学所探索的宇宙观、所探究的人与自然的关系的目的,是为了归纳出皇权行政管理理论的。朱熹认为,"道

---

① (清)张廷玉等撰:《明史》卷一百四十七《解缙传》。
② 程朱理学是一个集合性概念,是包含了程门弟子、朱熹门人及后学理学家在内的思想学说。因此,说三部《大全》确立了朱熹学说的统治地位,实际上是确立了程朱理学的地位。
③ "晚明"是一个模糊概念,并不确指。有的学者选取张居正病亡的1582年为起点,有的取张居正病亡五年后的1587年为起点,有的则以万历元年为起点。这是因为学界公认,万历时期正是大明帝国进入衰败的转折时期。
④ 原文:"天即人,人即天。人之始生,得于天也。既生此人,则天又在人矣。""天人本只一理,若理会得此意,则天何尝大,人何尝小。"

心"出于天理或性命之正，人本来便禀受了仁义礼智之心，降临世间后发展为恻隐、羞恶、是非、辞让等言行之根。在"道心"与"人心"的两类关系上，"道心"需要通过"人心"来安顿，"人心"必须听命于"道心"，这是适用于芸芸众生的。而适用于圣贤王道的"道心"与"人心"，是以道心为主、人心为辅的，由于常人之心有且多私欲，所以危殆，圣贤的道心占比高于人心，道心是天理，所以精微。因此，朱熹的天理构成人的本质，是为得出芸芸众生只有"克尽人欲"，才能"复尽天理"的目的的，从理论上加强了对百姓的观念的控制，进一步强化了"三纲五常"的伦理秩序作用，具体实施路径，根本性的一条是通过钦定理学儒家为官方教科书，培养了一支以理学儒家知识为行政指导的管理队伍，以及无数奉理学观念为圭臬的文人。

在"存天理、灭人欲"极端理念指导的行政制度下、荒诞被视为正常的事实中，以违背自然之道或致男女残疾为例，一个是明帝国历时276年间打折脚骨裹成三寸金莲的残疾女遍布全国，这是生理致残；精神上致残的是，登记在册的贞洁烈女高达27 141人[①]。另一个是明帝国的太监数量创世界史之最，"到明末，内监至十万人"（余金《熙朝新语》卷四）。

汤显祖从1550年出生起，就沁润在家庭里的"三纲"和社会的"五常"之下，求学道路上的理学儒家又是必修的知识。1583年，终于在数次的失败之后，汤显祖以第三甲第210名赐"同进士"出身，才得以进入有望成为职业政治家的门内，到了这一时期，儒家理念已经深入他的思想、生活之中。作为政治领域的后入者，大明帝国的各类制度、机制已经存在了二百余年。从积极的一面去看，成熟的制度规范着后入者，并要求后入者在熟悉成文法则的前提下有所作为。从消极的一面去看，以理学儒家理论为唯一做官、做人原则基础的文官制度，自身有着难以克服的体制缺陷，局限着文官们的为政作为，使得汤显祖作为帝国进入

---

① 董家遵：《历代节烈妇女的统计》，载鲍家麟编《中国妇女史论集续集》，台北稻乡出版社，1988年版，第112页。

汤显祖的贵生观

积重难返时期文官的一员,从职业的角度受到儒家的规制,已经同大多数同僚一样,面临多种阻碍,极难有所作为。因此,从人生修养的轨迹上看,家庭小环境中因亲人们喜好而受到的道家知识的熏陶,不足以扩大在儒生的汤显祖身上的影响。1590年后汤显祖四十岁时结识达观禅师,禅理、禅意及禅境,也难以撼动植入汤显祖毛细血管里的儒家修养。而禅宗启迪人的神性的部分,巩固了并加深了汤显祖的儒家修养,使他的"贵生观"建立在儒家基础之上。

其理论性文章之一的《贵生说》,展示了他学养中的儒家之柱。在明帝国,知识传播的途径有两种:一种是在学校启蒙、学习通识后,拜师学习应试知识及其技巧。学习这一类知识,主要用于开启智慧,一般只要明了知识的派别,不做考据学意义上的寻求明确的出处。汤显祖的老师罗汝芳曾向自己的学生胡宗正学道教的炼烧,"师僧玄觉谈因果,单传直指"①,其心得沁润于无形,汤显祖说"弟一生疏脱,然幼得于明德师"②(明德即罗汝芳),表明他师承有道家、佛家知识。即使没有证据表明"贵生"一词是他摘自《道德经》,但罗汝芳学识渊博,讲学中容训诂、考据知识于一体,使汤显祖得以找出原文研读,《道德经》又是道家、道教的必读经典,所以,从家传、师承两条途径上看,逻辑上可推知汤显祖研读过《道德经》,"贵生"一词是借鉴来的。知识传播的另一种途径是学人自己阅读出版物,知道学派、知道经文出处,尤其是典籍类,是不能张冠李戴的,否则会被认为是治学不严谨,《贵生说》全文505字,其中引用的儒家名典多达20%,正是确凿的、可量化的佐证。③

"贵生"原创学派的道家多谈的是生命价值,杂家《吕氏春秋》谈论养生式的"贵生"后,继承其衣钵的道教更多地着力于养生。在儒家,生命价值宏观上表现为内圣外王,具体则表现在两个问题上,人在各类环

---

① 黄宗羲:《明儒学案》卷34,中华书局,1985年版,第763页。
② (明)汤显祖:《汤显祖诗文集·答邹宾川》,徐朔方笺校,上海古籍出版社,1982年版,第1352页。
③ 参看本书《贵生说》的文本分析部分。

境下的优劣比较及选择,答案一般是顺应时事;人通过自身努力达到一定境界,答案是或利或名。所以,儒家谈"贵生"着力的是广义,不谈"贵生"字眼。而汤显祖作为明代进士,应是明了儒、道派别的特征的。《贵生说》及贵生书院的建造,是从儒家的广义角度用心的,尤其文中用笔多在行政管理领域,完全超出了道家的洒脱,具有儒家虚拟化价值的意义。

虚拟化的生命价值是价值哲学的一部分,指的是思想或者理念带给人们更多的收益,着力于宏观的精神领域,属于一种无法量化的价值,但人们又不断通过各种方式去量化,如演艺人士的出台费、作家的一部长篇小说的稿费与版税等,又如"或重于泰山,或轻于鸿毛"(汉·司马迁《报任安书》),正是对生命价值的一种虚拟化描述。与虚拟化的生命价值相对应的物化的生命价值,多存在于微观领域,通常指的是可以通过货币或者财物去衡量的生命价值,俗称人命价,简称命价。1734 年清朝户部和刑部奏请皇帝批准,颁布了不同身份的人赎买死罪的价格:三品以上官,银 12 000 两;四品官,银 5 000 两;五六品官,4 000 两;七品以下、进士、举人,2 500 两;贡生、监生,2 000 两;平人1 200 两。[①] 现代人一般称命价为死亡补偿费。

有人说,汤显祖觉察到雷州半岛人朴野,所以要创建书院进行儒学教化,意即贵生书院的价值在于虚拟化的生命价值,启迪人的灵魂、开拓精神境界。但没有书证表明,汤显祖游历过的明代其他地区的人们不朴野,也没有书证表明,汤显祖不喜半岛人尤其古徐闻人的自主,却喜欢半岛以北人们的更柔顺。就古代行政职能而言,注重辖区民众的教化一直是各级长官的职责之一,不同之处在于文官们的管理手段。有的文官重视社学教学质量,有的致力于义学的资源聚拢,有的喜欢亲自登台宣讲,如汤显祖的老师罗如芳。因此,雷州半岛民风的朴野与否,并非汤显祖创办贵生书院的必要条件。

---

① 吴思:《血酬定律—中国历史中的生存游戏》,中国工人出版社,2003 年版,第 15～18 页。

汤显祖的贵生观

　　就学校教育存在的必要性而言,笼统地说,自从学校教育被创建之日起,探索人类认识自身、认识自然、认识社会等问题的工具与途径,增强人类改造自然的能力以丰富人生乃至提升生活质量、提高生命价值,正是学校教育得以存在并发展的核心职能。而贵生书院的功用,广义上与其他所有民族、区域的学校教育的功用是一样的。或者,古雷州半岛人的自主,让生命绽放了不一样的光彩,深深地触动了身为文人的汤显祖,让他找到了在南京官场上没有的认识,让他意识到同一个人的生命价值,在不同阶段也能绽放异彩,从而激发了他"为天地大生广生"的豪气,着手创建贵生书院,并将自己的感悟通过儒家风格的《贵生说》表达出来:行政中三种德位匹配的情形中,人的德行更重要,教化出高品德的行政官员,既为当时的官场带去一缕清风,也让不同层次的人受益。百姓要"知生"然后"自贵";学道者要"知生""自贵",逐渐习得"天下之生皆当贵重";教化者要"知生""自贵",以众生皆贵心态引导众生遵行仁爱这一"世法";为政者更要"自贵"不"自臭",以"天下之生皆当贵重"为执政理念,行仁孝,"为天地大生广生"。《贵生说》的价值即在于此,中观层面上汤显祖想在贵生书院内实现的目标也在于此。

第四章 "汤显祖贵生观"的内容

一、《贵生说》的文本解析

(一)《贵生说》题解及其文题不符

"贵生书院说"这一题目是当前汤显祖研究通行采用的文题,但细读之下将发现,此文题与文章内容存在诸多逻辑矛盾。

首先,汤显祖本人在文末说:"故书《贵生说》以谢之",这是读者能直接目睹的论据,何以文题没有直接采用呢?

汤显祖的作品经过了多次编刊,由于刊出并非本人或子孙操作,疏漏在所难免,如沈际飞曾是《玉茗堂选集》的编者;受不同编刊者的不同编刊主题的影响,错讹也在所难免,如韩敬曾是《玉茗堂全集》的编刊者①;经过400年的流传,后人已经难以考证到汤显祖某些原作的原貌了,这是发生同一篇文章采用了不同题目的主要原因。

在《汤显祖诗文集》中,《贵生说》被收编在第三十七卷"玉茗堂文之十——说"部分,文后徐朔方的"笺"说:"作于万历二十年(1592年)壬辰春。时谪官徐闻典史,建贵生书院成。四十三岁。据《刘大司成集》卷十四《与汤若士》,后文《明复说》同时作。"这一段文字表明《贵生说》的写作时间参考了《刘大司成集》的笺注,那题目是否是"贵生书院

---

① "韩敬在汤显祖去世后五年,编刊了《玉茗堂全集》。编辑并不认真负责,差错很多,可说辜负了汤显祖对他的期许。"参看徐朔方《汤显祖评传》,南京大学出版社,1993年版,第205页。

说"呢?"东林党的另一领袖人物高攀龙在《答汤海若》信中说:'及观赐稿《贵生》《明复》诸说……'"①至少表明,《刘大司成集》存在按《贵生说》收录的可能。那么,是否徐朔方在收录时,基于该文的用途及写作时间,考虑到《刘大司成集》的编刊者为了与同时收录的《明复说》保持主题的一致②,可能去掉了"书院"二字,于是在笺校中给予添加了,将《贵生说》变成"贵生书院说"?

其次,今人以汤显祖《与汪云阳》诗作为证据,将"其地人轻生,不知礼义"归类为贵生书院的建造动机,完全忽略了《与汪云阳》文中展示的其他信息。

《与汪云阳》全文是:"弟为雷州徐闻尉,制府司道诸公,计为一室以居弟,则贵生书院也。其地人轻生,不知礼义,弟故以贵生名之。兑阳兄为记,已立石,昨新志不录其文,弟思兑阳兄有道气,其文非偶然者。仁兄宜一补刻之,亦佳惠后学意也。"③汤显祖给上级、当时的广东巡按汪云阳写信的目的,是请求汪云阳将刘应秋④所作的《徐闻县贵生书院记》录入《广东通志》。汤显祖从贵生书院的创办目的、存在价值两个角度说服汪云阳,"其地人轻生,不知礼义,弟故以贵生名之"属于行政面上创办贵生书院的目的,但是,语言表述的内容与当时的徐闻实际状况未必相一致——凡是有行政经验的人都知道,如果没有引起上级领导的重视与支持,自己的行政举措存在政治定位当与不当、有无资金和人才的支撑等困难,因而在具体的行政中,务必挖掘出某举措的政治意义来,以彰显高、大、上。

---

① 参看徐朔方《汤显祖评传》,南京大学出版社,1993年版,第203页。
② 原文:"东林党的另一领袖人物高攀龙在《答汤海若》信中说:'及观赐稿《贵生》《明复》诸说,又惊往者徒以文匠视门下,而不知其邃于理如是。'"参看徐朔方《汤显祖评传》,南京大学出版社,1993年版,第203页。
③ 全文出自《汤显祖诗文集》卷48,徐朔方笺校,上海古籍出版社,1982年版,第1407页。
④ 刘应秋是汤显祖的亲家,兑阳是别号,以示亲近。正因为这一层关系,《徐闻县贵生书院记》热情洋溢地夸赞汤显祖:"徐闻之人士,知海以内有义仍才名久。至,则蹑衣冠而请谒者,趾相错也……乃又知义仍所繇重海内,不独以才,于是学宫诸弟子争先北面承学焉。义仍为之抉理谭修,开发款启,日津津不厌。"

汤显祖捐俸创办贵生书院,的确是劳心劳力,但对于已有社学、县学且位处边疆、人口并不庞大的(明代)徐闻而言,创建高等教育性质的贵生书院,存在师资支持力薄弱、办学资金后援不继等困难。最重要的是,徐闻是个三面环海的"死胡同",除了雷州、遂溪等地,再无生源供应地……所以,上级不重视也在情理之中。对于想要改变被贬状况的汤显祖而言,广东省这一级领导尚且轻看,如何能改变寓居徐闻的现状?更不用说远在北京的朝臣与皇帝了。基于这样的宏观考量和具体的"新志不录其文",汤显祖无奈之下,不得不将创办贵生书院的举动上升到了政治教化的高度。或者说,只有采用"其地人轻生,不知礼义"这样的说法,才能突出贵生书院的创建价值、凸显创建者的政治素养,令人印象深刻,使汪云阳不是出于私人关系,而是基于行政伦理、社会公义,将刘应秋的文字录入仅次于国史的省志中。实际上,在给汪云阳写信之前,汤显祖已经将创办贵生书院一事录入了《雷州府志》。①

今人囿于各种因素的局限,尤其是没有行政经验的人们,放大了贵生书院在当时的影响力,更有甚者,有人将《与汪云阳》文中的"其地人轻生"扩大为古闻有轻生习俗,将古汉语的"轻生"直接挪用为现代书面语,无逻辑地把个别现象扩展为区域社会现象、下延为族群习俗,进而论断汤显祖创建贵生书院是为了阻止古徐闻人动辄求死。此定论单一化了贵生书院的创办动机,传递出明代徐闻有"愚昧自杀的习俗",有违历史事实。

一是古今汉语语法变迁显示汤显祖的"轻生"被误读。"轻生"在《现代汉语大词典》解释是:不爱惜自己的生命;今多指自杀。《当代汉语词典》《现代汉语分类大词典》持相同的解读。《法律文书大词典》的解释为:轻视自己生命,自杀;动词。这些词典对"轻生"的解释指向两类意思:轻视自己生命;多指自杀。在心理学上,"轻生"指个体在大脑中产生的求死意识或意念,但没有付诸行动,属于(法学指称的)自杀

---

① 现在所能看到的《雷州府志》中的纪录是:贵生书院—万历十九年添注典史汤显祖、知县熊敏,共捐资俸,建于公馆东。

未遂。

由于人脑是一个黑箱,科学还没有进步到随机探测其活动状态的程度,围绕"轻生"属于意识或意念的特性,早期被归类入心理学,侧重于个体心理研究。但"轻生"所外显的"自杀"现象及其死亡后果,引起社会学家的注意,法国社会学家涂尔干在1897年出版的《自杀论》中指出,自杀不是个人事实,而是社会事实,表面上与他人无关的自杀现象最终都可以通过社会结构和其扩散功能加以解释。大约1965年起,世界卫生组织把自杀列入公共卫生领域。

虽然"轻生"不是"自杀",但二者有着高度密切的关联性,笔者努力排列出了二者的异同,参看表4.1。

表4.1 "轻生"和"自杀"的异同

		轻生	自杀
相同	指向	自己	自己
	动机	求死	求死
	结果	或死或活	或死或活
不同	表现区域	大脑	肢体
	显现过程	看不见	看得见
	判断标准	不知道	肢体伤害
	公众直觉	较严重	严重

"轻生"被多指自杀,是因为两者具有根本性的相同之处:当事人求死的动机、指向对象与活着还是死亡的结果相同。不同之处也存在着内、外的相似性:"轻生"属于大脑活动,是轻生者的内在意图;自杀是当事人实现求死意图所做的、能被他人可视的肢体动作及伤害。

二是汉语语法变迁显示"轻生"被误读。从汉语语法角度看,"其地人轻生,不知礼义,弟故以贵生名之"是一个前两句、后一句构成的因果复句。如图4.1所示,当句1的两个分句表并列时,应是前后句的语法地位相同,不分主次。如果前句解读为贱视生命的"自杀"现象,表强调,那么,后句之意随之变为补充。由此句1内部的语法发生变化:前句为主,后句为辅。进而句1、句2构成的因果关系有违现代汉语语法定式,也不符合书面语的表达习惯,迫使句1的语句顺序颠倒为"其地人不知礼义,轻生",引起全句变成递进——"其地人不知礼义,(甚至)轻生,弟故以贵生名之"。这种结果,显然改变了汤显祖的原句。

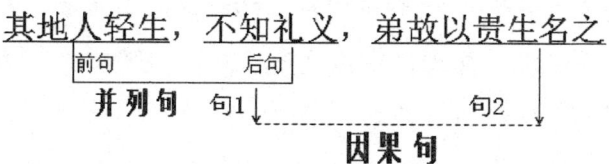

图4.1 汤显祖"轻生"句的句法结构

当句1前句"轻生"仅表示推测,是人脑中的各种意念,并未显现给外人看,后句则表示他人目力所见,构成了由内向外的逻辑,使句1、句2构成表递进的因果关系,也符合古汉语语法定式,符合书面语的表达习惯,这是汤显祖的原句。显然,语法结构表明,汤显祖的"轻生"并没有指向"自杀"或轻生导致的死亡。但译成现代汉语时,根据现代语句习惯,句1前句的解读仍必须局限在大脑的各种意识活动之内,必须是表推测的词语。

简而言之,古代汉语翻译现代汉语有一个固定的语法程式,即古汉语的单音节词在现代汉语中表示一个双音节词语的意思。所以,"其地人轻生,不知礼义"有多种译句:

那个地方的人们以死为轻,不讲究礼节、公义;

那个地方的人们轻视生活,不知道(朝廷的)礼节、公义;

那个地方的人们轻贱人生,不讲究(儒家的)礼节,不追求公义;

那个地方的人们轻视生命,不明白礼节的意义,不追求公义;

那个地方的人们淡视生计(生存、生产),不讲究礼节,不追求公义;

为什么会这样?这是因为古代汉语属于诗化的书面语,五四运动开始的白话文添加了大量的北方口语,使诗化的书面语迅速口语化,随之语法结构也纳入了北方的一些习惯用语的定式,此即现代汉语。随着时间的推移,趋于完善的现代汉语根据使用领域的不同,宏观上分化出正式用语和非正式用语,中观上前者又细分为学科正式用语与非学科正式用语。除了哲学、心理学等专业性很强的学科的用语差异,即使是通用的一般书面语的社会学、历史学等综合学科,因存在着把大众习惯语言用进文章的"不入流"现象,遂使要求严格的专业刊物和注重可读性的大众读物分化开来,导致古汉语的今译成为非专业人士的误读。

三是记录史没有显现出古徐闻有"轻生"习俗。精神病学上,"轻生"由大脑的意念、付诸行动到结果所经过的三个环节,与法学和社会学的研究对象自杀一样,经过自杀意念、自杀行为、自杀结果三环节,这是"轻生"多指甚至等于"自杀"的根源。换言之,"轻生"者将意念付诸行动时,他人因此可以通过眼、耳等感官感觉到,可称之为"轻生"或"自杀"行为,并用"已遂、未遂"指称行为的结果。这个过程,又多被社会学称之为轻生现象或自杀现象。

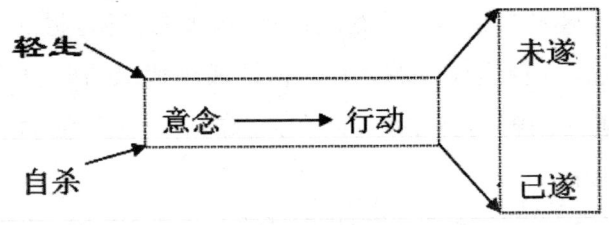

图 4.2 "轻生""自杀"示意图

轻生现象有个别和一般的不同,单个轻生现象在口耳相传时代根本无法传递到今天,古代同一时期、同一地域的许多轻生现象必然引起关注,要么当时有官方出面处置,要么留有文字记录。轻生现象要代际传承为习俗,这是一件不可思议到荒诞的事情。为什么呢?

习俗是某一地域长期形成的风尚、礼节、习惯的总和,有两个前提:必须是多数人共同遵守的行为规范,少数人的独创发明,在没有得到多数人的认同时,不能成为习俗;习俗又是一个自然发展的过程,是在生活中自然而然地形成的,且能保持一个相当长的时间。如果徐闻有轻生习俗,意即古徐闻的社会动乱、灾害等削弱了人们生存的信心和意志,轻生或自杀现象变成了抗争、控诉等的一个手段,那么,冲动性或突发性的"情绪型轻生"现象显然不具备代际传承性,能够代际传承为习俗的是"理智性轻生",其诉求有明确的指向对象:"自我性轻生"因个人对身处的社会及群体毫不关心,孤独而自杀,这是通常所说的轻生或自杀现象,通常在战乱、自然灾害时出现,不具备代际传承性;"利他性轻生"具有价值追求,或重义或重利,外人或后人通常是根据达成的目标来评价的,多不被划归到轻生之列;"宿命性轻生"是个体感到命运完全非自己可控而自杀,由于个体的多样性和人生追求的差异性,各类宗教或类似组织才具有较强的、普遍的、持久的能力导致某一地区出现轻生习俗。古徐闻出现过这样的宗教或类似组织吗?

《雷州府志》显示,明帝国277年间,徐闻户籍数、人口数呈稳中略有上升趋势,如下表所示,

表4.2 明帝国徐闻户籍数、人口数的变化

朝代	年代	户籍数	人口
洪武二十四年	1391年	8 200	64 418
成化十八年	1482年	5 962	13 177
弘治五年	1492年	5 838	13 053
正德七年	1512年	5 682	15 077
嘉靖十一年	1532年	5 900(流民入)	18 525
万历十一年	1583年	5 823	14 695
万历四十一年	1613年	5 823	14 756

数据来源:《雷州府志》赋役志第2~8页。

明帝国徐闻户籍、人口变化具有四个特点:

制度性户籍数的变化平稳,军户(2 639户)、各种匠户(220户)及医户(2户)一般维持定数,弓兵铺、兵防夫、堠夫户微有增减;

虽然疍户在明帝国一般被列入贱籍,但在雷州府志中,疍户一直被列入户籍数,且海南流民也被登记在册,这是1512年、1583年徐闻户籍

汤显祖的贵生观

数、人口数骤升并被记载的原因。

除了海南流民移入之外,军户等其他各户与民户构成了1∶2的比例。

民户的户籍变化原因较多,包括疍户、海南流民迁徙及不同时期匪患等引起的增减。

因此,明代徐闻(雷州府)人口平稳,应是保持了自然增减的状态,汤显祖(1550年9月24日—1616年7月29日)所生活的64年间,尤其在徐闻生活的时间里,徐闻人口比较平稳,记录史没有蛛丝马迹显现出古徐闻存在大批轻生或自杀现象,没发现具有引人"轻生"的宗教。就徐闻乃至雷州半岛的宗教信仰传播来看,雷州半岛至今都没有统一且一以贯之的宗教,除了佛教、道教与内陆相同之外,妈祖崇拜、关羽崇拜等人神崇拜和树神、土神等自然物崇拜并存。所以说,雷州半岛是个多元信仰区,要教唆一些人轻生自杀或坚持不懈地煽动若干代人去自杀,实在是一件匪夷所思的事情。

试用逻辑推理一下,古徐闻境内的"轻生"由单个到同一时期的社会现象,再到代际传承下去,得自杀多少人才能被归纳到"习俗""民俗"这一层级?

一则若"轻生"是习俗,明代276年间在徐闻做官者不止汤显祖一人,也不只是汤显祖一人识字断文、能赋诗作词,更不只是人人都比汤显祖任期更短就调任离开,但为什么人命关天的大事,只有待了不足三年、不会讲雷语的外地人汤显祖发现并记录下来?

二则古徐闻人大脑中的求死意图外显时,借助翻译人员,借助动辄求死者的弥留之言、之举,汤显祖在场耳闻目睹了几次?或者耳闻之后,汤显祖调查了多少起轻生未遂、已遂事件,并区分开自杀、他杀、天杀(因自然灾害而死)的不同,才去追根究底并归纳出"轻生"求死?

三则即使"轻生"求死为明代徐闻官员忌讳,不予记录在册,那么,经过了当事人及亲属、随身翻译人员、汤显祖至少三个环节,今人又从哪里得知汤显祖的归纳判断符合原本发生的事实?"轻生"求死是当事人的大脑活动,他人看不见,除非坦然告知或求死言行过于明显,多数情况下外人是无从知晓其内在意图的,常常是亲属事后回忆当事人的种种言行并进行归纳的,即使现代法医系统的专业人士,也常出现与事实不符的主观判断,今人如何判断汤显祖的正误?今人又有何凭据说古徐闻的轻生现象经过代际传承为习俗?按证据学规则,汤显祖单个人的"其地人轻生,不知礼义"这一句书证,没有其他较多的、确凿的物证、书证与言证从旁辅助形成证据链,孤证难证,应不予采信。

与此相关的,还有一种现象令人深思。过去的几千年,北方是政治、文化的中心,国家管理者以北方广大地区共同的民俗建立了主流的审美观或价值观,并借助文人为师或异地做官、商贾贸易往来、军人驻守边关等扩散开来,又通过"学在官府"这一传播形式代代传承下来,区域人文差异及其价值观的不同被消弭了。现代人应当尊重历史,更应当尊重生活在多样性地理环境基础上的人们,即使从功利角度出发,也应当看到,多样性的区域为人们提供了特色农业、特色商业、旅游业的支持,促进了并继续促进着经济的大发展。

再次,汤显祖文末的"故书《贵生说》以谢之",与文章内容的逻辑相适应,而"贵生书院说"与文章内容存在诸多的逻辑矛盾。有些非专业人士认为,"贵生书院"的宗旨是"贵生",创办书院是叫人去"贵生"的,所以,"贵生书院说"的关键词是贵生,内容是教育。这种说法有一定的受众基础。因为顺着"贵生书院"或"贵生书院说"的字义次序去推测,大意应该是这样的。但是,难道"东林书院""雷阳书院"的宗旨分别是"东林""雷阳"?难道"东林书院说""雷阳书院说"一定是叫人去"东林""雷阳"的?这明显解释不通嘛。所以,不能一概地按照字面义去解释书院的办学宗旨。对于创办"贵生书院"是叫人去"贵生"的,单就句义来说,并无误解。但请不要忽略了,广义上的学校教育甚至家庭教育、社会教育都是叫人去"贵生"的,各自的区别都集中在狭义层面。对于"贵生书院说"的关键词是贵生、内容是教育,这种说法有一定的误读。"贵生书院说"的关键词不只是"贵生",还有"书院","贵生"

汤显祖的贵生观

限定"书院",是"书院"的修饰语。按照文理规则,如果同等重视"贵生"和"书院",必须赋予二者相同的比重,必须在阐释了众人比较陌生的"贵生"内容之后,同样重要地阐释"书院"内容,不管阐释的书院内容部分是人尽皆知还是人人懵懂。而且,广义上的"书院"必然关涉教育,迄今为止,国史上还没有出现过与教育无关的书院。区别在于中观及其微观层面,如"东林书院"和"雷阳书院"都是古代的高等学校,宏观上属于教育,却在中观上分道了,"东林书院"侧重于明代朝政的探讨与人才聚集,"雷阳书院"侧重于科考及其应试技巧。简而言之,广义上的学校就是传授、学习"贵生"之道的,贵生书院也不例外。

根据现代汉语语法规则分析"贵生书院说"的题目,"说"的含义是"谈谈",是古代的一种议论文体,用以陈述作文者对某些问题的看法,相当于现代议论文题目中的试论、浅析、论、小议、管窥、辨析等。这种议论文体既不追求传记类的写实、训诂类的准确,也完全不同于规划、方案等的具体实施,仅仅属于一种应然状态的一己之见,表达作者的立场、态度。"贵生"属于定语,修饰"书院",限定"书院",其重要性次于关键词"书院";题眼应是育人的"书院",也应是文章的主题所在,更应是汤显祖用笔的最主要之地。但是,全文505字中,直接属于"书院"内容的,即学校教育部分的只有30个字:"故大人之学,起于知生,知生则知自贵,又知天下之生皆当贵重也",全文其他部分在语言上、逻辑上与"书院"本身无涉。进一步说,如果"故书《贵生说》以谢之"句中的"故",在文中是"所以"的含义,那么,严格意义上说,上述30字,仅仅涉及"大人之学",重点仍然在"贵生"。难道进士出身的汤显祖不通文理?若如是,他为何要"故书《贵生说》以谢之"?难道这句不正是表明他写作本文不是专为书院而作?由此,是否可以发问:为什么现在的题目"贵生书院说"不说"书院"专说"贵生"?进而要发问,汤显祖为创办贵生书院而写作的《贵生说》专论"贵生"的目的何在?

要弄清楚以上问题,必须逐字逐句地精读全文。

(二)《贵生说》全文的翻译及其分析

【原文】天地之性人为贵。人反自贱者,何也?

【译文】在天地所生成的万物中,人是最尊贵的。人反而轻贱待人,为什么呢?

【释读】

1. "天地之性人为贵"源自《孝经·圣治》章,相传为孔子所作。它包含了儒家本体论中的三个重要词语:天性、地性、天地之性。

天性:指天的本性,儒家认为,天的本性是乾元,属阳,光明普照大地,毫无私欲地滋生、周济万物。

地性:是地的本性,儒家认为,地的本性是坤元,属阴,德厚而容纳、长养万物而运行不息。

天地之性:天地的本性是乾、坤,性属阳、阴,主导生成与变异,共同构成万物生成的根源,即"生生之谓易"。

儒家的"天地"具有自然、神灵等六种含义,但在宇宙生成论中,"天地"指的是寂然不动、无生无灭的本体,它包含了天空之天及日月星辰等宇宙中的有形之物。明代之前的儒家讨论宇宙的生成,以《易》为代表,认为最原始的物质状态不断运动,并随着不断的旋转运动逐渐地分离为遥遥相对的天和地两部分,然后阴阳运动化生出万物,人类也是阴阳运动变化的产物。

儒家谈"天地之性"都是为了回答"人"这一实际问题而追根溯源的,但不同皇朝时期有不同的观点。明帝国儒家的主流观点继承了南宋(周敦颐、邵雍、二程、朱熹、陆九渊、王阳明、张载、王夫之、黄宗羲)学说,认为宇宙混沌之初为无极,天地未出现前为"太极",太极因运动催生了阳,动至极致催生了阴,天、地分开,阳变阴合产生万物。由此形成的阴阳观,庞大细致到了无处不在、无物不有的程度:人类的出现是阴阳变异的结果;两性被划分为阳男、阴女;人被分为阳的肉身和阴的人性;人性系统又不断再被阴阳细化分类下去。简言之,为探究人的奥秘,阴阳逐渐成为儒家的二元认识论、方法论。由于人被二分为物质和精神,通过有形的肉身探究隐形的人性成为儒家孜孜不倦的研究对象。

"天地之性人为贵"所表达的"人为万物之尊",成为汤显祖本文的首句。开篇即从宏观的天、地、人着笔,要落脚到微观标题,表明了他此文的立意高远。

2."人反自贱者"句中的"人"不指个体,泛指人类。不能译作"人反而轻贱自己",个案不具有普遍性的论据意义;如果汤显祖在此指个别现象,那么,逻辑上后文的孟子之说就失去了论说的基础;更不能译作"人们反而轻贱自己",这种译文,含义指向所有人,既没有证据表明属于汤显祖的观点,也不符合当时的社会事实,例如至少皇族、国戚及恩荫制度下的勋族,绝大多数处于政治、经济、文化的顶端,生活优裕、生命安全,怎么可能轻贱自己呢?

但轻视乃至粗暴对待别人,却是当时常见的社会现象:明太祖朱元璋从洪武十三年到洪武二十六年的 14 年间,几乎将明初的开国功臣诛杀殆尽,受株连被杀者有 45 000 余人;万历二十四年矿监税使各地施虐,河南巡抚姚思仁曾上疏:"开采之弊,大可虑者有八……矿夫残害,逼迫流亡,三也。雇民粮缺,饥饿噪呼,四也……"所以,译作"人反而轻贱待人",最合乎原文之意。

【原文】孟子恐人止以形色自视其身,乃言此形色即是天性,所宜宝而奉之。

【译文】孟子忧心人们只用能看到的身形、肤色这一层面去对待自己的身体,才不得不说,人的形体、肤色正是上天秉性所造就的,应当视若珍宝并善于保养身体。

【释读】借用名人言论,对上一设问句进行回答。

1. 该句属于汤显祖的诠释,消弭了孟子的等级观,将圣人才具有的天性扩大到普通人,使之具有了普遍意义。

孟子的原观点是"形色,天性也;惟圣人然后可以践形"(《孟子·

尽心上》)。意即人的身体容貌乃上天造就；只有圣人才能用内在充实外在。汤显祖充实了孟子的言外之意，即孟子所指的"形色"与"身"（身价）的关系：

"形色"概指人的外形与肤色，汤显祖借孟子之意指人的外在；

"身"本指躯体，但前句"形色"之外有"恐""止"，后句又有"乃"，显然意即现代汉语合成词"身价"，统指人的身份、地位、社会影响等，相当于现代哲学词语"价值"。对"身价"进行哲学式分类，可分为三：总结式的生命价值，状态式的生存价值，过程式的生活价值。

2. 为顺利理解本文，还要辨别儒家关于"性"与"命"的概念及其关系。

"性"与"命"的辩证关系：儒家认为，人的生命分为本质的"性"和秉受的"命"两部分。

"性"来自于无生无灭的宇宙，这是人自身的物质、精神的源头，因而又称之为人的"本性"：物质的人蕴含了"五行"规律，金木水火土五个要素分别发挥其基本功能；"命"即生命，虽然也来自宇宙，蕴藏了"五常"规律，但仁义礼智信主宰人一生的精神活动，生动而富有活力，所以"命"表现得千差万别。

"性"决定"命"。"性"是宇宙运行的产物，代表了自然规律，孔子的"食色,性也"正是自然规律决定了人的各类需求的表述。"命"在儒家语境里通常指的是已经被决定的部分和未被决定的部分，已经被决定的部分被称为"天命"，如生老病死等人力无法扭转的部分，古人总结为"命由天定"；未被决定的部分被称之为"运"，指的是人力可以改变和决定的部分，如思维、决策等。需要注意的是，"性"既散布在"命"中，也散布在"运"中，共同展示了人在时空变化中的痕迹和轨迹。

3. 汤显祖转述孟子的观点后，实际上变成了后文涉及的"形色"与"人性"的辩证关系：一方面，人的体形、发肤是人性的前提与基础。由于人的体形、发肤是具象的，处于可触状态，人人得以见之；人性是抽象的，不可触、不可视，凡俗之人无法理解。另一方面，凡俗之人无从知

汤显祖的贵生观

晓、无从体察到人性与人体一体两面,须臾不可分割,离开了人的体形、发肤,人性随即消失,不复存在,人只有妥善保存了身体发肤,才有可能察觉人性的存在,而人为地毁坏生命之躯,既是对生命极不负责的行为,又破坏了天地生生之道。

【原文段】天地之性人为贵。人反自贱者,何也?孟子恐人止以形色自视其身,乃言此形色即是天性,所宜宝而奉之。

【原文段释】这一部分,语法上,起铺垫作用。内容上,汤显祖从一般性的角度,通过解答人体和人性的辩证关系,反对轻视、贱待生命。由于两处转用了儒家观点,一方面,造成古汉语以单音节为词的含义,到了现代汉语中,外延扩大了,含义丰富起来;另一方面,儒家内部不同时期的代表人物的观点因人而异,进而衍生出同词的不同内涵、外延,在今人看来,属于进一步丰富了儒家观点。因此,这一小段隐含了"形色"与"身""形色"与"性"以及"性"与"命"的关系。

首句引入万物人为贵,二、三句通过一问一答,借孟子之口将人的"形色"上升到天赐的高度,阐明人"性"中的五行、五常规律是不灭的,能够隐现、转变,但"性""命"之间的辩证关系及其表现出来的丰富多彩,很难对当时文盲居多、以经验为主的人们解释清楚,也不属于本文的主要内容,因而模仿了孟子,将人的物质表现的形体、肤色盖上"上天"这一常用又玄秘的帽子,代指了人的物质、精神两方面,既回答了人不能贱待他人的原因,又回应了首句万物人为尊,还为后文留下论说的线索。换句话说,要对当时的常人说明白"性命"的含义,从外在与内在、本质与现象等不同层面解释清楚人自身,那是一件"秀才遇着兵"的事情,只能一语概之。

【原文】知此则思生生者谁

【译文】懂得了形色与身价的关系,就应当进一步思考让生命产生并存在的是什么。

【释读】

"生生",最早见于《尚书·盘庚》:"往哉生生!今予将试以汝迁,永建乃家。"大意是:去吧!去寻求新的生活吧!现在我将率领你们迁徙,为你们建立永久的家园。第一个"生"是使动词,第二个"生"是名词,合指让生命存在并健康。儒家广义的"生生"来自《周易·系辞》中的"生生之谓易",指一切生命现象的产生、发展与终结的法则是"变化",属于儒家本体论部分的内容;狭义的"生生"指对生命的维护和保养,道教比儒家、道家更侧重于生理方面的养生,追求饮食、起居和劳逸等方面的饮食有节、起居有常,主张适度、不追求极限,从而衍生出道教的"生生之道",致力于探究疗养的道理和方法、手段和工具等。而佛教与儒家更侧重于心性(精神)方面的养生:儒家主张消除过分的七情六欲,重义轻利;佛家主张彻底去除七情六欲乃至万物映照于人脑中的色相。

"谁"在陈述句"知此则思生生者谁"中,仍然表设问之意,只是问的对象不是神秘莫测的自然之力,而是指向了人:

一是古汉语的疑问对象分为人与物,指向物时,一般使用"何""孰""焉"等。

二是汤显祖从行文一开始就着力于宏观层面表述观点,该句仍然围绕着能使万物生生不息的力量。而基督教指"上帝",伊斯兰教指"真主",道教指"道"。儒家指神秘莫测、无形无象、能量无穷的实体"天地",已经是儒生们的共识,无须发问。儒生的汤显祖在此设问了,意在从逻辑上排除掉赋予万物生机的自然力量,转而指向人类自身的力量,或人类内部具有操控的能动力量,便于集中论说人类中赋予众生生命力的源头。

【原文】仁孝之人,事天如亲,事亲如天。

【译文】重视仁爱、孝道的人,对待万物如同对待血缘至亲,对待亲人如同敬顺万物。

【释读】该句是对上一句的分类回答。

1."事天如亲,事亲如天"出自《礼记·哀公问》,原句是:"仁人之事亲也如事天,事天如事亲,是故孝子成其身"。

2. "仁孝"指的是儒家的仁、孝两个方面的内容,分别用于规范人际关系的家庭之外、家庭之内两个领域。家庭之外的"仁",指的是孔子的"仁者爱人",今人简称为"仁爱",是一种处理人与非血缘关系之人的道德准则。家庭内部则相对应为"孝",具有三个方面的基本内涵:其一,尊(始)祖敬宗,这是"孝"的本义;其二,善事父母,特指对父母做到"爱""敬""忠""顺";其三,生儿育女、传宗接代。由于父母与子女的关系为孝文化的核心,祖宗与孙辈都由此衍生而来,今人将这种处理血缘关系的道德准则浓缩为"孝顺"。仁、孝的关系是"孝为仁之本",源自孔子的"孝悌也者,其为仁之本"。

为什么汤显祖说"仁孝之人"能够"事天如亲,事亲如天"?

在理念上,儒家将"爱、敬、忠、顺"赋予为本质的"孝",用以连接过去、现在和未来,体现出对于始祖、祖先以及生命本源的尊重,体现了对于现实价值的呵护、对未来的希冀和信心,因此是一切道德的内在精神源头和基础,将"孝"内含中"爱、敬、忠、顺"的某一个稍微"推己及人",便是"行仁""行德"的起点,每个人都可以把对父母、孩子、兄弟姐妹的态度,推广到更广阔的人际关系之中,做到"老吾老以及人之老,幼吾幼以及人之幼",以"博爱""大爱"推动人与人之间形成互相理解、礼让、支持的相处方式,所以,汤显祖说"仁孝之人"能够对待外人像对待亲人。

汤显祖为了行文通畅、主题一致,未在此言明的是古华夏政治实践中的仁孝关联。西汉以后的国家政治以儒家理论为指导,推行国是家的放大版本,家是国的缩小样式,家与国同结构。在家庭中,着力培养"爱""敬""忠""顺"父母的理念,如果事实上做到了孝顺父母乃至其他长辈,那人相应地也具备了"仁":"其为人也孝弟,而好犯上者,鲜矣;不好犯上,而好作乱者,未之有也。"在言行上,国家政治用礼法将家庭关系高度规范化,"三纲五常"中的夫为妻纲、父为子纲都褒扬以"爱"为体,嘉奖以"忠"为用,赞赏以"敬"为德,鼓励以"顺"为行。具体而言,国家法制上推行以父亲为首的经济家长制,家庭成为了小经济单元,可以实施长辈对晚辈的经济制约,可以道德上谴责、经济上迫使异类者接受已有规则,从而实现了政府控制父权家长等于控制了一个家庭和家族。

【原文】故曰:"事死如生,孝之至也。"治天下如郊与禘,孝之达也。

【译文】因此说:对待死人的礼仪如同对待活着的人一样,这就是孝道。管理国家如同谨慎对待郊外祭祀天地和太庙祭祀,可谓是达到了孝道的最高境界。

【释读】

1. "事死如生,孝之至也"出自《中庸》,原句是:"事死如事生,事亡如事存,孝之至也"。汤显祖的减缩并未改变原意。

2. 这两句紧接上一句,为了阐明"仁孝"的不同主要通过"孝之至""孝之达"将二者的层次和境界区分开来。

汤显祖浓缩了儒家理论,将"孝"扩展为两层含义:做到"事死如生",像对待活着的人一样对待逝者,这是凡俗之人都能做到的、狭义的孝——"孝之至"中的"至",在此意指"到""符合""是";做到"如郊与禘",像古代王侯将相祭拜祖先的一样严肃,或像天子在郊外祭祀始祖或天神一样隆重,这是"治天下"之人才能做到的、广义的孝——"孝之达"中的"达",意为"行不相遇也"(《说文解字》),意指还有距离,需要继续努力。

在汤显祖的语境中,"孝之至"等于孝,"孝之达"等于仁。这是由于狭义之孝的对象是含有血缘关系的长辈,情感上没有隔阂,人数较少,行动起来也不大费力,可以较容易地落实"事死如生",所以才说"孝之至也"——这是一种实然关系,包括现实的、潜在的实然;而面对众生,要以"事天如亲,事亲如天"的态度,不分亲疏、厚薄,站在人类与万物的生成与变化的高度,一视同仁地善待众生,使天下充满生机。一方面,超出了血缘亲情,不是孝道,但又"事天如亲",类同于孝道,属于孝道的最高境界,所以褒扬为"仁孝"。另一方面,"事天如亲"中的"如"毕竟只是"像对待亲人一样",不是事实上的,既有血缘上、情感上

汤显祖的贵生观

的道德距离,也有路程、范围等操作上的距离,凡俗之人事实上很难做到。对行政者而言,既有时间、精力、能力的局限,也有与众生人数上、需求上一对多等因素的局限,实施起来大费周章,但克服一切困难、力所能及地努力去做了,汤显祖褒扬为"孝之达也"——这是一种应然关系,意即不管实现与否,其为天下苍生着想的境界、追求与克服困难的行动,值得敬佩与效仿。

【原文段】知此则思生生者谁。仁孝之人,事天如亲,事亲如天。故曰:"事死如生,孝之至也。"治天下如郊与禘,孝之达也。

【原文段释】这一部分,论述逻辑上,与前一部分构成递进关系。内容上,是对行政者论及的,通过解答"生生"与"仁孝"的辩证关系,表达他的贵生行政观。

"知此则思生生者谁"在本小段属于引句,一方面,通过"孝之至""孝之达"的分类陈述,区分开了治家、治国的两类方法:治家用孝、治国用仁。从而延伸出了广义、狭义的"生生":"孝之至"应用于家族领域,属于狭义的"生生",特指贵生的道理和方法、手段和途径等,展示的是一般人的理念境界与社会价值;"孝之达"应用于治国领域,属于广义的"生生",指一切生命现象的产生、变化与终结,展示的是特殊群体的理念境界与政治价值,为后文专门论述治国领域的"贵生"内容铺排开来。另一方面,在儒家的治国理念中,家庭是社会的基本细胞,它基于血缘关系和尊卑长幼的伦理原则而存在和活动,具有极强的凝聚力和坚固性。与此同时,根据血缘关系的亲疏远近,家庭又具有极强的扩张性,由家族而衍生宗族,那么在管理上,家族以"家"统族,宗族以"宗"统族。由此衍生了治家是治族的前提、治族是治国的基础。所以,汤显祖在此谈"孝之至"是逻辑的需要,目的是大孝治国,为后文谈治国方面的问题伏笔。

【原文】子曰:"天地之大德曰生,圣人之大宝曰位。"

【译文】先辈曾说:天地最大的功德在于使万物生生不息,而圣人最宝贵的职能在于处在有大用的位置上。

【释读】

1. 引文出自《周易·系辞》下。

2. 该句中的"德""位"属于特指,前者特指能为万物带来生机的力量,后者特指处于有大用位置的人。正如前文"知此则思生生者谁"所述,汤显祖借儒家经典表明,能赋予万物于生命力的,一是自然力,二是人力。在人力中,能量最大的分别是君王、圣人等,甚至有时候君主与圣人是同义语。但需要特别指出的是,形容词"宝"与名词"圣人",都在强调"位"的重要性,等同于后文的"有位者",都指的是"有大用处的位置"。

儒家经典《周易·系辞下》中有这样的观点:"天地之大德曰生,圣人之大宝曰位;何以守位?曰:仁;何以聚人?曰:财。理财正辞、禁民为非曰义。"汤显祖只摘选了外在环境、人为程度两个方面的句子,意在区分开人与自然界的各自职责与功能,尤其在于引出两个主要的词语"德""位",便于后文论述行政中"德""位"的匹配状况。

【原文】何以宝此位?有位者能为天地大生广生,

【译文】凭什么占据有大用的位置?位处有大用位置的人能够给天下苍生带来生机与活力。

【释读】

1. "大生""广生"源自《周易·系辞》,原文:夫乾,其静也专,其动也直,是以大生焉;夫坤,其静也翕,其动也辟,是以广生焉①。

2. 在前一句,形容词"宝"放在动词位置,既简练了句子,又修饰了名词"位",兼表"功用很大的地位、大有用处的位置"等含义。后一句虽然省略了"宝"字,但"为天地大生广生",点明有此能力者必然地位非凡。由此凸显了该处的关键词语是"位",意即功用很大的位置之所以重要,在于处于这有大用位置的人,具有为天下事物创造生机的能力和潜在可能性。

---

① 参看黄寿祺、张善文《周易译注》,上海古籍出版社,2007年版,第383页。

汤显祖的贵生观

【原文】故观卦有位者"观我生",则天下之生皆属于我;

【译文】所以在《周易·观卦》中,处于有大用位置的人能自省言行,(因为)天下苍生的生命与存亡都与"我"(处于大用位置的人)密切相关。

【释读】这两句,汤显祖主要阐明行政中德、位的相互匹配情况。

该句中的"我"不是泛指的读者或者一般百姓,而特指的是"有位者",即身处大有用处位置的人。

"观卦"指的是《周易》的"观卦"章节。"观"本义是察看、巡察。在此有两层含义:检查自我言行;对照美德(或民风民俗)自省自我言行。

"观我生"摘自《周易·观卦》,原文有两句:"六三,观我生,进退";"九五,观我生,君子无咎"。其中的"六三""九五"指的是君子所处的位置。两处的大意是,处于六三位置时,观仰自身所动处并对照省察自己的行为,君子当谨慎地选择进退;处于九五位置时,受人观仰并省察自己的行为,君子必无咎害。两句共同指明:处于有大用位置的人,能够根据不同的大用位置的具体情况或境遇,参照美德或民风民俗自省并加以调整。

汤显祖这段话中,指明的词"位"对应的是"天下之生皆属于我"所潜指的"德",意在指明,德、位是相互匹配的:"德"不是抽象、不变的,而是不同位置具有不同的"德",身处有大用位置的人要根据自身所处的具体状况自查、调整。即身处有大用位置的人,调整自身言行的参照物主要来自外部,如美德,不是一个人或一群人眼中的好品德,而是社会公众认可的、具有大面积共识性的品德,如民风民俗,则指的是具有区域横向共识的、纵向传承的习惯。所以,身处有大用位置的人自省其言行,不只是他自己的事情,而是天下苍生的要求与期待;身处有大用位置的人调整自我言行,不只是他个人的事情,而是对天下苍生要求与期待的回应。由此才进一步说,身处有大用位置的人,其一言一行都牵动着一族、一国,他与族、国同呼吸、共命运,所以,汤显祖才说"天下之生皆属于""有位者"。

【原文】无位者止于"观其生",天下之生虽属于人,亦不忘观也。

【译文】(《周易·观卦》中)处于无大用位置的人,只能观仰居大位者,明白天下苍生的命运与居大位者紧密相关,但也不忘记自己同样受人观仰。

【释读】这两句,汤显祖主要阐明行政中德高、位低的不匹配状况,强调自省的重要性。

"止"的古义是"下基也。像屮木出有址,故以止为足"(《说文解字》),在此表示"到……程度",或者"满足于",不能翻译成"停下""停止"等;

"其"在此特指上文的"我"(处于大用位置的人),比主导者的位次略低,但也是百姓观仰的对象。

由于上句和此句引自距今三千年前的《周易》,文字佶屈聱牙,必须查看原文,才能读懂汤显祖引用后所表达的意思。该句的难点在于"亦不忘观也"中的"观",如果不能将"观其生"与前句"观我生"对应,将误译成"无位者""亦不忘观也"。正确的译文应是"无位者""亦不忘(受)观也"。

"无位者"在此指的是处于虚位、没有实权但仍然有一定行政作用的人。不能按照单个字面义,直译为"没有位置的人",或者按照通常理解的"一般人"。这是因为,根据汤显祖上文的"有位者"、后文的"仁孝之心尽死"的人,指说的是治国领域中不掌实权的、处于虚位的人,根本不指说社会领域中的百姓。当然,也不能译作"没有政治地位、丝毫发挥不了政治影响的人",因为在行政队伍中,即使位置再卑微,也比普通人对百姓的影响要大一些。

"观其生"语出《周易·观卦》,原句:"上九,观其生,君子无咎",与"象传"互文。"象传"曰:"观其生,志未平也。""其"指代"观我生"句中的"我",用在此特指的是位置次于主导者的人,相当于不掌实权的、仅有虚位的人。大意是,人们也都观仰处于"上九"虚位的人的言行,处在此位的君子自省言行,必无咎害。汤显祖引用后,意指具有一定德行

汤显祖的贵生观

却不居大用之位的人,有志难酬,虽然苍生的命运与居大位者密切相关,与自己关联较小,但自己所处的次要位置同样受人观仰,因而也要参照美德或民风民俗省察并调整自己的言行。

【原文】故大人之学,起于知生,知生则知自贵,又知天下之生皆当贵重也。

【译文】因此,"大人之学"创设的目的在于了解生命,只有了解生命的源头及其生存艰难,学道者才能明白并珍惜自己存在的重要性,进而明白天下苍生都同样重要并值得珍惜。

【释读】此句属汤显祖倒推出的结论,即阐明"大人之学"的职责。

古代的"大人之学"与"小人之学"属对称,可以认为是学习成为大人物的专职技能。虽然古代各皇朝的小学、大学的学习内容和年限设置不尽相同,但"小人之学"属于启蒙性质,学习内容大致相同:先秦以前的小学以礼、乐、射、御、书、数六艺为内容;汉代侧重于文字之学,内容是字书、训诂;宋代侧重仪节如洒扫、应对、进退之类;清代将训诂、字书、韵书等列为小学内容。"大人之学"简称大学,又称太学,属于提高抽象能力的学校,主要包括义理之学、考据之学、辞章之学;夏商周时代已经设立上庠、东序、右学、东胶等学校;两汉设立五经博士,以养天下之士;唐代国子监包括太学与国子学、四门学等;两宋时,凡七品以上之子弟得入国子学,八品以下之子弟及庶民之俊秀者,得入太学;明代以后,唯有国子监,无太学。

这里的"知生",含有不同层次、不同类别之意。从人"生"的内涵角度看,"大人之学"不但要传授人生的成因及保养、生存的价值与途径、生活的方式与影响因素等,还要传授"我"与他(她)、人与它等各类生命的自然功用、生存方式及生活环境等知识。从"生"的外延角度看,"大人之学"不但要传授凡人须知的、身体发肤的源头,了解"我"父母、"他(她)"父母的不同及其重要性,还要传授凡人难以理解的"我"族群、"他"族群的异同与生命之源泉,乃至人类产生的源头。

正是由于需要从宏观、中观、微观的不同层面了解众生甚至苍生,了解相互之间的关联与影响,所以,在"大人之学"受教的学子,无论后来是成为"有位者"还是"无位者",都要了解苍生,并建立众生皆贵的价值理念,明了自己和苍生贵重之处的不同。

汤显祖的"天下之生皆当贵重",并非是众生平等,而是众生都值得珍惜;也不指众生皆贵已经成为实然状态,"当"字明确指出,是一种还需要各类"有位者""无位者"去努力的应然状态。尽管如此,在"存天理、灭人欲"指导下奉行"三纲五常"的等级社会中,敢于白纸黑字,已是难能可贵的了。

汤显祖曾于1590年冬与紫柏真可(达观)禅师初会于南京刑部邹元标家,并受记,法号"寸虚",1592年即创作本文,应是受紫柏真可的影响,借鉴了《大藏经》中的"一切众生悉有佛性"和禅宗的"众生皆可成佛"。

【原文段】子曰:"天地之大德曰生,圣人之大宝曰位。"何以宝此位?有位者能为天地大生广生,故观卦有位者"观我生",则天下之生皆属于我;无位者止于"观其生",天下之生虽属于人,亦不忘观也。故大人之学,起于知生,知生则知自贵,又知天下之生皆当贵重也。

【原文段释】这一部分,论述逻辑上,与前文部分构成递进关系。内容上,针对行政管理中的"德"与"位"匹配的两种情形,强调德、位的相互匹配或者德高、位低的不相匹配时,为政者都要根据"大人之学"的知识自省并调整言行。

需要特别指出的是,一是该段容易产生歧义。由于古汉语单音节词的外延具有广泛性,导致"无位者止于'观其生',天下之生虽属于人,亦不忘观也"句,译成双音节词时外延较之狭窄而明确,遂产生歧义。即如果不参照引文出处的《周易·观卦》中的原句,"无位者"很容易被译成"没有官位的人",全句很容易被误译为"没有官位的人停留在观察有位者的行政生活,明白天下苍生都由他掌控,但也没有忽略去观看"。

二是这一小段中两个"故"的作用不尽相同,在句子功用上表结果,相当于"因此、因而、所以"等词语,但句意逻辑上表示原因。前一个"故"表原因,居大用之位者、居次要大用之位者之所以占据高位,是因为他们具有根据民风自省并调整的美德。后一个"故"表原因,是针对"子曰……亦不忘观也"而言的,旨在表明"能为天地大生广生"的人和能力,都来自"大人之学"的教化。

三是"故大人之学,起于知生,知生则知自贵,又知天下之生皆当贵重也",不是专门由开篇的首句行文到此引出教育主旨,而是教育能够为行政提供与位相匹配的道"德"之人。汤显祖的论述逻辑是先果、后因,先引用《周易》原句,归纳出"有位者能为天地大生广生"的历史事实,再用《周易》的卦辞做论据,理清居大位者、居次位者两类人,揭示他们无论身居哪一种行政位置,都要自省并参照百姓需求调整言行。而所有这些认识与能力,都源自"大人之学"的教化。单就这一句,可以视为汤显祖论述教育的论据,它让人明白汤显祖的教育观,但纵观全文,该句只是行政视角下的教化思想,否则既无法准确理解前文,也难以恰当地理解最后一段夸赞县令熊敏、记述自己感悟及徐闻民人的原因。只要从明代基层行政官员的职责角度去想,明白教化辖境内的民众是基层官员收缴租赋、保境安民等行政职责之一,便能理解,"大人之学"的内容是为了培养"为天地大生广生"之才而设的,"能为天地大生广生"是需要官位的。

四是汤显祖在论述德、位状况时,没有提到人才观中的"才"能,这是由本文的作用决定的。本文为配合贵生书院的建造而作,最直接的作用是对这项德政佐以文字的说明。起因在于《论辅臣科臣疏》触怒了上级官员及万历帝,如果说此疏的直谏旨在表立场、扬态度,那么,贬官徐闻任县级典史时毫无政绩无异于自唾其面,这已经不只是汤显祖个人的自尊、自立问题,更是官场中同派、同乡以及学界同仁、同好的友谊得失问题。在明代行政领域中,官员不"站队",意味着既争取不到团队的维护与帮助,也很快成为"箭靶"或"夹心饼",无辜地牺牲于庙堂政治斗争中。汤显祖可以在科考中不媚骨于张居正,但不能不在官场中

"站队"。前者展示的是人品和学品,具有阶段性,即使一时失败,背后有公理、公众及其亲友的支持;后者集中了人品、学品和官品,具有长期性,失去各类友情的支持,个人成为孤家寡人事小,牵连友人、亲人与同道、同好事大。基于这些考量,汤显祖不顾妻小生活的艰难,于逆境中捐俸创办贵生书院,做到这些还不够,还需要配以文字说明,直抒胸臆以传播给各类人看,借此表明被贬时仍然豁达的政治态度。

概言之,此段属于汤显祖自明文题为《贵生说》的核心,是明了此文不能标题为"贵生书院说"的关键所在,是理解汤显祖眼中的教育与行政关系的关键,是理解汤显祖何以贬官徐闻为从九品的典史反而比在南京任职六品更积极地创办贵生书院以展示作为的症结所在,更是理解汤显祖贵生行政观的重点和难点。

该段集中展现了汤显祖认识中的教育与行政的关系:"大人之学"教人知生、自贵,建立众生皆贵理念,这至少是我国古代人文科一直秉承的教育理念;学子进入"大人之学",明了自贵、知生并认可众生皆贵,建立个人、群体与国家关系的正确认识,是修养"为天地大生广生"的品德去的。但是,"大人之学"中掌握的知识仅仅是一种储备,欠缺更多的实践,英雄无用武之地,所以说教育是一种德性的储备。那么,"大人之学"输送出来的德才兼备者一展长才的舞台在哪里?即"德"行的实践之地在哪里?汤显祖指出了:有位者能为天地大生广生。既然"位"置成为为百姓奉献的关键,那"位"置又在何处?站在晚明时期汤显祖的视角去看,当然是行政领域兼具了人才所需的不同位置又能为大多数百姓服务的功能。为什么这么肯定汤显祖会这样认为呢?在以农业为主的古代皇权专制国家里,士、农、工、商等职业的大概排序中,行政领域的知识分子的政治地位、社会地位最高,孔子的"学而优则仕"正是这种正统理念的代表,"学好文武艺,货与帝王家"则是民间的最大共识。因而,教育与行政的关系,孰前孰后、孰根孰叶,不言而喻。汤显祖的独特处在于,站在个体修养的角度,将教育的诸多功能浓缩为"德",将行政的不同领域浓缩为"位"。站在个体"贵生"价值最大化的角度,教育行业的收益远不及做官,行政领域能够使人才的德、位相得益彰。站在"为天地大生广生"的角度,教育是培育人才"德"性之处,"为天地大生广生"只是教育理念,而治国理政是人才一展"德"行之地,"为天地大生广生"相应地成为行政实践,是教育理想转化行动的实操。教育与行政在"为天地大生广生"这一问题上得到统一。所以说,汤显祖谈行政是主要的,谈教育是次要的。

该段集中展现了汤显祖的贵生行政观的内容:行政者无论身处重要位置还是次要位置,都要善于自省并调整言行,以使自己"能为天地大生广生"。他先引用儒家经典起句:"天地之大德曰生,圣人之大宝曰位",意即天地最大的功德在于使万物生生不息,而圣人或君主最宝贵的在于处在有大用的位置上。汤显祖分析道,要持守住有大用的高位,关键在于能使大地充满生机、使人充满活力。他没有引用《周易·系辞下》中的"何以守位曰仁"等后几句,一则前文已经解答了"仁孝"与"生生"的关系,二则为行文顺畅,并有利于后文解答易经卦象中的两类状况:居大用位置的人,在对待"天下之生"时,与"我生"一视同仁,以"我生"就是担当"天下之生"重任的认识与态度,"为天地大生广生",这是从积极的意义上谈"天下之生皆属于我"的,即所谓有德与有位互相匹配;居次要位置的人,停留在观仰居大位者言行的角度和程度,由于没有处在有大用的位置上,只能空有一腔忧国忧民的抱负而难有用武之地,这属于有德者没有得到相匹配的行政职位,即德高、位低。

为什么会出现德高、位低呢?根据两处"天下之生皆属于",或者可以理解为:因责任感的强烈与否、宽广与否,以及缓急程度的不同,有些行政者责任感淡薄,积极作为的程度不够;有些行政者进入行政领域只为养家糊口,"千里做官为的吃和穿",满足于已有的状况……再进一步溯源,之所以出现以上状况,无论是学道者的先天资质不足,还是后天努力程度不够,都是由于在"大人之学"中获得的知识与能力有限,导致"书到用时方恨少",欠缺较高行政位置所需要的才能,不足以胜任位次较高的行政职位。在现代人看来,这也是很容易理解的,在明代汤显祖生活的时代,全国的"大人之学"主要传授儒家知识,连道家、佛家知识都不能进官办学校,更遑论想学一些体系性的物理学、化学、高数等专门知识。

【原文】然则天地之性大矣,吾何敢以物限之;天下之生久矣,吾安忍以身坏之。

【译文】但是,天地间万物的秉性多种多样,我怎么能用有限的事物去束缚万物呢;万物存在于天地间的时间很久远了,我怎么能忍心带头去破坏呢?

【释读】

"然则"所表的转折,不但是对前文理论探究到该小节实践的转折,而且是对前文论行政中德、位相匹配到该小段位高、德恶这一话题的转折。

文字涉及的第一人称"吾",既是为论及行政实践中位高、德恶现象做铺垫,更是表达自己的谦虚立场与态度。甚至可以说,汤显祖在此实质地展示了自己创办贵生书院的动机。

【原文】《书》曰:"无起秽以自臭。"言自己心行本香,为恶则是自臭也。又曰:"恐人倚乃身。"言破坏世法之人,能引百姓之身邪倚不正也。

【译文】《商书·盘庚》中有句话:"不要扬起污秽去恶臭自己了。"盘庚说自己的动机、言行从根本上是有益的,在迁都事上毁谤的人反而是自己恶臭自己呢。并进一步说:"(我)担忧恶人唆使你们行为偏斜。"盘庚的意思是,干扰、破坏世世代代通行法则的人,能够借百姓的言行、渴望等引导大家走上弯路、干起坏事。

【释读】

1.《书》是一部多体裁文献汇编,战国时期总称《书》,汉代改称《尚书》,即"上古之书"。因是儒家五经之一,又称《书经》。该书分为《虞书》《夏书》《商书》《周书》,主要是君王任命官员或赏赐诸侯时发布的政令。

"无起秽以自臭""恐人倚乃身"均出自《商书·盘庚》中卷,属于盘庚告诫殷民的话。起因是商朝的第二十位君王盘庚,明为避免水患,暗为改革逐渐腐败的政治局面,旨在复兴殷商,遂率领臣民把国都从奄(今山东曲阜)迁往殷(今河南安阳)。《商书·盘庚》上卷记述盘庚迁殷之前告诫群臣的话,下卷是迁都后盘庚告诫群臣的话。

2."无起秽以自臭"句意:不要扬起污秽去恶臭自己了。

起秽:扬起污秽。在《商书·盘庚》中卷指的是臣僚们贪图安逸、不愿迁都而做出的阻挠言行。

自臭:臭,在此做形容词,读 chòu,自己恶心、败坏自己。

"恐人倚乃身"句意:担忧恶人唆使你们行为偏斜。

倚:动词,斜靠,在此使动用法,译为"使……偏斜"。

乃:特指代词,你,你的。《盘庚》原文还有"乃祖""乃父"等相似用法,又如"王师北定中原日,家祭无忘告乃翁"(陆游《示儿》)。

3. 在句法结构上,该小段明显地属于两大复句,具有相似的句法特征:《书》曰、又曰表明引语的出处;两处冒号后的"无起秽以自臭""恐人倚乃身",属于直接引语;两个"言"属于间接引语的引导词,表转述功能;引导词"言"后的句子,属于汤显祖对直接引语的解读。

在词语、句子的组合风格上,仅靠知道"盘庚迁殷"历史事件去理解汤显祖的这段话是不够的。如果没有读过《商书·盘庚》原文,就不知道汤显祖引文的出处,不知道历史事件的主导者,相应地不知道"无起秽以自臭"句的主语,及"自臭"的所指,不知道"恐人倚乃身"句中"恐"前的主语及"人""乃"都指向哪些人,进而难以准确理解汤显祖的转述。

在古今汉语词义、语义流变方面,该小段容易引起歧义的有两类:

一类是本义与引申义的辨别。如"身"的本义指人有形、可视的部分,一般直译为"身体",但在"倚乃身"处不能直译为"斜靠在你们身体上",若这样翻译了,根据生活常识可知,某人斜靠在他人身体上非常正常,这与"恐"发生了矛盾,只能根据人类借助外在言行揣测内在意图的生活常识,将"身"意译为"言行、需求或渴望";

一类是主体与对象的辨别。如辨别"无起秽以自臭"的句前主语、句中对象,就是搞清楚主体和对象。如果不清楚"无起秽"前的主体,随后就会陷入"为恶则是自臭也"的对象的混乱。这就必须参照语法规则、古今汉语流变规则,区分出主体来。

"无起秽以自臭"属于直接引语,句前主语是盘庚,句中对象是盘庚手下那些不愿迁都的臣僚,全句意指:那些不愿迁都的人们不要编造谣言了,诋毁我的言行其实是恶臭你们自己呢。"自己心行本香,为恶则是自臭也"属于间接引语,"言"是引导词。虽然引导词"言"之前少了主语,但由于直接引语是引自盘庚的原话,"言"后的"自己心行本香,为恶则是自臭也",根据语法规则,表明是汤显祖按自己的理解转述并微有扩展。

而"为恶则是自臭也"这一句主体与对象的指向模糊,是盘庚说如果自己作恶就是自臭,还是盘庚说不愿迁都的人,编造谣言毁谤盘庚的人,属于作恶,是自己恶臭自己?可以根据汉语的古今语法、词义流变规则,内容上参照引文的本义,措辞上要表现出汤显祖明白盘庚的困境及其劝诫的姿态。即盘庚面对不愿迁都臣僚,既表白自己迁都的动机和言行的善意,又不能激怒那些同宗同族的高管,只能在言语上表现出劝诫的婉转。所以,能较好地表现汤显祖转述之意的是:盘庚说自己的动机、言行从根本上是好的,在迁都事上毁谤的人反而是自己恶臭自己呢。后文的"恐人倚乃身"照此办理。

4. 在主题上,引文与解释的主旨续接了前文,侧面表白心迹。由于此处属于借史言志,必然因历史事件本身的复杂性而客观上产生了多重外延之意。"无起秽以自臭"可以看作汤显祖不做有损自我人格的事,注重品德的修养;"心行本香"可以看作汤显祖为官、为人心本良善,言谈举止合乎为官规范、人伦习俗;"人倚乃身"可以看作汤显祖为官不拉帮结伙,不营私舞弊;"破坏世法……邪倚不正"可以看作汤显祖遵循祖宗法度,没有借口为百姓谋福利而阳奉阴违。

如果与下文联系起来,最佳的解读是汤显祖对晚明行政领域存在

汤显祖的贵生观

位高、德劣、权力乱象的斥责。如"无起秽以自臭"本是盘庚劝诫臣僚的,反过来有可能是汤显祖借古喻今,同僚中"起秽""自臭"的官员不少,在此借盘庚之口对朝中权贵做同样的劝诫。"恐人倚乃身"可以解读为汤显祖对无辜而受利用同僚的担忧。"破坏世法……引百姓之身邪倚不正"可以解读为汤显祖对无视公序良俗、带头破坏祖宗法度、为百姓做了坏榜样的权贵的规劝。

【原文】凡此皆由不知吾生与天下之生可贵,故仁孝之心尽死,虽有其生,正与亡等。况于其位,有何宝乎!

【译文】所有这些都是由于不明白我们的生命和天下苍生一样都珍贵这个道理而造成的,因而,这些别有用心之人将仁道、孝道之心都扔掉了,即使还生活在人世间,从品德上看与死掉一样。更何况对他们所处的管理地位来说,有什么值得珍惜呢。

【释读】汤显祖揭示恶官之所以出现的认识根源,以及对位高、德劣之人的痛斥。

1."吾"应解读为"我们"或"官员",不应解读为"我",因为汤显祖并非"为恶"的官员。

"知":晓得,明了;了解。

"正与亡等":正好和死亡等同。

"况":可理解为实词,表境况情势。也可解读为表示递进关系,相当于"何况""况且"。"况于其位"大意是,居高位却毫无仁孝之心的官员糟践了官位。

2."凡""皆"是古汉语中表复数的词,"此"则表明文中已经列举了。那么,文中汤显祖列举了哪些无仁、无孝的官德现象呢?

"起秽"借喻的是无事生非、借题发挥的两类官德情况;

"自臭"借代的是言行不检点,甚至乱用、滥用权力的两类官德;

"为恶"展示的是多行不义、作恶多端的多类官德;

"人倚乃身"借喻的是受人利用的官场现象;

"破坏世法"直指违反法规的官场现象;

"能引百姓之身邪倚不正"指无视公序良俗的官场乱象。

概言之,凡是动机不纯、言行违背儒家正理的,凡是名为百姓利益、实为一己私利的,凡是带头无视世世代代的共识法则的,凡是假借百姓名义作恶的,在汤显祖看来都是官德低劣。

汤显祖列举了诸多官场乱象之后,归纳出的认识根源是"不知吾生与天下之生可贵",字面义上是"不知道我们与百姓的生命同样值得珍惜"。由于"知"还有"明白""通晓"等含义,因而,官场乱象的认识根源还包括"不明白官员与百姓的生命同样值得珍惜",即高官们只珍惜自己的生活和生命,罔顾百姓的生活乃至生命。换言之,高官们由于缺乏仁孝之心、仁孝之德,而没有仁孝之举、仁孝之行。所以,汤显祖怒斥这些官员,人品上是虽活犹死,状如行尸走肉,他们占据的本有大用的官位,也不值得人们珍惜它。

【原文段】然则天地之性大矣,吾何敢以物限之;天下之生久矣,吾安忍以身坏之。《书》曰:"无起秽以自臭。"言自己心行本香,为恶则是自臭也。又曰:"恐人倚乃身。"言破坏世法之人,能引百姓之身邪倚不正也。凡此皆由不知吾生与天下之生可贵,故仁孝之心尽死,虽有其生,正与亡等。况于其位,有何宝乎!

【原文段释】这一部分,论述逻辑上,与前文部分构成递进关系。内容上,借痛斥行政管理中的"位"高、"德"劣现象之机,展现自我的豁达与仁爱之情。

汤显祖主要通过对比、用典两种艺术表现手法揭示位高、德低的行政危害。

在表现主题上,这137字可谓汤显祖的借题发挥,既表白自己动机纯正,又表白言行光明正大;既展示自己对六品贬谪为从九品的豁达,又展露自己从副都南京进入边疆徐闻的执着;不但将隐形的行端影正的德高与邪倚不正的德劣进行对比,而且将显形的恪守职责与破坏世法进行对比;不但展示了应然的仁孝之德与实然的"以身坏之",而且暴露了高位官员的肆无忌惮与低位官员的壮志难酬。

汤显祖的贵生观

在表现手法上,汤显祖首先融合了排比句式所具有的气势与反问句式所特有的强烈,以"何敢""安忍"反问词,展现了自己丰富的豁达心境与强烈的仁爱之情;其次,汤显祖采取用典和对比手法,借著名的"盘庚迁殷"历史事件,将自己动机纯正、言行光明磊落与晚明官场的谋私利、言行恶劣现象进行对比,斥责了国政中的位高、德劣现象,暴露了官尊、民卑的政治根源,揭示了晚明高位官员肆无忌惮、无视百姓疾苦的政治格局,侧面烘托了德高、位低的官员很难有所作为。

该段的难点是如何从文字中读出汤显祖的主题,尤其是他揭示了哪些晚明官场的乱象。明代行政领域的各类不正常现象很多,汤显祖选择了德、位匹配状况的角度,前文已经展示了德高位高、德高位低,可供选择的只剩下德低位低、德低位高两类。由于全世界范围内的官制都是位高权大,对百姓的影响也具有范围广、数量大、领域多的特点,至今依然是公众高度聚焦的对象。更何况明代的株连制全国通行,一直是动一官牵连数官,如太祖朱元璋处理胡惟庸,株连被杀者高达30 000人,永乐帝朱棣惩处方孝孺株连而死847人。[①] 而官员位高、德低的危害,直接造成汤显祖本人从较高俸禄的官六品降到相当于吏的从九品,从生活方便、同仁同道较集中的南京落到语言不通、人生地不熟的边疆徐闻。逻辑推理如此,事实上汤显祖的"仁孝之心尽死,虽有其生,正与亡等",也正体现了这一点。

【原文】吾前时昧于生理,狎侮甚多。受命以来,偶读至伊尹曰:"天之生斯民也,使先知觉后知,"乃叹曰:"谓之天民,当如是矣。"

【译文】接受皇命以前,受生活阅历短浅、知识修养不足的蒙蔽,我的言行举止多有不庄重。受朝廷任命为官以后,一次读书时,偶然看到商汤宰相伊尹说:"天地生育的这些老百姓,就是需要先知、先觉的人去启发、开导未开化的人"。我很感慨地说:"称呼自然生长、蒙昧未开化的人为天民,实际上就是这样(先觉的人去开导盲民)的情形呢。"

---

① 钱穆:《国史大纲》第七卷,商务印书馆,2010年版,第19页。

【释读】

1."天之生斯民也,使先知觉后知"引自《孟子·万章》下,商朝宰相伊尹原句"天之生斯民也,使先知觉后知,使先觉觉后觉"。

2. 昧:本义指天未大明;引申义为昏暗不明。文中指的是受年龄或阅历限制而存在的头脑不清、认识短浅。

生理:生的本义生长、滋长;理为形声字,作名词时本义指玉石内部的纹路,引申义指事物的规律,是非得失的标准、根据;作动词时,本义指顺着玉石内部的纹路切割玉石,引申义指顺着事物的内部道理做事。本文意指因生活阅历短少而导致的经验短浅、知识修养不足。

使:形声字,文中可指本义的命令,"使先知觉后知",译成"命令已经接受教化的人……"也可表使动义,随之译成"命令自然状态的百姓"。

狎侮:狎为形声字,本义指驯犬;引申为动词时指驯养,本文指接近、亲近而不庄重;侮的本义指蒙人,引申义指对人对事轻慢、不敬重。本文意指举手投足自然而多有不庄重。

3. 最后的"乃叹曰:'谓之天民,当如是矣'"句,是解读难点。

"乃"译为"才",表程度,强调自己为官后的体验,千年前的商朝宰相伊尹早已发现并强调过了。

"之"属指示代词,译为这些、那些。"谓之天民"意即"指称这些(那些)人为天民"。

"谓之天民,当如是矣"句,由于缺少了主语,以及"之""是"的指示性较弱,导致今人解读此句时,难以确定汤显祖究竟是说,像伊尹一样将未教化的百姓叫作天民,还是说,他面对的百姓多为天民,需要加强教化。

4. 在表现方法上,从这里开始到文章的结尾,汤显祖转变了话题,文风相应随之转变,采用了叙事、抒情相结合的艺术手法。

此处叙事的线索是点式的读书、为官。"前时""受命以来"这两处的时间状语为互文,受后句"受命以来"的影响,"前时"应指的是为官之前的读书求学时期。抒情的主题是针对开启民智的,先引用了商汤宰相伊尹的观点:天民需要先知的启蒙。接着抒发自己为官后阅历渐多的认识:为官者确实需要关注开启民智。

5. 此小段需与后文参照着去解读,有多重含义。一是表现为官前后的认识变化,二是表明开启民智也是为政的职责。需要强调的是,该段是在行政角度谈教育的,并非专门谈论教育。论据一是做官后认识到教育的重要性,"乃叹"表现汤显祖认识到自己的后知后觉,这种后知后觉源自"受命"为官后面对管辖下百姓的经验;二是行政上应重视天民的教化,如果"之"确指汤显祖任典史时的徐闻百姓,那么,创建学校以开启民智的含义即在其中。但由于当时徐闻已有社学、县学,而且前文已经表明,"大人之学"在于开发智力,教化出"为天地大生广生"的人。所以,只能解读为为政者重视百姓的教化,为公,有益于提高行政效能,为私,贵生。

从表达主题上看,由于汤显祖引用了伊尹的行政教育观,使得教化有两类作用:

一类是启蒙天民。商汤宰相伊尹的"天之生斯民也",更多地指原始自然状态下的百姓依靠本能、经验生活,就像呱呱坠地的婴儿,缺少人之为人的多种知识,这种状态下的教化,具有综合性、移植性、开创性,目的在于帮助原生态的人们减少生存阻力、高效地人化自然。

一类是先觉开智。人类产生史源远流长,时间、地点、领域等划段方式常为人们分析、归纳文明程度所采用。在此意义上,先知、后知都具有了阶段性、区域性、领域性等特征,全知全能的先知,无论在理论上还是实践上都不可能存在,也无法存在。商汤伊尹时期的先知与汤显祖时期的先知在知识结构、程度等方面相距甚远。在此意义下的"天民",多指一定时空之下的人们,已经具备了综合性的、特定阶段的生存知识,欠缺的是专精性知识。这种状态下,先知是某专业知识丰富的人,进行的传授也只是某领域的知识,接受教化的后知并非原始状态下的人,而是一些专业知识匮乏的人。因此,"先知觉后知"可以解读为开智。汤显祖所指的"天民",正指的是明代各地已经具备了综合性的生存知识,儒家文化积累较少的人们,或者说,掌握汉字较少的人们。

【原文】始知"君子学道则爱人"。故每过郡县,其长吏及诸生中有可语者,未尝不进此言。

【译文】从此明白了"君子学习天道、地道、人道是用于施行仁爱的"。因为这个缘故,每次走过一个郡、一个县,如果在那里遇到能交谈到的长官、吏人以及书生,就常常跟他们讲解"君子学道则爱人"的道理。

【释读】

1. "君子学道则爱人"出自《论语·阳货》,原句:君子学道则爱人,小人学道则易使也。

2. "有可语者"指的是有共同兴趣爱好或相同价值观的人。

"进"本义是动词,表客观状态。在本文表态度的谦恭、谦和或重视程度。

3. 主题上,旨在表白自己传播仁爱,尽管被贬至边疆小县,也没有忘掉自己的使命,所作所为符合朝廷命官的身份,品德上也是一个高尚的人。汤显祖的表白,是通过两个方面、借助数个具体事例体现的。

一方面,职业上知行合一。儒家语境下的"君子",道德层面上指的是品德高尚的人,政治上指的是遵行忠孝仁义的人,行政上则指的是忠君爱国的官员。汤显祖求学时期饱读诗书,因要入朝为官,必然精研明帝国科举考试法定的理学教材,四书五经即是其中的核心,汤显祖又参加了五次科举考试,儒家的"君子学道则爱人"之类的理论早已烂熟于脑,根本不可能是做过明帝国副都南京的六品官,又过了几年,被贬到典史时,才知道或明白"君子学道则爱人"。但汤显祖在本文强调的"始",只是用文字表白,自己在行政上是忠君爱国的好官。通过"每过郡县""未尝不""长吏及诸生"这些字句,汤显祖具体展现自己范围之广、努力程度不可谓不深、涉及人数不可谓不多,一直表里如一地坚持传播儒家理念、爱护百姓,广泛地团结一切可以团结的力量为朝廷

汤显祖的贵生观

效力。

另一方面,人品上力行仁爱。为了表现在道德层面是一个具有仁爱之心的人,汤显祖表白自己一直借游学、访问等机会,不遗余力地传播仁爱,让"长吏及诸生"接受教诲去行仁布爱,甚至到了被贬徐闻后,也不抱怨、不泄气,不顾人生地不熟,克服官话和俚语的沟通困难,忍受衣食住行的巨大差异,百般思虑、多方筹谋,捐出俸禄创办贵生书院,一个人做到这些,难道不是品德高尚的人吗?不值得赞扬吗?

【原文】而徐闻长熊公,爱人者也。此邑士气民风,亦自惇雅可爱,新会以南为第一县。且徘徊于余,不忍余去也。故书《贵生说》以谢之。

【译文】徐闻县令熊公正是这样施行仁爱的人,徐闻这个地方的老百姓敦厚淳朴,读书人气正好学,令人喜爱,是新会以南民风最好的地方。并且,这些老百姓、读书人常常环绕在我身边,舍不得我离开他们。所以,我特地写作《贵生说》一文表达我的答谢之情。

【释读】

1. 惇:形声字,指为人敦厚、笃实。

雅:本义犬齿。引申义指基准、标准。本文意指超出一般程度、标准,转为形容词,表高尚的、美好的、优美的。

2. 主题上,表明写作缘由。汤显祖罗列了四类写作理由:徐闻县令熊敏具有仁爱之心,是个爱护百姓的好父母官;徐闻的百姓敦厚淳朴,读书人自然纯正,令人喜爱,是新会以南民风最好的县区;汤显祖与徐闻人建立了良好的友谊,得知汤显祖接到调令要离开徐闻,依依不舍;贵生书院前期筹备工作已完成,在大家的努力下正动工兴建,千言万语凝缩成一个词,希望人人能贵生。

【原文段】吾前时昧于生理,狎侮甚多。受命以来,偶读至伊尹曰:"天之生斯民也,使先知觉后知,"乃叹曰:"谓之天民,当如是矣。"始知"君子学道则爱人"。故每过郡县,其长吏及诸生中有可语者,未尝不进此言。而徐闻长熊公,爱人者也。此邑士气民风,亦自惇雅可爱,新会以南为第一县。且徘徊于余,不忍余去也。故书《贵生说》以谢之。

【原文段释】这一小段152字,汤显祖以自身在徐闻的感受为主,话题由前边的立意高远转变为立足徐闻的为官与生活。文风相应随之转变,采用了叙事、抒情相结合的艺术手法,点明了写作《贵生说》的缘由。

抒情的线索是"爱人"。抒情写作方法的使用是为了增强文字的感染力,汤显祖文末使用抒情,旨在加强自己传播仁爱,尽管被贬至边疆小县,依然坚持履行使命的说服力。说服谁呢?这与他捐出本已微薄、应该用于养家糊口的俸禄的动机有关。明代俸禄制让官员成为职业行政者,官员个人的生老病死以及养家糊口的经济来源只有较低的俸禄,汤显祖上有年迈的父母双亲需要奉养,中间有小脚的妻子需要供养,下有一双年幼儿女需要抚养,由六品跌至从九品的薪水捐出创办书院,至少包含了展示给上边看的深意在内:噢,皇上,您看到了吗,臣一直忠君爱国呀!噢,同僚们,你们看到了吧,咱们都是同一战壕的战友啊!

叙事的线索是点式的读书、为官、离开徐闻。"前时""受命以来"这两处的时间状语为互文,"前时"指的是为官之前的读书求学时期,由于受生活阅历短浅、知识修养不足的局限,关注个人多于百姓,受命为官以后,切实体会到为官的责任:

一是行政官员要以身作则。官员手握各方资源的支配力,身后有军人、钱财、皇权的保障,制度上的异地为官又增广了见闻,懂得身不正则令不正,令不正则难以推行,为国分忧、为民解难就难以落实。因此,行政者不但要具有一颗仁爱之心,具备与仁爱之心相匹配的仁爱之言行,让百姓感受到仁爱,信赖官员,从而最佳地利用有限的资源为百姓谋福利。汤显祖因为前文已经涉及这些,在文末,更多地强调自己身为行政者的践行,"受命以来"与"长吏及诸生"谈论"爱人",捐俸创办书院,本身具有以身示范的教化宣传作用。

二是行政官员具有教化民众的政治责任。凡是官员都是曾经的求学者,都经历了先学后实践的过程,亲身体会到开启民智能减弱政令落实的阻力,能缩短调集资源的时间,能节约来之不易的人力和财力。所以,官员利用各种机会、尽自己最大努力教化境内民众,让百姓"知生"

"自贵",知晓众生皆贵,引导他们遵守国家法度、遵行仁爱,就能实现国泰民安。而官员在行政中培养各类人才、发现爱民的后继者,本身是在"为天地大生广生"。使后继者继续"为天地大生广生",更是仁爱的体现,这是汤显祖创办贵生书院的根本动机。

二、《贵生说》文本分析结论

(一)《贵生说》的引文占比

引文有两类,一类是直接引用,一类是间接引用,包括诠释以及转摘的典型词语,如"大生""广生"属于《周易·系辞》中的重要词汇,"生生"源自《易经》。两类引用共计有11处,其中直接引用约100字,占全文505字的20%。分别如下:

"天地之性人为贵"源自《孝经·圣治》章;

"事天如亲,事亲如天"出自《礼记·哀公问》;

"事死如生,孝之至也"出自《中庸》;

"天地之大德曰生,圣人之大宝曰位"出自《周易·系辞》下;

"观我生""观其生"出自《周易·观卦》;

"大生""广生"出自《周易·系辞》;

"无起秽以自臭""恐人倚乃身"出自《商书·盘庚》中卷;

"天之生斯民也,使先知觉后知"出自《孟子·万章》;

"君子学道则爱人"出自《论语·阳货》;

"生生"缩自"生生之谓易",出自《易经》;

"孟子恐人止以形色自视其身,乃言此形色即是天性"属诠释,原观点"形色,天性也;惟圣人然后可以践形"出自《孟子·尽心》上。

需要强调指出的是,汤显祖《贵生说》中的直接引用占20%,属于官场的应酬之文,是创建贵生书院的补充式的文字说明。2012年07月10日北京日报《引用率超20%难算学术专著》一文,清华大学教授肖鹰指出:"一篇理论文章,如果引用率在20%以上,我们很难将它算作学术专著,称其为文献综述或文献汇编,作者署名为编者,其实更为恰当。"如果要计算转述、诠释的比例,可能更多,如"《书》曰:'无起秽以自臭。'言自己心行本香,为恶则是自臭也",直接引用6字,诠释14字。

(二)《贵生说》的结构所示

通过对文本逐字、逐句、逐段的翻译及分析,可以归纳出中心及结论:若采用"贵生书院说",则题文不符;文章标题应改换为汤显祖自己文末的《贵生说》。全文结构比重如下:

天地之性人为贵。人反自贱者,何也?孟子恐人止以形色自视其身,乃言此形色即是天性,所宜宝而奉之。

(47字,入题,引出"贵生")

知此则思生生者谁。仁孝之人,事天如亲,事亲如天。故曰:"事死如生,孝之至也。"治天下如郊与禘,孝之达也。子曰:"天地之大德曰生,圣人之大宝曰位。"何以宝此位?有位者能为天地大生广生,故观卦有位者"观我生",则天下之生皆属于我;无位者止于"观其生",天下之生虽属于人,亦不忘观也。

(139字,论"贵生":"贵生"治国的具体内容及行政中的两类德、位匹配情况)

故大人之学,起于知生,知生则知自贵,又知天下之生皆当贵重也。

(30字,论高等学校教育的作用:认识上的"贵生"的内容)

然则天地之性大矣,吾何敢以物限之;天下之生久矣,吾安忍以身坏之。《书》曰:"无起秽以自臭。"言自己心行本香,为恶则是自臭也。又曰:"恐人倚乃身。"言破坏世法之人,能引百姓之身邪倚不正也。凡此皆由不知吾生与天下之生可贵,故仁孝之心尽死,虽有其生,正与亡等。况于其位,有何宝乎!

(137字,论"贵生":位高、德劣的不"贵生"行政现象)

汤显祖的贵生观

　　吾前时昧于生理,狎侮甚多。受命以来,偶读至伊尹曰:"天之生斯民也,使先知觉后知,"乃叹曰:"谓之天民,当如是矣。"始知"君子学道则爱人"。故每过郡县,其长吏及诸生中有可语者,未尝不进此言。而徐闻长熊公,爱人者也。

　　(106字,收题,行政官员以身作则的教化意义,即社会教育部分的内容)

　　此邑士气民风,亦自惇雅可爱,新会以南为第一县。且徘徊于余,不忍余去也。故书《贵生说》以谢之。

　　(58字,结题,交代写作缘由)

　　由分析全文结构可见,内容上,可直接划归于"书院"内容的,即高等学校教育部分的只有30个字;能间接划归入"书院"内容的,即社会教育中身教、言教的106字。但全文围绕"贵生"行政的文字高达382字,具体论及了"贵生"治国的方略是仁孝治理、"贵生"行政中的德高位高、德高位低以及德劣、位高现象,占276字;涉及"贵生"行政实践的占106字。

　　显而易见,如果是为了创建贵生书院而写作的"贵生书院说",有脱题之嫌,焉有创办书院、重点不在教育而专论行政?难道进士出身、文名甚远的汤显祖竟然文理不通?这显然有违毫无政治背景的汤显祖五次参加科考、四次落第①所修养出深厚文字功底的事实。

　　假如汤显祖本人对文题不符的问题熟视无睹,他1592年写作《贵生说》,正值实际任职徐闻典史的1591年5月—1594年1月②期间,逻辑上正是他书信给官场同僚、同乡或友人,谋求升迁时期,此文即使没有曾通过徐闻—雷州府—广州—北京的官报传播,也必然通过徐闻—

---

　　① 1571年春试不第;1574年春试不第;1577年春试落第;1580年春试不第;1583年以第三甲第211名赐同进士出身。参看徐朔方《汤显祖评传》,南京大学出版社,1993年版,第241页。

　　② "实际上,汤显祖万历十九年十月下旬到达徐闻任典史,到万历二十二年初,离开徐闻回到临川老家。这样看来,汤显祖在徐闻整整两年。要是从汤显祖万历十九年五月被贬徐闻典史,到万历二十二年三月任遂昌令止,汤显祖任徐闻典史的时间就接近三年,精确地说是两年零十个月"。参看《汤显祖被贬徐闻典史时间考略》,《人文岭南》,2014年第44期。

雷州府—各名士的私人书信传播,甚至东林党领导人高攀龙也读到①,汤显祖不考虑文题不符的负面影响吗?

假如汤显祖本人对文题不符的问题熟视无睹,只为创建贵生书院而写作相应的短文,在扩大政绩的期望结果上,比得上贵生书院、《贵生说》两项政绩的影响力吗?显然意图升迁或离开徐闻当是汤显祖捐俸创办贵生书院的桥梁,建造贵生书院属于实物政绩,自有官报逐级上报;短文《贵生说》属于书证,文内既有行政立场的表白,又展示了任职徐闻典史期间的所作所为,走的是非官方路径,以书信形式向同僚、同乡及亲友展示政绩的佐证。两项政绩,互为映照,其影响力当然大于单一写作目的;两种路径,一官一私,扩大政绩影响的期望值当然高于单为贵生书院而作的短文。

首先是汤显祖由官类的六品直接降级为从九品,俸禄大跌,而此时上有老、下有小要供养;孤身在边疆的徐闻,远离同仁与同好,志趣相投者鲜有,少了高雅之乐;语言不通,与徐闻绝大多数土著根本无法交流,只能局限在县城内派驻的文官、武官及有志考官的儒生圈子,交流范围有限、人数极少,英雄无用武之地,寂寞。每年必有一次的台风能飞沙走石,茅屋的倒塌自不必说,即使是土坯墙瓦屋、砖墙瓦屋,因材质及建造结构不同于内陆,最普遍的也是强台风过后没有了屋顶,有人身安全之虞。饮食结构与故乡江西、为官的南京都有所不同,一年超过二百天时间的高温能使熟食三五个小时发臭难食。徐闻一年四季中的潮湿与春秋两季中的回南天,造成田间收获物、渔业捕获物难以储存,常常霉变或腐烂,也常常使衣被潮湿、发霉……造成日常生活多有不便,往日的生活安适也实现不了。

其次,汤显祖同明代大多数文官一样,身陷儒家理论,缺乏有效的工具、理论等对治国利弊进行深度思考。由闭关锁国造成的文化闭塞,使一国行政人才难以实现维度、方法等的借鉴,甚至将制度设计的不科

---

① "东林党的另一领袖人物高攀龙在《答汤海若》信中说:'及观赐稿《贵生》《明复》诸说……'"参看徐朔方《汤显祖评传》,南京大学出版社,1993年版,第203页。

学误看作官员的才学不足,将不同政见的实施误读作官员间的党同伐异,将宏观的抽象与微观的具象矛盾当成官员不作为……汤显祖既没有站在皇帝、首辅的位置通观制度设计及行政的经验,也没有兴趣对行政管理及其制度进行深度探究,《论辅臣科臣疏》很好地展现了这些,才将所有政治或行政问题都归结为官员自身问题。汤显祖擅长文史、略通农业,对以农、海为主的徐闻,难有推动技术进步的实际行政措施,也难有管理上的独创或实效之见,只不过在租赋的征缴、安抚境内之民、招徕流亡等方面,辅助县令熊敏,履行了一名行政官员的职责。县级典史的官秩,处处仰人鼻息、事事遭遇掣肘,很难在基层具体行政上有所作为,如按照明帝国的行政伦理,作为县级典史的汤显祖,若无县令支持,行政主张是难以展开的,县令熊敏捐俸以示支持,既出于教化民众这一政治任务的考量,也给了汤显祖一份人情,又借助汤显祖通过官报路径呈报各级上级部门,让考绩亮丽一些,此乃熊敏借力使力,由此汤显祖的政绩单薄了,他不得不在这种官场规则下,另作一文,表明自己在教化民众方面的行政主张,这也是在《贵生说》的最后一段,夸赞熊敏、记述行政作为,将与主题不直接相关的事情拢在一起的原因。事实上,在汤显祖调离徐闻起了主要作用的,不仅仅是他在徐闻的政绩,而更是同僚、同乡、同好、同道们努力运作的结果。汤显祖不擅长政论文章,要以地方行政管理对策等类奏疏赢得上级注目,力有不逮,就如《贵生说》所展现的,作为一篇政论文,全文才505字,直接引用已占了20%,对直接引用的诠释、间接引用也很多。

所以,结论是,由于贵生书院属于实物,是感性资料,循徐闻—雷州—广州—北京的官报路线上报,而《贵生说》作为辅助工具,当时走的是民间传播路线,在行政领域扩大贵生书院的影响;在汤显祖的诗文、剧作编刊过程中,为了纪念此文的写作背景,在题目中添加"书院"二字比注释更有力,以至于沿用至今。也许,一方面,现代行政、现代教育的职业化更细致,基层行政致力于实务、上层致力于决策,与古代行政有众多质的不同,致使行政方面无意发掘古代基层的行政状况。另一方面,汤显祖的剧作成就突出,遂使后人重视他的文艺才华,尤其研究者多分布于高校,多数没有行政实践,忽略了他的行政思想。

三、"汤显祖贵生观"的主要内容

汤显祖早年接受家庭的道教理论熏陶,《阴符经解》可谓他道家思想的标志;为官的十五年,与儒学理论、儒学实践息息相关,《贵生说》中的一些语句直接摘自儒家经典;三十岁时,在南京清凉寺登坛讲法①,并与达观禅师保持了多年的友谊;他从遂昌任上挂冠而去,与对儒学的创新理解不无关系。这些人生体验的感悟,不同程度地展现在他为数不多的理论性作品中。

(一)众生皆贵:汤显祖的贵生世界观

世界观又被称为"宇宙观",指人对自身、自然等的基本看法。说"贵生"是一种世界观,意即有一种世界观是以"贵生"为指称的,"贵生"是修饰语。与其他类型的世界观一样,有两个相互关联的要点:

其一,创造主体是不同的人。最早创造"贵生"一词的老子,赋予本义,可谓"老子贵生观"。但老子归结"道"是天地万物产生、变异的根源,其目的不在天道、地道本身,而是试图从中找到人道应当遵循的法则,即老子探究道的旨归是"圣王"同"百姓"的关系,这正是政治观的核心。《老子·第二十五章》的"人法地、地法天、天法道、道法自然",指出了人道"贵生"应当遵循的法则,所以,"老子贵生观"其实是老子的世界观。道教"贵生观"虽然衍生于老子,语词上没有"贵生",但核心理念无不紧扣"贵生",注重养生延命,注重修炼生命,甚至为追求"神仙不死",陆续创造了许多具体的、可操作的方法,比如守一、存思、

---

① 汤显祖:《汤显祖诗文集》(前言),徐朔方笺校,上海古籍出版社,1982年版,第4页。

汤显祖的贵生观

导引、吐纳、胎息等,这可谓"道教贵生观"。

其二,主体的基本观点中包含了对自然、社会、人自身等的看法。《周易·系辞》中的名句"生生之谓易",可谓揭示生命及其功用的经典,将生命繁衍上升到了本体的高度:阴、阳二气交感产生物质,是为天地;天地规律的象征是为乾、坤;表现在人类,是为男女。① 显然,"生生之谓易"表述的是一种宇宙生成论,这正是儒家的世界观。不同朝代的儒生的世界观稍有不同,但归旨都在人道。如朱熹由"理在气先"世界观,得出人道上要"存天理、灭人欲",王道上要推行"三纲五常"。王阳明由"心即是理"世界观,推出摒除欲望能达到对天理的认识,就能成为圣贤。

佛教语词上也没有"贵(今)生",但各门派理论无不通过三世因果②轮回、六道③轮回在理论上展示了个人的前生、今生、来生,教化人要断掉(色、声、香、味、触)五欲,斩断(眼、耳、鼻、舌、身、意)六根,抛舍亲情、友情和爱情等社会关系,不要造业(作恶),以免因业障深厚而堕入阿鼻地狱,转生为猪狗、花草等生物,从而将人生与其他自然之物联系起来,形成了一个万物产生、发展与消亡的生物链,凸显了"贵(今)生"的实践价值。

"汤显祖贵生观"是汤显祖的世界观。首先,"汤显祖贵生观"以《贵生说》为展现,具有称之为"贵生观"的专门论述。中国的传统文化博大精深,流派更是数不胜数,如果将传统学派的贵生观视为中观层面,那么,只能将明代的汤显祖贵生观视作微观层面。汤显祖不但在贬官徐闻时创建了贵生书院,希望集中于书院去传授、去承继,并用文字阐述了自己的贵生观。《贵生说》主要论述了贵生教化观、贵生行政观

---

① 《易传·序卦》中的原句为:"有天地,然后有万物;有万物,然后有男女;有男女,然后有夫妇。"

② 因果论最早源于《易经》的"积善之家,必有余庆。积不善之家,必有余殃。"汉传佛教用前世、今世、来世,以及上三道的天道、修罗道、人道和下三道的畜生道、饿鬼道、地狱道完善、强化了这一观点。

③ 六道指上三道的天道、修罗道、人道和下三道的畜生道、饿鬼道、地狱道。

及其涉及的贵生世界观。

《贵生说》首句"天地之性人为贵",论及了大自然与人类的关系,可视为儒生的汤显祖的本体论观点:人的生命分为本质的"性"和秉受的"命"两部分;"性"来自于无生无灭的宇宙,这是人自身的物质、精神的源头,因而又称之为人的"本性"——物质的人蕴含了"五行"规律,金木水火土五个要素分别发挥其基本功能;"命"虽然也来自宇宙,蕴藏了"五常"规律,但仁义礼智信主宰人一生的精神活动,生动而富有活力,所以表现得千差万别;"性"和"命"之间的辩证关系是"木神则仁""土神则智"等,即"性"决定"命",例如金型人,受天地燥金之气,为燥,所以身体上易患燥热性疾病,性情上太过强势。

《贵生说》中的"知此则思生生者谁"句,涉及了人生观、价值观和政治观。第二个"生"是名词,指生命,第一个"生"是使动词,指让生命存在并健康。广义的"生生"包括一切生命现象,狭义的"生生"特指贵生的道理和方法、手段和途径等。但无论广义还是狭义,"生生"缺少了主体,因而才有汤显祖的"思生生者谁"的问句。后句"有位者能为天地大生广生"给予了答案:有位的人能赋予事物以生机和活力。这一问一答包含了人生观、价值观和行政观方面的内容:使自己的生理健康、生活舒适、生命长久,是人生观的题中之意;更多地考虑自己并使自己充满健康和活力的人,对他人的有用性小,是一种利己价值观;毫不利己、专门利他的行为,对他人的有用性越大,"利他"的范围越大,是一种利他价值观;"有位"且"能为"恰恰又是政治领域的问题,能到"有位"程度的人,具备了一定的人力、财力和物力,是消极地"以物限之"、乱作为"以身坏之"呢?还是积极地能"为天地大生广生"?

其次,"汤显祖贵生观"的内容散见于汤显祖的诗作、剧作,涉及贵生教育观、政治观、婚恋观等方面,具有称之为"汤显祖贵生观"的个人特色。汤显祖的"临川四梦"可谓政治观与婚恋观的大展示,其贵在探讨掌控凡俗生命体的力量。《邯郸记》表现了邯郸卢生梦中娶妻、中状元、建功勋于朝廷,后遭陷害被放逐、再度返朝做宰相,享尽荣华富

汤显祖的贵生观

贵,死后醒来,方知是一场黄粱梦,因此而悟道警醒。《南柯记》讲述了书生淳于棼于梦中做大槐安国驸马,任南柯太守,荣华富贵梦醒而皈依佛门的故事。《邯郸记》《南柯记》属于政治问题剧作,暴露了官僚的假、恶、丑,对其所处环境给予整体否定,也揭批了操控众生生存环境的官场生态。汤显祖的婚恋观主要以《牡丹亭》为代表,《紫钗记》演绎了霍小玉与李益悲欢离合的幻梦,《牡丹亭》描写了杜丽娘与柳梦梅人鬼相恋的痴梦。国内外的述评颇多,都认为两剧属于风情戏,却很少谈及两剧所展示的男尊女卑的家国政治格局。《牡丹亭》中的杜丽娘从未有过闺房之外、花园行走的微小权利,所接触的也只能是严父和迂师这两位男人,最终也是男、权集于一身的皇上充当了证婚人才追爱成功。《紫钗记》的霍小玉作为已故霍王之女,因为庶出以及生存的无路,把全部生命理想和生存价值都拴系在爱情上,但无论是来自卢太尉设局陷害的阻力,还是借助圣旨的权威与李益结成良缘,都宣示了男权对女性命运的操控。

再次,汤显祖贵生世界观主张生命力①的自然张扬,这集中在《阴符经解》《秀才说》中。不到两千字的《阴符经解》,集中探讨了人的生命力及其源泉。他认为,人的生命的出现与天地万物的产生一样,来源于阴阳五行的运动变化,并同质同构;人的生命与天地万物的变化是生生不已:"生死相根,恩害一门。生者死之,死者生之。恩者害之,害者恩之。乃为反复天地,圣功也"②。但人的生命与天地万物所不同的是:"知生之为性是也,非食色性也之生"③,意即生命力不只是"食色"这种

---

① 生命力是生命的力量的简称,指维持生命存在、活动的能力。中国哲学中对应的是"生生",儒家经典多有论及。西哲中,美国存在主义和人本主义心理学家罗洛·梅提出了较完整的观点,如"不是一种实体而是人类经验中基本的原型功能","是一切生命肯定自身、确证自身、持存自身和发展自身的内在动力"等。参见《爱与意志》,国际文化出版公司,1987年版,第126~127页。

② 汤显祖:《汤显祖诗文集·阴符经解》,徐朔方笺校,上海古籍出版社,1982年版,第1207~1209页。

③ 汤显祖:《汤显祖诗文集·秀才说》,徐朔方笺校,上海古籍出版社,1982年版,第1166页。

物质性,更是"神能食气"①之"神","无尽者性之所慊"②之"性"。汤显祖想要阐明的食色、性等,用古汉语探讨物质与精神的关系:对生命的物质的"形色""宜宝而奉之",因为这是精神活动的基础,而"心为机本,机在于发"③则是张扬生命力的关键,从而揭示了生命力的自然与张扬动力。

汤显祖贵生世界观的一般性内容。《贵生说》的文章题目展示了教化的传承途径,这是后人将其主要地归为教育类的依据。但笔者认为,古代官员绝大多数曾经历了身份的多重变化:百姓的一员、学道者、(专职或以身作则的)教化者、行政者。至少,汤显祖以"自贵""天下之生皆当贵重"的认识和实践路线,从四个层面论述贵生:百姓要"知生"然后"自贵";学道者要"知生""自贵",逐渐习得"天下之生皆当贵重";教化者要"知生""自贵",以众生皆贵心态引导众生遵行仁爱这一"世法";为政者要"自贵"不"自臭",以"天下之生皆当贵重"为执政理念,行仁孝,"为天地大生广生"。最终的收结点在于发掘"能为天地大生广生"的"有位者",以达善治。

一是人道自贵。首先,人道贵于天道、地道。《贵生说》引用了《孝经·圣治章》中的"天地之性人为贵",指出了人性贵于天地之性。这句话有两个重要的概念:天地之性、人性。前者涉及中国人的宇宙观,后者涉及人学。从孟子开始,儒家谈"天地之性"都是为了解答"人性"这一实际问题而追根溯源的。虽然从《易》开始,儒家的"天地之性"在不同皇朝时期有不同的观点,但阴阳学不但贯穿本体论,也渗透入社会实践当中。明帝国部分儒家学说也认为宇宙混沌之初为无极,天地未出现前为"太极",太极因运动催生了阳,动至极致催生了阴,天、地分开,阳变阴合产生了万物。所以,这里的"天地之性"包含了两层含义:

---

① 汤显祖:《汤显祖诗文集·阴符经解》,徐朔方笺校,上海古籍出版社,1982年版,第1207～1209页。
② 汤显祖:《汤显祖诗文集·秀才说》,徐朔方笺校,上海古籍出版社,1982年版,第1166页。
③ 汤显祖:《汤显祖诗文集·阴符经解》,徐朔方笺校,上海古籍出版社,1982年版,第1207～1209页。

汤显祖的贵生观

大自然的本性和宇宙间万物的特性。在第一层含义中,儒家认为,天的本性是乾,地的本性是坤。即所谓天道在阳,光明普照大地,毫无私欲地滋生、周济万物,地道在阴,德厚而容纳、长养万物而运行不息,天地的本性是生成与变异:"生生之谓易"(《周易·系辞上》)。在第二层含义中,天地间的万物,根据领域的不同,具有类的不同:从具象层面看,人们生活在天下、地上的万物如各种植物、动物、空气和水等各有各的特性;抽象层面看,人道中,宗教领域的天地具有神秘性,政治领域的天地具有统摄性,伦理领域的天地具有时序性。

其次,人道"自贵"包括珍惜人体(身体发肤)和在此基础上的人性。继"天地之性人为贵"一句指出了宏观的天道、地道与人道的关系后,"孟子恐人止以形色自视其身,乃言此形色即是天性"句,从微观角度指出了人道自贵的内容、关系及其根据。在汤显祖看来,人道"自贵"表现在两方面。一方面,人体是人性的前提与基础,即人的生命最为宝贵。这个观点是通过人体与人性的关系说明的。由于人的体形、发肤处于可视、可触状态,人人得以见之;人性不可触、不可视,凡俗之人不可见;凡俗之人也无从知晓、无从体察到人性寄宿于人体,离开了人的体形、发肤,人性随即消失,人只有妥善保存了身体发肤,才有可能察觉人性的存在,而人为地毁坏生命之躯,既是对生命极不负责的行为,又破坏了天地生生之道。因此,孟子才将人体上升到天性的高度,为进一步实现人性"自贵"优先保存身体发肤。另一方面,汤显祖认为,在保全生命之躯的前提下,人道自贵的关键在于人性的教化——"大人之学,起于知生,知生则知自贵"。即凡俗之人要"知生",要明白"生生者谁",就应当学道,接受"大人之学"的教化,以便明了身体发肤来自父母,懂得行孝以回报父母;以便知道天地成就了生命与人生,明白以仁爱之心回馈万物。

二是众生皆贵。如果说人道自贵是实现善治的基础和前提,那么众生皆贵则是汤显祖教化管理人才和行政者身体力行的基础和前提。自西汉至清末长达两千年的历史中,儒家为了实现善治而推行等级严苛的"三纲五常"。尽管北宋以后,儒释道开始趋向合流,唐代佛教禅宗祖师慧能的"一念若悟,即众生是佛"(《坛经》)在两宋广泛传播,但程朱理学提出"存天理、灭人欲",实际上从本体论角度为人道的"三纲五常"进行了维护式的论证,被纳入《四书大全》《五经大全》和《性理大全》,进而科举考试规定答题时以程朱理学的注释为准则,从而出现了明清以来"以理杀人"[①]的社会状况。

汤显祖虽然属于儒门之后,但自幼受喜爱黄老思想的母亲的熏陶,对道教经典《阴符经》进行研读,写作了读书心得《阴符经解》。并于佛教也有所收获,"天下之生皆当贵重"可谓汤显祖体悟佛教思想的归纳,已经超出了当时等级制趋于严苛的狭隘,甚至可以说,来自与达观禅师交往的启迪。1590年(万历十八年)冬,汤显祖与达观禅师初会于南京刑部邹元标家,遂成莫逆之交,达观劝汤显祖出家,并给汤显祖进行了一种皈依佛教仪式,取了法名"寸虚",汤显祖则以师礼敬达观,并陪达观游览报恩寺佛牙塔、南京雨花台高座寺等,写作了《报恩寺迎佛牙夜礼塔,同陆五台司寇达公作》《高座陪达公》等予以纪念,直到1591年(万历十九年)春才作别。同年汤显祖因上书《论辅臣科臣疏》被贬官至徐闻,才有了《贵生说》中的"天下之生皆当贵重",这可谓是他人生经历的总结和对儒家学说的升华。

但"天下之生皆当贵重"并非是众生平等的延伸,而是从人、天与地的生物链角度上看待生命的。由于人生活在变幻莫测的天地之间,以"事天如亲、事亲如天"的谨慎与敬顺对待大自然,方能懂得大自然赋予人以生命和生机的奥妙。汤显祖深知儒学的深广,要实现"天下之生皆当贵重"的教化,教化者本人首先是学道者,必须"知生""自贵",认识到众生皆贵。其次,教化者要通过言行合一、以身作则,展示"知生""自贵",让百姓知晓生命来自大自然的恩赐,身体力行引导众生遵行仁爱这一"世法",实现百姓去"知生""自贵"的教化目标。第三,教化的

---

① (清)戴震原文:"酷吏以法杀人,后儒以理杀人","人死于法,犹有怜之者;死于理,其谁怜之"。参看《戴震全集》第一册,清华大学出版社,1991年版,第212、161页。

过程既是传授"大人之学"的过程,又是培育通过"观我生"而储备了"天下之生皆属于我"的担当者的过程,教化的最终目的是发掘"能为天地大生广生"的"有位者",以仁爱治天下。

汤显祖集学道者、教化者、行政者于一身,"天下之生皆当贵重"又是他的行政观。学道、教化层面倡导的众生皆贵,最终是为了"善治"这一行政管理目标而服务的。所以,《贵生说》中的"仁孝",本是置放于"治天下"视野之下的:儒家的认识论、实践论路线走的是"推己及人","仁孝"治国逻辑强调的是人人先孝顺父母,孝敬长辈了才可能有仁爱之心善待他人。汤显祖认可并遵行了施仁心、行仁政的儒家治国理论方法,一方面谆谆告诫将要担当治天下任务的后起之秀要自贵,从自身做起,既不要"起秽以自臭",从思想到行为上不"自臭",也要注意身边的人,提防他们狐假虎威。另一方面,作为行政管理者,汤显祖将仁爱之心转化为具体的言行,"每过郡县,其长吏及诸生中有可语者,未尝不进此言",宣传为政者不要对众生"以物限之""以身坏之",而要通过"吾生与天下之生可贵",承担起"天下之生皆属于我"的行政责任,以"治天下如郊与禘"的心态与手段,"为天地大生广生"。

总之,《贵生说》不只是教育观展现,更是以教育观为论点宣传"为天地大生广生"的行政观的,这构成了"汤显祖贵生观"的主体部分,与《阴符经解》等文一起形成了汤显祖贵生世界观。

(二)德位相配:汤显祖的贵生行政观

汤氏研究者周明初以1598年(明万历二十六年)汤显祖弃官归隐为界,将其一生划归为仕途和文艺两个时期[①],认为49岁之前,汤显祖像多数人一样热心政治,将主要精力花在仕途上,摸爬滚打了十五六年

---

① 周明初:《汤显祖:在政治与艺术之间》,《中州学刊》1996年第4期。

后,以"正七品县令"的行政层级归隐山林,又耗时十八年成就了一代戏剧家的地位。这的确不失为一种科学的划分,但纵观两千多年的皇权政治史,文字知识的储备是成为官员的前提与基础,官员身份是对知识分子的最高褒奖。古代绝大多数官员的政治与艺术素养互为表里,相互促进,但又融人生观、价值观、政治观于一体。如果没有仕途的追求与实践,汤显祖能否取得媲美于莎士比亚的艺术成就,无疑是一个未知数。因而,汤显祖的辞官与戏剧成就,并非单纯的对行政领域的绝望,也非单纯的对艺术的痴迷,其界限并不分明,更多的是汤显祖感受到的政治理想与政治实践的巨大落差所致,或者说,是个人能力的擅场最大化之间的选择,这个擅场以政治或行政、剧作所代表的领域为主。

1571年(隆庆五年)到1583年(万历十一年),是汤显祖政治观的雏形期。这一时期,汤显祖主要以举人身份游学、参加科考,接触学人,如1576年游学到宣城,结识了沈懋学、梅鼎祚。今人往往将汤显祖五次科考、四次失败归结为张居正的恼羞成怒、汤显祖的人品高洁显然带有一定的歧见,过于强调张居正的私心,过于褒扬汤显祖的人品,忽略了一些客观因素,这个客观因素即是汤显祖追求的第一个擅场。

首先,1571年(隆庆五年)和1574年(神宗万历二年),汤显祖22岁、25岁两次科考失败,不能归咎于张居正。汤显祖22岁科考失败时,隆庆朝的当权人物或主考人物不是张居正,当然无法直接归咎到张居正身上。1574年(神宗万历二年)汤显祖25岁的第二次科考失败时,张居正时任首辅,能否归咎为张居正?如果说汤显祖22岁第一次科考失败是由于年轻、学识尚浅,那么,第二次科考失败,既存在汤显祖学识深与浅的问题,存在考场发挥欠佳的可能,也或者应试文章不合乎明帝国取士的要求,《贵生说》是汤显祖四十岁以后的作品,其文理无疑远胜于25岁时,尚且多处引用、阐释前人思想。

其次,1577年(万历五年)和1580年(万历八年),汤显祖28岁、31岁两次科考失败,一般都归咎于张居正延揽失败怒而拒录汤显祖,证据

汤显祖的贵生观

是这两次科考,张居正的三个儿子都高中,次子张嗣修以第二名及第,三子张懋修以一甲一名刚进士及第,长子张敬修以二甲十三名赐进士出身。但是,论张居正当时的权力与职位,录取自己儿子,完全没必要以打压汤显祖去证明自己的恼怒。

因为明代科举一次有几千名应试考生,有二三百的录取名额,既不存在张居正必须压制了汤显祖才能让儿子上位的情况,也不可能是张居正对每一个潜在考中举子都进行政治观相近的提前招募。即是说,张居正要儿子结识汤显祖以拓展人际关系,可能是一种有胜过无的随机,更可能基于汤显祖的师友自有实力,因为明帝国官员的权位来自皇帝而不是舆论或百姓,汤显祖本人成为可放心使用的人士与否,既不能使一人之下万人之上的张居正获得明显的更高收益,也不能从根本上削弱张居正的权位,只是古代官员基于多个潜在官僚多一份助力的考量罢了。当然,张居正摆脱不了打压的嫌疑,但却不是必然存在张居正的打压。汤显祖此时的诗文之名,与在此期间完成的紫箫记传奇,以及师友圈子的影响力,并不特别彰显汤显祖个人具有较大范围内影响朝堂变化的力量,他还只是一位文名正在上升、文采逐渐扩展的政治新鲜人。

再次,1583 年(万历十一年),34 岁的汤显祖第五次参加科考,时任首辅为申时行,能否说明汤显祖的考中是申时行的功劳?如果不能归结为申时行的功劳,又能否说明汤显祖以第三甲第二百十一名赐同进士出身是申时行的压制?如果同样不能,那么,五次科考,汤显祖面对隆庆帝时期科考一次、神宗帝四次的不同考录状况,刨除了汤显祖的年龄尚小与渐大、人生观与政治观倾向、应试文的合要求与否,仅仅因为曾三次是张居正任首辅,更忽视明帝国5%~7%的进士录取率,将其中张、汤两人关联的两次归结为张居正借权压制,显然有失公正。

反之,最应当关注的是汤显祖五次科考过程中显现的政治观。科举考试是明帝国录用政治人才的最高门槛,其科举取士的目标主要在于,录取那些能以皇权利益为首要考虑目标的政治素养过关、行政能力合乎要求、综合素质较强的文人,至少应试"策论"文,要求应试举子就一些重大时政、农事、军事、外交、民风等问题展开论述,重点在于应对之策的合理性、可行性与可操作性。考生要表现出出色的分析、判断能力,尤其是文采飞扬、见解独到更受关注。通常受家庭财富多寡、人际关系范围、学习方法等局限,科举考生的文字知识积累依赖的是缓慢的领悟与积累,又受明代信息传播缓慢、交通不便的限制,考生对军事、农事、时政问题的认识或实地考察也很少,策论大多空泛,加上明帝国一开始就存在的北方、南方取士人数多寡的博弈以及其他今人探究甚少的因素,决定了影响考生的因素很多,但考生所在的政治派系或政治立场主要地影响着人生际遇。

换言之,科考是皇权政治对应试者的规训过程,表明的是当时官方对人才的训练、校正与惩戒,举子们每一次的科考失败,都是一次重新研究录取要求、调整政治观的过程,那些自主性强、执着于公正等个性鲜明的考生,如果没有过人的影响力,很难受到皇朝重用。参加科考可谓汤显祖实际体验式融入政治活动,对于两次可借助张居正权位登科的机会,汤显祖没有趁机借用,或者是他认为科举考试必须公正,回避了与当权人物的亲近,等于遵守了科考的法纪,忠于了皇权;或者认为科举考试是检验才学的最高标准,借助当权人物,势必难以验证才学;或者认为科举考试属于检验学品、人品等的综合性考试,如果私下与权贵人物交往,难免私相授予的嫌疑,于德行有亏;或者是对张居正的为官官品及方式已有看法,不愿在考前受张居正政治活动的干扰,想要保持自主,以免考中之后受其牵制。细究其中原因,可以说,汤显祖的政治倾向已经显露:1583年(万历十一年)到1598年(万历二十六年),是汤显祖政治观成型期,以1591被贬徐闻为界,《论辅臣科臣疏》可谓前七年政治活动的归纳,《贵生说》可谓后八年政治生涯的宣言。

《论辅臣科臣疏》写作之前,大明帝国的君臣关系已陷入对立状态,

汤显祖的贵生观

围绕"国本之争",神宗眼中的立第二子朱常洵为储君①是帝王家事,但儒生们认为乱序立储违背了正义与程序,恭敬地以"祖宗之制"不可变为由拒绝掉。这种君臣夺权之争中,神宗既无立法权,也不能改革作为制度的官僚机构。谏臣们可获得清名,进而可能升官或者诿过。其根本原因在于,儒家理论以仁君行仁政的假定为出发点。但在治国实践中,一是伦理转化为行政制度、机制必然存在天然缺陷,常常出现君臣权力之争,二是如果君主不能独裁,则变成政党派别之间的争斗,进而变成官权膨胀、政治机制难以有效运转。

如1588年,为了躲避朝臣一边倒的劝谏,神宗宣布实行"静摄",不再接见朝臣,不郊、不庙、不朝、不批、不讲,导致"皇帝本人变成了批评的主要对象"②。1589年(万历十七年),大理寺左评事雒于仁上疏谴责神宗:"皇上之恙,病在酒色财气者也……皇上诚嗜酒矣,何以禁臣下之宴会?皇上诚恋色矣,何以禁臣下之淫荡?"③(钱一本辑《万历邸钞》万历十七年已丑卷)。雒于仁的上疏开启了奏议文直言批评皇帝道德之失的先河,《论辅臣科臣疏》正是这揭批皇帝德行不正洪流中的一分子,疏文表达了四个主要观点:

一是爵禄成为臣子私斗的奖品;

二是献媚之人为辅臣所用;

三是不去辅臣法度不彰;

---

① 1581年,神宗在生母宫中宠幸了宫女王氏,1582年8月皇长子朱常洛降生,神宗受生母、群臣逼迫,不得不承认并封为王恭妃,但特别喜欢3月份进宫的14岁郑氏,并册封为淑嫔,后又升封为德妃,到1586年正月生下朱常洵时,神宗又想升封为地位仅次于皇后的皇贵妃,朝臣们认为这是为朱常洵上升为太子铺路,违背了"立嫡、无嫡立长、兄终弟极"继位制度。

② 牟复礼、崔瑞德主编:《剑桥中国明代史》,中国社会科学出版社,1992版,第559页。

③ 原句:"皇上之恙,病在酒色财气者也。夫纵酒则溃胃,好色则耗精,贪财则乱神,尚气则损肝。"并说:"皇上诚嗜酒矣,何以禁臣下之宴会?皇上诚恋色矣,何以禁臣下之淫荡?皇上诚贪财矣,何以惩臣下之饕餮?皇上诚尚气矣,何以劝臣下之和衷?四者之病,缠绕于心,系累其身,圣恙何时而可也!"

四是张居正、申时行都是公器私用的首辅。①

但神宗借"星变"事件指责言官存在"风尚贿嘱、事向趣附"②,更甚者,凡事"归过于上、市恩取誉"③,常常"借风闻之语、讪上要直"④,真正目的是通过"搜扬君恶""沽名速迁",实现"鬻货欺君、嗜利不轨"⑤,惩罚六科⑥十三道⑦约175名专职言官一年俸禄,以公布自己的厌恶立场。

上述君臣之间的政治斗争,起于张居正的"夺情之争",矛盾集中于清流与当权之间,但从汤显祖入朝为官开始,首辅专权的政治威权消失,官员们为伸张自己的势力相结成党,朋党政治也渐渐成大明中期政治的主流。官员之间的政治斗争焦点表面上集中在是否恪守祖宗法度,重点在于夺取主政权力,实则都出于自身的利益诉求,以经济利益为主。像浙党、齐党、昆党、楚党这样鲜明的政治派系以地域为区分界限,虽然公然活动出现在天启年间,实则以同乡、同学、同好、同道等为纽带结成的小圈子,早在汤显祖科考之前就已存在。学界评价汤显祖,通常将宏观、微观政治相对分离开。微观领域解读《论辅臣科臣疏》时出现以文品代评价官品或者以人品代评官品,宏观领域评价汤显祖,则将《论辅臣科臣疏》视作公理式的标杆品评君与臣、臣与臣之间的矛

---

① 原句:"爵禄者,皇上之雨露也,今乃为私门蔓桃李耳,其实公家之荆棘也。皇上之爵禄可惜,一也。若群臣风靡,皆知受辅臣恩,不知受皇上恩,岂复有人品在其中乎?皇上之人才可惜,二也。辅臣不破法与人富贵,不见为恩。皇上之法度可惜,三也。陛下经营天下二十年于兹矣,前十年之政,张居正刚而有欲,以群私人嚣然坏之,后十年之政,时行柔而有欲,又以群私人靡然坏之。皇上大有为之时可惜,四也。臣为四可惜,钦承圣谕,少效愚忧。"

② 汤显祖:《论辅臣科臣疏》,载《汤显祖时文集》,徐朔方笺校,上海古籍出版社,1982年版,第1211~1214页。

③ 同上。

④ 同上。

⑤ 同上。

⑥ 永乐帝后,北京、南京设立了谏官:北京吏、户、礼、兵、刑、工六科都给事中各1人,左右给事中各1人;给事中吏科4人、户科8人、礼科6人、兵科10人、刑科8人、工科4人。南京设六科给事中,户科为2人,余五科均为1人。两京谏官合计约65人左右,职守为侍从皇帝,推举人才,纠劾官吏,督察六部,封驳制敕和章奏,评议政事,随时谏言。

⑦ 指都察院的基层官员。其十三道为浙江道、江西道、河南道、山东道、山西道、陕西道、四川道、云南道、贵州道、福建道、湖广道、广东道、广西道。十三道监察御史共110人,正七品。监察御史地位低,资历浅,但非进士历事毕不授,其任务在就其一道范围之内与都御史近同,主要是纠察和言事。

盾，实则《论辅臣科臣疏》只是政治领域利益纠葛的一个缩影。尽管由于史料的欠缺，难免出现脱离了领域参照物，将人品、学品、官品混为一谈，但以领域或行业视角品评历史人物则是必须的。所以说，如果褒贬明代为君的万历帝或为臣的汤显祖的得失，必须置放于政治领域，以制度、机制上的作为与建言献策作为参照物，就官品谈官品，才能客观，以文品代为人品、以人品代为官品都是不科学的。纵览汤显祖的其他遗作，也很难看到他对明帝国皇权专制及文官制度方面具有一般性的建言献策。一方面，受明帝国的车马交通、口耳相传或书信传达信息的局限，汤显祖和所有同僚一样，很难对皇权制度有一个宏观上的科学把握以及客观的认识，只能就事论事、就人论人地表达对具体事件的看法。另一方面，明帝国以理学儒学为导向，根据理学取士，文官们的知识素养大致相当，以文史类知识为主，缺乏明确的学科分类，没有不同学科的不同方法，难以科学评判政治制度和同行的官品。

但从揭批神宗政治品德角度看，汤显祖代表了晚明文官集团没有了君权神授意识，具有"天下之生皆当贵重"意识。不管这个意识是来自于汤显祖对佛教"一切众生悉有佛性"的模仿，还是源自禅宗"一切众生皆可成佛"的启迪，他敢于跨越职业身份、学派身份的羁绊，向政界、学界呼吁"众生皆贵"。不管这个"天下之生皆当贵重"是囊括了"生活""生存""生命"，还是仅仅指重视"生命"，能够竭尽一人之力，挑战等级制，已是莫大的勇气。无论这个意识是以"天下之生皆（应）当贵重"的应然状态，还是以"天下之生皆当（然）贵重"的公理表现形式，它力图挣脱以"存天理、灭人欲"为极端的理学的束缚，学品令人钦佩。

因《论辅臣科臣疏》贬官徐闻，成就了汤显祖的基层行政经验。根据生平年表可知，汤显祖被贬徐闻之前，只是自小苦读书、颇为聪慧的一介儒官，身在官场心在文艺，和当时的大多数官员一样奉儒家为经典，既无自己成型的历史观，也无自我成型的政治观，仅仅是通过宦途的跌宕起伏深感国事艰难、官场腐败，而赴任徐闻途中的所见所闻，民瘼渐悉，心气渐平，对社会现实的了解与认识也日渐深刻。遂在徐闻开始了他实实在在的行政历练第一步。完全可以说，徐闻成就了汤显祖的贵生政治观。

一是"为天地大生广生"是政治分内之事，用现代词语表述，即是"为人民服务"。就理论而言，"为天地大生广生"这样的政治主张，从效用角度阐明行政的目的，与法家慎子的政治主张异曲同工。慎子主张"立天子以为天下，非立天下以为天子也"（《威德》），否定了国家是天子或国君的私有财产，行政的出现是为国家办事。但是，从先秦时期慎子的"立君为民"、孟子的"民贵君轻"，甚至科举考试要求通晓君轻民重的理念，到了明代，并没有打破现实政治私有制的系统性设置，包括汤显祖的"为天地大生广生"，仍然属于抽象的理论，缺乏系统可操作性。可贵之处在于，"为天地大生广生"挑战着官方正统的"存天理、灭人欲"，挑战着官权俯视民权的状况，将行政的效用着力在众生的维度。遗憾的是，汤显祖提出了"为天地大生广生"，也在广东徐闻、浙江遂昌实践了他的理念，却没有将他的行政实践记录下来，或者提炼出来形成文字类的思考，以至于今人只能从片言断语中探究其行政实践。

汤显祖的行政实践包括了行政目标、行政理念两方面的内容。"众生皆贵"属于行政理念。在《贵生说》中，汤显祖主张行政者"知生则知自贵，又知天下之生皆当贵重也"。他认为从政者先要"自贵"，从政的知识就是明晰自我生活、生存的实在意义，如果明了生命只有一次的珍贵，明了生命在生存过程中所承受的艰辛，明了生命在生存坎坷中所感受活着时喜怒哀乐体验的不可逆，那就应当由珍惜生活、珍惜生存进而珍重自我生命。从政者既然知道自我生存、生命的珍贵，更应知道被赋予的职业道德就是惠及天地间的生命，"为天地大生广生"，如果不能为天地间的万事万物心存善念，能行使善政而不做，便算不得"君子"，因为"君子学道"是为"爱人"而来的，"有位者"是"为天地大生广生"而去的，从政者的职责便是"知天下之生皆当贵重"的。从政者如果知晓人的生命"皆当贵重"，则无疑便可担负起拯救苍生、兼济天下的从政职责，从而关心百姓生计，泽被黎民，所以汤显祖在《答李舜若观察》一信中强调,从政者应当"活人命而去其害马"。

汤显祖的行政实践总结出了"为天地大生广生"的行政目标。首先是行政心态、行政立场上明确要"为天地大生广生"。汤显祖在《贵生说》中提出的"治天下如郊与禘",把管理国家比拟作祭祀时对神灵的讨好与收买,是把人与神之间产生的求索与酬报关系推广到官员与民众之间的互动活动中。其寓意至少包含了两层含义:对上位者而言,要以"为天地大生广生"为政治目标,管理国家的心态当如祭祀祖先和神灵那样充满恭敬,从心理上敬畏人民群众的力量是无比伟大的,时刻保持着警惕、不断剔除团队的害群之马,以削弱或减少来自民间的腹诽、抱怨乃至冲突,如果不明白或完全忽视水能载舟亦能覆舟,那么,执政者现在的拥有不等于永远的拥有;对管理者自身而言,五千年的历史表明,无数次人民的选择刻画了历史,如果官员只唯上、欺压下,那么,过去的先进、现在的先进不意味着未来的先进,过去的拥有、现在的拥有不意味着未来的拥有,谁让群众失望乃至绝望,人民就将抛弃、倾覆他。

其次是要以"为天地大生广生"为行政衡量标准。在徐闻时的汤显祖年已42岁,政治观上度过了少年时的"仁勇"期、青年时的"仁谏"期,开始进入中年时的"仁施"期,因而在具体的施政活动中,深深体验到从政者要"自己心行本香",注重行政出发点和归宿点,按照"为天地大生广生"的公理性要求行端走正,如果徇私枉法属于为恶,"为恶则是自臭也",凡是行乱政、恶政者,"虽有其生、正与亡等",在遂昌后把"为天地大生广生"具体化为从政者"必须不要钱,不惜死"(《与门人时君可》)。与此同时,不但不能"自臭",还要仔细辨别,防止别有用心的人假借行政者的身份、打着某行政者的旗号倚势凌人。无疑地,"破坏世法之人,能引百姓之身邪倚不正也",那些破坏规章制度以及社会道德的人,树立了极坏的榜样,引导百姓德行失范。

第三,落实"为天地大生广生"重在百姓教化。常言道,无知者无罪。行政者的行政决策能不能得到顺利的落实,主要在于百姓能不能看懂、读懂、搞懂行政决策的含义。如果文盲随处可见,轻则不知礼义、待人愚陋,往往词不达意、沟通不畅,导致言语不和即动辄拳脚相向,重则子女不知父母养育之苦、夫妻之间不知相濡以沫……正是基于此,他与时任徐闻县令的熊敏创办贵生书院,致力于教化愚民,努力使他们"知生自贵",其正如他所说:"无论与诸生相劝厉,不敢虚其来。即朴莲编民、流离孳户,有见未尝不昫尉而提诱之。"(《答徐闻乡绅》)而且,自徐闻开始,办学成为他每到一地的首要任务,离开徐闻赴遂昌上任伊始,便谒拜孔庙、视察县学,扩建相圃书院,务使"吏民矜其悾悾之患,人士采其揭揭之义"。后来,他还协助建立汀州府儒学、整顿南昌县学等。

第四,"为天地大生广生"更是行政的重点。汤显祖的"天下之生皆当贵重"是针对明代行政而言的,"天下之生皆当贵重"是行政出发点。众所周知,"大人之学"一直是儒家的教育理念;学道者进入"大人之学",明了自贵、知生并认可众生皆贵,建立个人、群体与国家关系的正确认识,是修养"为天地大生广生"的品德去的。但是,"大人之学"中掌握的知识仅仅是一种储备,还没有进入抽象转化为具象的实践领域,需要进入更广阔的社会领域锻炼,所以说"大人之学"是一种德性的储备。那么,"大人之学"输送出来的德才兼备者一展长才的舞台在哪里?即"德"行的实践之地在哪里?

汤显祖指出了"有位者能为天地大生广生"[①]。既然"位"置成为管理百姓的关键,那"位"置又在何处?站在晚明时期汤显祖的视角去看,当然是行政领域兼具了人才所需的不同位置又具备了为大多数百姓服务的功能。为什么这么肯定汤显祖会这样认为呢?一则汤显祖本人五次科考、四次失败的人生历程,表明了"能为天地大生广生"的"位"在行政领域。二则在以农业为主的明代皇权专制国家里,士、农、工、商等职业的大概排序中,行政领域的知识分子的政治地位、社会地位最高,孔子的"学而优则仕"正是这种正统理念的代表,"学好文武艺,货与帝王家"则是民间的最大共识。

---

① (明)汤显祖:《汤显祖诗文集》,徐朔方笺校,上海古籍出版社,1982年版,第1163页。

汤显祖的贵生观

因而,在《贵生说》中,汤显祖站在个体修养的角度,将"大人之学"的诸多功能浓缩为"德",将行政的不同领域浓缩为"位"。站在个体"贵生"价值最大化的角度,行政领域能够使人才的德、位相匹配;站在"为天地大生广生"的角度,"大人之学"是培育人才的"德"性之处,"为天地大生广生"只是教育理念;而治国理政是人才一展"德"行之地,"为天地大生广生"相应地成为行政实践。教育与行政在"为天地大生广生"这一问题上得到统一。所以说,"天下之生皆当贵重"是"大人之学"的结果,是行政的出发点,"为天地大生广生"则是行政的归结点。

在《贵生说》中,汤显祖通过"天地之大德曰生,圣人之大宝曰位"[①]提出了德、位的匹配问题。"德"特指能为万物带来生机的力量,"位"特指处于有大用位置的人。由于"德"不是抽象且一成不变的,而是社会公众认可的、具有大面积共识性的品德,以及具有区域横向共识的、纵向传承的习惯。那么,身处有大用位置的人的言行,不只是他个人的事情,而是天下苍生的要求与期待,以及对天下苍生要求与期待的回应。所以,身处有大用位置的人,其一言一行都牵动着一族、一国,他与族、国同呼吸、共命运。汤显祖借儒家经典表明,能赋予万物于生命力的,一是自然力,二是人力。在人力中,能量最大的是君王、圣人等,由于君王掌握了物力、财力和人力,比单纯拥有思想的圣人更有用,因而属于"有位者"。

《贵生说》指明了德、位匹配的三种情况。第一种是德、位互相匹配:"有位者"在对待"天下之生"时,与"我生"一视同仁,以"我生"就是担当"天下之生"的态度,"为天地大生广生",这是从积极的意义上谈

---

① (明)汤显祖:《汤显祖诗文集》,徐朔方笺校,上海古籍出版社,1982年版,第1163页。引文出自《周易·系辞》下:"天地之大德曰生,圣人之大宝曰位;何以守位?曰:仁;何以聚人?曰:财。理财正辞、禁民为非曰义。"汤显祖只摘选了外在环境、人为程度两个方面的句子,意在区分开人与自然界的各自职责与功能,尤其在于引出两个主要的词语"德""位",便于后文论述行政中"德""位"的匹配状况。

"天下之生皆属于我"①的。第二种情况是德高、位低：居次要位置的人，停留在观仰"有位者"言行的角度和程度，由于没有处在"有位者"的位置上，空有一腔忧国忧民的抱负而难有施展之地，这属于有德者没有得到相匹配的行政职位。第三种情况是位高、德低。由于古今中外的官制都是位高权大，对百姓的影响也具有范围广、数量大、领域多的特点，至今依然是公众高度聚焦的对象，大明帝国也不例外。而官员位高、德低的危害，不绝于史书，汤显祖的"仁孝之心尽死，虽有其生，正与亡等"②，也正体现了这一点。

汤显祖列出德、位匹配状况的主旨在于，行政者无论身处主要位置还是次要位置，都要善于自省并调整言行，以使自己"能为天地大生广生"。为什么德高、位低不"能为天地大生广生"呢？因责任感的强烈与否、胸怀的宽广与否，有些行政者责任感淡薄，积极作为的程度不够；有些行政者进入行政领域只为养家糊口，"千里做官为的吃和穿"，满足于已有的状况……再进一步溯源，之所以出现以上状况，无论是学道者的先天资质不足，还是后天努力程度不够，都是由于在"大人之学"中获得的知识与能力有限，导致"书到用时方恨少"，欠缺较高行政位置所需要的才能，不足以胜任位次较高的行政职位。在现代人看来，这也是很容易理解的，在明代汤显祖生活的时代，全国的"大人之学"主要传授儒家知识，连道家、佛家知识都不能进官办学校，更遑论想学一些体系性的物理、化学等专门知识。

当然，汤显祖提出的行善政的认识、实施路线，继承了儒家的民本思想。即要认识到民众是基础、是根本，先要认识到生命的意义，明了自身生命的宝贵，然后由己及彼地意识到天下百姓的生命同样宝贵，再一次申明了"民贵"这个古代政治理论体系中的核心政治观问题，从侧面表明了历朝历代致力于科举仕途的人都清楚地意识到，既然官方将

---

① （明）汤显祖：《汤显祖诗文集》，徐朔方笺校，上海古籍出版社，1982年版，第1163页。
② （明）汤显祖：《汤显祖诗文集》，徐朔方笺校，上海古籍出版社，1982年版，第1163页。

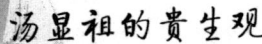

汤显祖的贵生观

"民贵"奉为至理名言[①],一再将其用作旨在选拔官员的科举考试、以制度化的方式制造共识的途径,那么,成批量地培养出来的政治精英就应当忠于官方,切实体悟"民心即天心"(用汤显祖的语言表述即为:"天机者,天性也。天性者,人心也"),克己奉公、恪尽职守。

[①] 汤显祖历经嘉靖、隆庆、万历、天启四朝,应当清楚朝廷的选人制度,如隆庆进士黄洪宪的科举制文《邻人曰》写有"民为贵,社稷次之";万历丙戌会试会元袁宗道的策试答卷,申说"帝天之命,主于民心",主张君主"不敢一念一事,自先而后民,自贵而贱民,自勇而弱民,自智而愚民";天启四年举人艾南英题为《民为贵》的科举制文依据"天为民而立天子",深入解读"民贵君轻"。

第五章 "贵生"品牌的载体化与现代传播

在雷州半岛,汤显祖被纳入流寓文化,其研究早已展开,成绩显著,如海洋大学刘世杰教授厘清了汤显祖在徐闻的寓居时间,徐闻县教育系统已经开展了三年多的"贵生课堂"教改活动……

一、"汤显祖贵生观"的古今传播

(一)"汤显祖贵生观"的古代传播

《贵生说》、"贵生书院"是"汤显祖贵生观"的两个支点,剖析汤显祖本人的所作所为,有利于明晓"汤显祖贵生观"在当时横向的社会传播程度。

首先,《贵生说》、"贵生书院"是汤显祖回归朝堂的媒介。汤显祖在徐闻的时间是半年(徐朔方观点)到三年[①](刘世杰观点),其官员身份、生前文学艺术成就、仕途经历以及生前影响力,并不具备古代法令、制度等形式所具有的广普扩散性。有学者指正:汤显祖被贬徐闻,官居九品之下,对有才学的他而言,贵生书院创建之初即写信给广东巡按汪云阳,其动力是很大的……笔者试图回辩:汤显祖个人的动机、动力与

---

① 刘世杰认为,汤显祖任徐闻典史的时间接近三年,精确地说是两年零十个月。参看《汤显祖被贬徐闻典史时间考略》,《人文岭南》,2014年第44期。

汤显祖的贵生观

传播面有正相关关系,写入明代省志是标志,但与四百年前口耳相传的特定主要传播形式相比,不占主导地位,这是限制着《贵生说》入耳并力行的主要因素。尽管汤显祖写信、写诗,但散播面有限,《贵生说》能在南方的南京、江西、浙江、广东传播,已经是最大努力的结果。并且,争取上级的注目、回归主流官僚队伍这一主要动机,必然导致其认可范围主要是在古代官僚阶层,《贵生说》在古徐闻的当世传播、后世传承还要受到其他因素的影响。

其次,汤显祖未曾致力于"贵生观"的大众化传播。就"贵生"在古徐闻的传播而言,按古代以马代步、出口入耳、5 800 户等基础估算,若汤显祖预先规划,在 400 人的丁口集会、口译跟随下宣传"贵生",大致需 20~30 天。以此看,似乎他能做到《贵生说》在徐闻家喻户晓。但作为有名无实的典史添注,职责是县令的杂务官,作为一个被贬异地的、九品之下的文职外官,没有权限调用所需的相关资源,根本无法在政务上有自己独立主张的作为。至于与好友县令的"共捐资俸"办学,其间夹杂多重因素,已经是最好的努力结果了,与致力于"贵生"的大众化传播,一则有方向性不同的因素,二则有俸禄有限、无钱财物支持他去致力于专职宣传的因素,三则有汤显祖因个人状况限制而无力去大面积传播的主导因素。

就汤显祖个人状况而言,他未带家眷并异地入职,一则没有致力于大面积传播所需的团队及其支持,二则他讲中州正音,徐闻当时大面积通行雷州况话,具有语言交流的障碍,三则发掘问题需要学科素养,明代大多数官员偏文史轻理工,数学也不属进士科的必考科目,汤显祖同样不掌握用理工知识论证自己发现问题的技巧与技术。他熟悉古徐闻风土民情主要有办理公务和公务闲余走门入户两种途径。古徐闻人因地处蛮荒、自然灾害频繁等有着鲜明的地域风格,汤显祖必是十分繁忙,白天借公务了解古徐闻风情,兼顾入户体察民情,或接待慕名而来的文人、乡绅,如汤显祖自己在《答徐闻乡绅》一信中说:"无论与诸生相劝励,敢虚其米;即朴簌编民,游离疍户,有见未尝不晌慰而提诱之。"①这无疑是需要花费时间和精力的,至于忙的程度,刘迎秋的《贵生书院记》有所揭示:"诸弟子执经问难,靡虚日,户履常满至廨舍隘不能容。"②③尽管汤显祖本人与同道的诗作都显现出汤显祖曾尽力传播"贵生",但这种交流受阻状况下的了解风土民情的应酬往来、答疑解惑与系统化的宣传有着质与量的不同。夜幕一降,汤显祖或者入坊喝小酒以增广见闻、排遣被贬的痛苦与无家眷的寂寞,或者写信联系旧友、掌握朝堂人事变动,思虑重返朝堂之策⋯⋯

总之,在官僚管理系统,汤显祖以贵生书院为凭据,借助徐闻—雷州—广州—朝堂这种官报路线,以及与朝堂上的朋友、同乡、同学派的力量,克服其他政治派别的阻滞,通过书信、诗作往来改善处境的做法已经竭尽所能。

后来,"贵生书院"的特性使"汤显祖贵生观"的传承处于隐性。"汤显祖贵生观"的载体是贵生书院,影响贵生书院存续的因素很多。表现在内容上,虽明代奉"存天理、灭人欲"的程朱理学为正统,排除异己学说,但四百年前进士出身的汤显祖,仍是孔儒之辈,其"贵生"理念不出儒、释、道文化的一部分。传播上,在北方,湮没于儒释道不同的"贵生"形式之中;在南方,没有多出除了口耳相传、书籍之外加速流散的其他传播形式。特征上,受多种因素影响,高台教化的意义比较浓重,其官僚认识与民众观念、官方观点与土著理念、书生劝诫与莽汉追求等存在着明显的脱节。时间上,从1591年汤显祖进入徐闻,到1762年徐闻原住民降至1 386户,"汤显祖贵生观"共历时171年。1763年开始,移民文化主导了徐闻。"汤显祖贵生观"难以渗入徐闻原住民的衣食住行之中,主要内在因素是贵生书院本身。

一是"贵生书院"属于民间的、私立中等学校。明代官学制度分中

---

① 徐朔方:《汤显祖诗文集》,上海古籍出版社,1982年版,第1250页。
② 刘应秋:《刘大司成集》卷四《徐闻县贵生书院记》。
③ 周育德:《汤显祖论稿》,文化艺术出版社,1991年版。

汤显祖的贵生观

央和地方,地方官学又设中等层级的儒学和专科学校、初级的社学和义学。

洪武八年(1375年)太祖"诏天下立社学",徐闻和全国其他地区一样设立了小学性质的社学,招收8岁以上、15岁以下的城镇和乡村儿童入学,既具有启智发蒙性质,也授经、史,而忠孝礼义占了很大比重,目的是敦化风俗。但由于明代规定的"科举必由学校",以及社学并不是一种政府出资的义务教育,而是一种有偿性的普及教育。因此,贫寒子弟免费入学的义学是社学的一种补充,办学经费来自民间的捐资或助田(又被称为"义田"),但捐助很难维持长久,义学时断时续。

徐闻县学是社学、义学基础之上的中等专科学校,正统元年(公元1436年)"诏有俊秀向学者,许补儒学生员",表明社学与府、州、县等专科和儒学开始衔接。徐闻县学始于南宋,明帝国时学生数按规定控制在20人左右,虽后来有增广生员、附学生员,因经费、师资问题,名额极为有限。徐闻县学与府学、州学一样,传授内容分武学、医学、阴阳学等,生员可在三级学制内部流动,外与大学性质的国子监相衔接。

贵生书院真正建造起来是1592年,《徐闻县志》记载,徐闻籍官至盐运司同知的邓士元、孙兆麟捐出"田税一顷四十八亩租谷八十石",纳税后"余银解县,给生员科资及学道刷印考卷之用",且"知县熊敏详允归学",意即贵生书院的经费源自捐助并报备县级政府,并非贵生书院纳入明代官学制度的记录,它不属于官方教育制度内的学校。

二是"贵生书院"以官学为传授内容。"书院"之名出于唐代,发展于宋代,是由富人、学者自行筹款创建的地方教育机构,一度曾因朝廷赐敕额、书籍,并委派教官、调拨田亩和经费等演变为半民半官的地方教育。明代一般的书院根据创始人的需要而设立,实行的是"学在四夷"的分散办学方针,在管理上采用"政教分设",生源上受教自由,但教学内容的不同,使书院分化为两类,一类仿照官学内容,求学志在入仕,一类多种规格培养人才,补充了"学在官府"的单一,如东林书院。

明代时官学兴盛,已满足了对于人才的需要,而且因一些以研究为主的著名书院推行的自由学风,违背了官方以程朱理学为内容的取才导向,导致1537年(嘉靖十六年)、1538年(嘉靖十七年)、1579年(万历七年)、1625年(天启五年)四次全国书院遭遇禁毁。"贵生书院"在张居正禁革全国64所书院12年之后创办,显然制度上不可能纳入官办之内,经费上由汤显祖和县令熊敏"捐俸"带头,号召古徐闻商贾士绅捐款。虽然汤显祖奉行太祖朱元璋的"治国以教化为先,教化以学校为本"①办学,但他29岁时经历了朝廷对书院的禁革态度,41岁被贬时逆流而上,应是主观动机占了上风。而且,这种反叛在书院生存面前做了妥协:有心仕途的徐闻富家子弟无疑舍书院去正规的官学,书院又非启蒙性质的社学、义学,其生源、管理、教员水平等问题,以及书院的民间、私立的中等学校性质,使任何一个因素都能危及书院的生存,教学内容的官学化可以大大消减此类风险,赢得民间的支援,吸引富家和贫寒之间的农家子弟,从而增强它的正当性,使之生存下去。但史实是,尽管贵生书院的管理方进行了种种努力,1625年,即汤显祖死后的第9年,魏忠贤下令拆毁天下书院,贵生书院随同遭禁。虽崇祯即位后各地书院陆续恢复,但战乱已起,民生处于风雨飘摇之中。

从代际传承角度看,《贵生说》是语言传播的载体,"贵生书院"是思想传播的载体,前者受诗化的古汉语转换为雷语书面语、口语等少数民族语言的制约,后者受人口繁衍、迁徙的制约。这是明晓"贵生"观纵向的社会传播程度。

首先,语言转换制约了"汤显祖贵生观"的通晓率。从语言学的传播状态去看,《贵生说》的载体是文言文,书面语的文言文较之社会实践中的口语,比较晦涩难懂,而汤显祖的官职层级、徐闻的行政层级及其地处边陲的政治影响力,极大地缩小了《贵生说》的散播范围,必然是通晓率不高。

事实上,古徐闻乃黎、苗、瑶、僚等少数民族杂居之地,"中州正音"

---

① 《明太祖实录》卷九六。

汤显祖的贵生观

是官话,雷州况话音(即土著语,今称雷语)大面积通行。经过新中国成立后近七十年的发展,现代通信、交通极为发达,雷州半岛的普通话、雷语才各占半壁,难分伯仲,以此追溯宋元明三朝时,应是雷州况话音为半岛通行语言。汤显祖为江西人,其自小耳熟能详的母语、读书做官所学的"中州正音"与雷州况话音毫无共通之处,所以,贬谪徐闻时应是漂浮在古徐闻的上层社会。

一则,即使在口译随行下曾致力于"贵生"观的大众化,即使《贵生说》是古徐闻社学、义学的启蒙读物,抛开古徐闻"轻生"现象存在的偶发与多发之辨、能否融入教学且以何种方式融入官制内容,汤显祖的缺席必然是因无人主导而出现"汤显祖贵生观"的偏离与扭变。且受制度约束,随着时间的推移,倭寇、流匪的骚扰以及移民等多重阻隔,必然在后世流变中缩小。更何况,"贵生书院"属于中等私学,《贵生说》受文盲(新中国成立前占85%的)普遍性的影响,能做到后世的半数通晓率,已是相当高的传播面了。

二则,即使《贵生说》也是后世徐闻人的必读物,诗化的文言文是官方语言,汉语言在夹杂了方言后在民族间占主流,却未必是五十六个民族的日常使用语言。古徐闻是僚、俚等少数民族的混合,存在口语、书面语的交流障碍:有的少数民族有自己的言语但无文字,能听懂《贵生说》已是极为稀少且堪称奇迹了,就是在今天,北方移民与雷州况话交流也是相当辛苦,笔者与乡间四旬以上名流攀谈,常常窘态毕露、四处求助;有的少数民族有自己的语言、文字,但和汉语差距甚大,难易度几乎媲美汉语思维和英语思维,需要在明确了翻译定式以后,掌握了民族语言、汉语的人才能较为熟练地读懂文言文,尽管今天的年五旬以下的徐闻人已经很了不起地实现了两种语言的自由转换,但肯定地说,不是百分百。并且,敬佩一些徐闻人两种语言的熟练转换能力,但不表明古徐闻人大面积地具备这一能力,可以应用文言文去通晓并传播《贵生说》。

其次,人口衍变使"贵生"观的代际传承几乎陷于断绝。

《雷州府志·赋役志·户口》显示,因"唐宋户口无考",元代时"徐闻县户29 696,坊都90里",这应是明代276年间从未有过的人口高峰,如下表所示:

表5.1 明帝国徐闻户籍数的变化

朝代	年代	户籍数
明洪武二十四年	1391年	8 200
明成化十八年	1482年	5 962
明正德七年	1512年	5 682
明嘉靖十一年	1532年	5 900
明万历十一年	1583年	5 823
明万历四十一年	1613年	5 823

数据来源:《雷州府志》赋役志,第2~8页。

若将元末明初徐闻人口的下降归咎为战乱,而明帝国276年间,徐闻户籍数呈稳中略有降趋势,显然每户中的人数也有增减,应是移民、医疗、自然等综合因素的影响。但自从1644年大清定都北京起,雷州府户数急剧下降,到康熙十一年,即1672年三县共4 196户。其中,海康县最多,是1 924户;遂溪县最少,才913户;徐闻仅存1 386户(见表5.2)。① 表明战乱致使雷州半岛的人口濒临灭绝。康熙帝为此采取了三大对策,一是1762年两次移民,徐闻实际移入男2 151人、女1 961人;二是鼓励生育,1711年规定,"以本年(康熙五十年)丁册定为常额",以后的新"滋生人丁永不加赋",三是1716年后又"将丁粮摊入地粮,永行遵照"。

---

① (清)《雷州府志》卷之五《赋役志·户口》,第7页。

表 5.2　清朝 1644—1810 年徐闻人口的变化

朝代	年代	户籍数（户）	人口（人） 男	人口（人） 女	移民（人） 男	移民（人） 女
康熙十一年	1672 年	1 386			991	793
					1 160	1 168
康熙十一年至雍正十年	1673—1732 年		2 703	2 975		
乾隆元年至二十六年	1736—1761 年		11 465	—		
嘉庆十五年	1810 年		62 796	45 788		

数据来源：《雷州府志》赋役志，第 9~11 页。

1672 年，徐闻原住民 1 386 户，若以每户 4 人计算，全县才 5 544 人，此老弱俱全的状况才迫使朝廷移民政策的出台。同年的政策性两次移民的 5 678 人，应以身强体壮为多。表明自此起，徐闻的移民人口占据主导地位。到了 1810 年的 50 年间，徐闻人口骤升至 10 万以上。一则表明生殖力上升，二则表明有移民自主迁入徐闻。

笔者认为，朝代更迭引起人口变化，外来移民占据古徐闻主导地位，已经使汤显祖的"贵生"传承陷入断绝状态。虽然贵生书院在 1823 年（道光元年）现址重建，《贵生说》等墨迹得以留存，但斗转星移、物是人非，"汤显祖贵生观"早已非当年的"贵生"了，在地方文化中处于流散、隐性状态。

（二）"汤显祖贵生观"的现代价值

"贵生"在宏观上的指导价值。"贵民生（苍生、共生、众生）"的实现方式，在信息闭塞的古代是以政治私有制为表现的，"普天之下，莫非王土，率土之滨，莫非王臣"（《诗经·小雅·北山》）。一切皆归权贵阶层所有，所以，这种皇权政治下恩赐式的国家管理，必然"上有所好，下必甚焉"（《孟子·滕文公·焉上》），由血缘关系、地缘关系构建成的社会必然保护一家一姓千秋万代的荣华富贵，这是历史上的"贵民生"多出现在书生劝诫层面的根源。现代信息在世界范围内的传播,使"民贵"思想体现在了人权层面,行政管理理念发生了与古代截然不同的改变。市场经济促成了人、财、物的广泛流动,导致传统的血缘意识、姻缘意识和地缘意识逐渐泛化,以曾经存在或正存在的职业、事业等原因引发的经常交往而产生的业缘关系,如师生关系、同窗关系、同事关系、战友关系、买卖关系、消费关系和事业关系等,突破了困扰民族几千年的血缘和地缘藩篱,为"贵民生"的宏观指导与实现提供了现实基础和崭新的平台,有利于价值观上的公平、正义真正扩散开来,凝聚人心。

"贵生"在微观上的行动价值。每个人都知道生命最宝贵,但在古代以文盲为大多数的情况下,人脑抽象的程度极低,依靠经验知识为主的人们,只看到的是有形的东西,思考的是可视的东西。尤其是古代华夏人重视文史知识,又在错误解读"畏天命、畏大人、畏圣人之言"中,狭窄了视野,几乎不能提供给文盲人群较多的理工类知识,导致人们的"贵生"只停留在具象层面,注重眼前利益,顾及不到较长远的利益,即使能虑及,也往往是意料之外的、今人看来错误的;导致人们的"贵生",只停留在物质的层级,注重自己的利益,较少顾及群体利益。只知道贵生最有利自己,却不知道贵生的实质先是恶待自己,不能随心所欲于自己生理上的欲望,也难以处理好贵己、贵他的辩证关系,导致群体团结程度不够紧密,柏杨在《丑陋的中国人》中曾形象地表达了这个意思:一个中国人是条龙,三个中国人是条虫。

现代人的脑抽象程度提高了,积累的经验知识、文字知识都非常丰富,明白贵生中个人与群体关系、物质与精神的关系,明了眼前利益与长远利益、他人利益与自身利益的取舍,但走出大面积文盲状况不足百年的现代人,其贵生仍停留在利己的层面。以食物为例,每一个人都异常精明,知道很多东西不能吃、知道趋吉避凶,但却都在努力地追求着自己生活的质量,而忽视他人的健康:你卖地沟油赚钱,我卖甲醇酒挣钱;你卖皮革奶发财,我卖镉大米赚钱;你卖胶面条,我卖农药菜……这种利己的贵生观,导致互相喂毒、无人幸免,形成了每个人都在害别人、每个人都是受害者的恶性循环。英国诗人约翰·多恩曾在《丧钟为谁而鸣》中写道:"没有人是一座孤岛,可以自全。每个人都是大陆的一片,整体的一部分。如果海水冲掉一块,欧洲就减小,如同一个海岬失掉一角,如同你的朋友或者你自己的领地失掉一块。任何人的死亡都是我的损失,因为我是人类的一员……"同样,在利己的贵生观面前,也"没有人是一座孤岛,可以自全",缺失限度的利己贵生导致自己也终将无法逃脱厄运。因此,"贵生"在微观上的行动价值,就在于每个人都要意识到,既要贵生利己,也要贵生利他,达成共生,实现共生,才会有自己真正的"贵生"。

二、"汤显祖贵生观"的品牌载体化

雷州半岛位于粤东,东临南海,西滨北部湾,南与海南隔琼州海峡相守望,地理上占据了湛江市行政区划的大部分,自然特色浑然天成:"红"土为底色,"蓝"天为顶色,"绿"色点缀其间。雷州文化是最富有生命力的,也应是最富有生机的。

(一)打造雷州文化的"贵生魂"

市场化改革以来,湛江各辖区通过党委政府的主导,图书馆、博物馆、文化馆、科技馆等全部免费对外开放,已经实现了公共文化服务体系的"公共"性和"服务"性,富有时代气息的先进文化观念正在通过科技种植、养殖的培训与旧传媒、新传媒的宣传,扑进千家万户。现代化的文化市场体系正在不断地完善,以印刷、网吧、娱乐等为载体的低端文化产业完全实现了法人化,党委政府通过文化执法机构监管其导向;以雷剧团、粤剧团等为表现形式的中段文化产业正在转轨改制,党委政府已经根据先期的采购、资助经验,正在完善文化采购和文化资助手段多样化的措施;对于湛江师院、广东海洋大学等以学、研为主的高端文化单位,人文社科类主要通过湛江社科联的资金资助导引雷州文化的深广度研究,农业种植、海产养殖等通过政府部门的中介,已经建立了较为成熟的研、产相结合的产出路径。但是,具有悠久自然史和奇特人文史的雷州文化,其潜在的"雷性"活力尚需要得到有效发掘,雷州文化的主导价值符号尚未出现。

　　从文化研究机构的人才分布状态看,公务员系统处于资源统筹层面,人力资源、物力资源、财力资源的调配几近耗尽精力,难以负荷雷州文化发掘的重担,即使有所发掘,受长期的经验型知识结构的局限,又不得不多侧重于显性绩效。专业技术系统具有文化资本的储备优势,理应承担得起,但以数量为主导的土著人才与以质量为特点的移民人才,在文化发掘思路和研究方法上的实质性不融合,尚有待平台沟通。现有科研团队的论资排辈式规则、评判机制的半行政化规则,使科研团队结构失衡、活力不足甚至留不住人;兼备文字型知识、经验型知识的文化发掘领军人物的稀缺,以及囿于有限的工作、生活环境所导致的理论储备有余、实践体验不足等,致使雷州文化的发掘,要么沿袭已有的发掘思路和研究方法,要么文化发掘成果转化为行政的操作性微弱,有效整合起来的研究成果创新度有待更进一步提升。

　　从文化研究机构的研究状态看,各科研团体呈现如下态势:半岛民俗文化研究由各区域的文广新局主导,以各辖区的、阶段性的发掘为主,地方志、地方年鉴、分类史等的整理以及出于推广宣传目的的各类画册和图书,属于圆锥体低端的、基础性的广度发掘,而民间研究大多碎片化甚至原点化,整体上倾向于沉寂无声。事业单位的雷州文化发掘或因欠缺宏观指导思路,或因对文化发掘的创新领域、创新方向踌躇不定,维持在定势思维状态,处于圆锥体研究的中端,广度有余、深度不足。

　　从文化部门的管理思路来看,诸多迹象已显现出管理层对雷州文化的区域特性思考,"三色"工程建设正是行政思路最大的亮点,但这一思考有待进一步深化,目前所展露的成型部分以及文化发展规划,较难展示令内陆人耳目一新的"雷性"。换言之,雷州文化是一个复合体,既具有传统中原文化的承继痕迹,有"孔儒文化"遗留的较多显性文物和隐性而显形的民间习俗,也有不同历史时期的移民在迥异于内陆地理环境熏陶下所形成的雷州文化,还有土著半岛人移山、移水也难易其根性的千年文化基因。一语归之,如果管理思路上不能厘清半岛生存文化和管理文化的区隔,把民间的土著文化与历代政权主导的孔儒文化混淆,则文化导引政策轮廓模糊,进而激励机制偏离,较难发掘雷州文化"雷性"的深层活力。

从文化部门的管理方式角度看,微观管理层面已经赋予辖区市县更多的文化发掘自主空间,赋予了各辖区打造文化基础设施的充分的自主性,释放了半岛各小区域的文化发掘活力,这是应当肯定的积极性方面。在中观管理层面,由于各辖区的自然气候、地理环境等方面浑然一体,雷州文化的发掘应当是层级性互补的,各辖区本应集合、整合半岛力量进行统一的深度发掘,如雷剧、雷语等文化符号不是某一辖区的,它是整个半岛人的符号。但非物质文化遗产的分别"申遗",以及各区域文化研究单位的横向呈报制,实际上显现出割裂的端倪,不利于雷州文化的存在完整性和发掘整体性。而造成雷州文化发掘工作各自着力的原因在宏观管理层面,现有的人才管理方式较难发掘出文化研究后继人才及其潜在的文化发掘新思考,进而文化部门使用现有的雷州文化研究人才,沿用现有人才的一般性雷州文化发掘思路。如何改善"雷州文化缺少灵魂"这一发掘现状,尤其如何创新人才管理机制、发掘高素质的研究人才、补充文化研究的新鲜血液,这是急需每个半岛人深度思考的方面。

俗话说,提衣先提领,没有主导价值,局部发掘的多元性难以形成凝聚力和清晰又深刻的心理效应。为此,管理层可从如下着力:在已有的湛江市专家库基础上,深入事业、科研单位进行调研,建立土著人才、移民人才的学科专长、研究方向、综合研究素质评估等的分类档案,以备随机调用;整合各辖区的文化发掘力量,以共识性程度较高的文化人才为主打,在管理层主导下,梳理出各辖区文化发掘的顶层"雷性"凸显、中层互补、下层连片的格局;继续以灵活多样的文化资助、文化采购手段,创新雷州文化发掘新思路、新研究方法,着力打造中长期分明的半岛土著文化研究新路径,编制宏观上提纲挈领式的统领、中观上分承并深力发掘、微观上百花齐放的一揽子导向性规划,焕发雷州文化发掘的新活力。

现代传播工具很多,现代包装模式也比较成熟,遂昌汤显祖文化节、儋州东坡文化节早已运作十多年,这都是附近区域比较成功、值得借鉴的范本。

以 2014 年雷州文化研讨会为开端,以雷州文化的民间发掘为主线,打造雷州文化的"贵生魂"。"贵生魂"是一个通俗词语,哲学词语叫作"贵生精神",它包括内涵角度的生存、生活、生命价值等,这主要集中在半岛人文领域,包括土著、移民的生存历程、生活方式以及生命价值观的展现与发掘;"贵生精神"包含了外延方面的精神物类和精神事类,是半岛一切过去事、物的记录及其记录的重现,雷州土著、移民两类不同群体精神外化为物质的归类收集,如妈祖塑像、关公壁画、树神尊奉等,又如男男女女不同时期的衣服样式、颜色风格等,它们凝聚了半岛人祖祖辈辈的认知、意识等心理活动,收集的物质数量越多、内容越丰富,精神含量就越大,其生命迹象就越明显,其生命表现就越复杂细致,其文化形式就越丰富。半岛人的贵生精神事类包藏在即现式活动中,如出海的祈祷活动、拴贵与解贵、爬火梯和过火堆等,通过短时的复现式表演凸显出来的无畏即是区域性的民族精神的继承与传播。

雷州文化的"贵生精神"渗透在红土地、蓝色海洋、绿色植物中,移动在雷州半岛人的行、走、坐、卧中,它与内陆在多方面的不同之处就是其文化独特之处,具体发掘和打造方法有三类:

一是分析、归纳的方法,指对雷州半岛的实物进行分割组装、辨别归类,将其寓意语言化,并选择其中的部分归类到贵生理念中去。

二是意象加诠释的方法,对雷州半岛的实物进行感受与评价,进而从不同角度佛学、道学、儒学或者现象学、社会学等角度进行解释、归纳并升华到贵生理念中去。

三是塑形、赋像的方法，指对雷州半岛人的观感、听感、触感等进行载体化，使抽象的意识、观念外现在农产物、海产品上，赋予雷州半岛自然物、人化物的观感的归拢与再现。

（二）"贵生"品牌的符号化

"贵生"是一个永恒的话题，雷州半岛作为一个独具特色的文化区域，围绕徐闻"长寿之乡"，归纳、分类出半岛人的生活经验，发掘雷州半岛的贵生理念，实现雷州半岛与贵生理念的相互借力，正是汤显祖留给徐闻乃至雷州半岛的宝贵财富。

首先，名人效应的引领需要借助现代传媒去传播。一位名人，能带动一方声誉，一个名人的故事，能震撼一地的民心。现代经济是一种"眼球经济""注意力经济"，在当今信息流动如同空气一样便捷的时代，人们不可能有更多的时间和精力去关注太多的事情。不管承认与否，当今社会"名"已经成为一种资源。在经济领域里，只要加以良好的商业运作，良好的声名作为一种可贵的资源便能直接转化为财富。就商业而言，以名人效应公关促销，乃是现代商战的常用谋略，精明的经营者在公关促销中不但注重借用名人，更为注重运用自己的头脑和智慧，二者的巧妙结合，方能形成夺目之势。古人常说："山不在高，有仙则名，水不在深，有龙则灵。"其实，哪里有什么"仙"、有什么"龙"？它无非是说自然景观需要人文精神的注入和烘托，然后才能相得益彰，而这个人文景观历来是与不同时代的名人效应结合在一起的。浙江遂昌借助"东方的莎士比亚"的效应，十年如一日打造"汤显祖"品牌，在发掘与现代传媒的传播过程中，推动了遂昌经济社会的大发展，尤其是遂昌旅游也日趋成熟，凡是到过遂昌的人，对饮食业的卫生状况、从业人员的敬业精神赞不绝口，对遂昌二十多万人的一个农业小县，拥有13

家星级饭店、4个国家级4A旅游景区、7个国家级3A旅游景区,甚至14座旅游公厕达到三星级的现状大为吃惊。经济效益上,遂昌2015年共接待国内外游客1 402万人次,同比增长15.87%,实现旅游综合收入73.5亿元。[①] 说明名人良好的名声犹如一注强有力的兴奋剂,在市场经济领域内发挥着不可低估的推动作用,很形象地揭示了现实的经济发展内在机理。所以,汤显祖在徐闻三年,其行、走、坐、卧的历史痕迹,将是发展半岛旅游经济的一支奇兵。

其次,雷州半岛的特色人文需要在"汤显祖的贵生"名义下发掘。雷州半岛最具代表性的名人陈文玉、陈瑸、陈昌齐、陈乔森、莫玖等,因年代久远,不具备商业开发的价值,宋代寇准、赵鼎、李纲、苏轼、苏辙、秦观、王岩叟、任伯雨、李光、胡铨等,年代久远,文名不及汤显祖。尽管汤显祖的剧作名扬四海,具有多重价值,但那毕竟是艺术,而且已经得到重视。对雷州半岛而言,汤显祖的独特性,就在于贵生书院和《贵生说》。其作品思想中的具有普遍性推广价值的,也只有"贵生"而已。

再次,雷州半岛的文化符号必须凝聚为与众不同的、代表人文凝聚力、具有继往开来的特性。一方水土养一方人,雷州半岛养育出来的民众,无论是从男人着装上的轻快明丽、女人职业方面的无处不在,还是自然景观的厚朴与天然,都契合了"贵生"的内涵与外延,能够成为引领雷州文化发展的一座里程碑。尤其是汤显祖作为一介贬官,他代表了不同历史时代贬官的政治特色,能够推动雷州文化中的核心价值的扩展与传播。

雷州文化借助"贵生"的凝聚力,可以打造贵生产业。其方向有二:

宏观上,一是以理论或学术活动为引领,举办贵生学术研讨会,以雷州文化的本土发掘为核心,分成儒家、道家、禅宗等派别,对贵生进行研讨,例如明代憨山德清在雷州的禅宗活动迄今为止发掘较少,陈文玉、陈瑸、陈昌齐、陈乔森、莫玖以及寇准、赵鼎、李纲、苏轼、苏辙、秦

---

① 遂昌县政府:2015年旅游工作总结和2016年工作思路,http://www.suichang.gov.cn/zwgk/xxgk/746323500/04/0402/201601/t20160115_296999.html。

观、王岩叟、任伯雨、李光、胡铨等官员的在雷州的活动以贵生理念为宗旨的发掘,需要整合。二是举办贵生书法展、贵生绘画展、贵生摄影展、贵生文艺展、贵生美食博览会等活动,一年一类一展,借助活动及现代传媒工具,打造贵生系列品牌。三是以岭南师院、海洋大学为创办基地,成立贵生学会、贵生协会,推动雷州贵生精神的传承与发展,推动一批热心于贵生研究的创作者、研究者、传播者,推动各类贵生成果的产出。

微观上,一是由湛江市社科联、湛江市委宣传部等部门牵头,组织各领域的人士进行座谈,明确贵生主题,明确雷州文化中的贵生发掘任务,掀起研究、发掘的热潮。二是沿着贵生书院发掘,徐闻教育系统已就贵生书院延伸出了"贵生课堂",还可以借鉴儋州将一所中学命名为"东坡中学"的做法,将贵生书院附近的中学命名为"贵生中学",并继续拓展。三是在徐闻开发贵生产业,沿着长寿之乡的发掘与推介,拓展出相关的产品、商品、作品,扩大影响。

要实现以贵生理念统领、丰富"贵生"品牌,就要以贵生的内涵为引领,活用民间的族谱、官方的县志,分别从"贵生存""贵生活""贵生命"三个不同层面,发掘雷州半岛的移民历史、土著人的生活轨迹和现代半岛人的生命价值追求。由于"贵生存"侧重于人活着的本能,是人保持其存在而进行的努力,社会化系统中,人与人构成的政治关系、经济关系、文化关系等越来越复杂,使得人的生存有了数量和质量的分类。

人存在世间的时间有长短的不同,说的是人活多久的问题,这是量上的划分:未成年人没能活下去,人们叫夭折;八九十岁还活着,人们称为耄耋寿。人的存在有方式的差异,说的是如何活着的问题,这是质上的划分:"生物人"是侧重于动物式的存在;"社会人"是侧重于群体式的存在;"思想人"的存在侧重于意识能力的存在。人比其他动物更自主自觉地意识到,以什么样的身份、什么样的手段、在什么样的条件下去"活着",并在此基础上换取"活着"的动力。历史上,雷州半岛是一个不断移民的区域,由移民群体、土著群体构成的雷州半岛史中所呈现的婚姻方式、交往方式、闲暇方式等,在古代正史中被掩盖了,使得雷州半岛群体的后辈不知道、无从知晓祖先们的事迹,集体记忆几乎趋于空白,这显然不利于人们增加凝聚力、焕发创造力和生命活力。

与此同时,现代雷州半岛上的人们对"为了什么活着",有着区域性的独特"生命意识",对自己来这个世间后产生的究竟为什么、想做什么,以及有什么作用的追问,已经使自己进入"思想人"境界,开始追寻生命的意义。如果将移民、土著们创业、建家的事迹进行发掘整理,展现先辈们如何至精、至专、至纯地与大自然搏斗,以活色生香的真人、真事及真实感动人,那么,这将萌发年轻人的生活目标,去生成生活能力,并获得快感和快乐,提高现代人的幸福指数和幸福感。

后 记

这本书收集资料的时间很长。

一方面对雷州文化的积累至今仍在进行。从三秦"空降"南粤的第一年冬天,半岛海产的丰富、农产的斑斓和人的率真,真真切切地震撼了我,几乎颠覆了我积累了近四十年的惯性认知。当时的宣传部李根副部长约写一篇徐闻人精神,难住了我:表象的观察尚处于收集状态,如何能高度、准确地凝练出徐闻人的精神?这个问题,成为我探究雷州文化的"源"动力。刊发在《湛江日报》《广州文艺》等刊物上的散文《包谷带皮卖起来》《隆冬的湛江春意盎然》《站在徐闻看广州》等,正是那震撼的一点感受。后续对雷州半岛的婚俗、核心家庭结构、村落形态等方面的理论发掘,也是对那震撼的反馈。

另一方面,对汤翁资料的积累也来自实际工作的推动。县委办黄洪副科长约写一篇汤显祖行政方面的文字,提供的资料是语录式的汤翁诗文汇集,而我对汤翁的了解属于履历细节上的一无所知,在浏览资料时,也发现了本土研究的一些不足。但土著人士研究土著风情,有着空降者无法企及的优势。时任党校常务副校长的潘建义(兼任教育局副局长)提出贵生教育,顺着这个思路,搜集了一些资料去读,发现老子首创的"贵生"到了几千年后的今天,仍然停留在本义的层面,突然对"贵生"的古为今用,激发出了一点点的兴趣。

这两方面汇合的契机是2013年春,在民间的首届贵生学会上,聆听了湛江市社科联余伟民主席、岭南师院龙鸣教授、海洋大学刘世杰教授、海南文体厅龚重谟先生等人的畅谈后,虽然还停留在受动层次,但已经有了动笔的欲望，一气儿写了三篇考据式论文，追溯贵生的历史之源的事情也同步进行着。那时，一方面认为刘世杰教授研究汤翁有年，学养又高，另一方面基于引论式的作用，压根儿没想过还有他用，于是将茶歇间的交流观点形成文字，刊在内部刊物上。到10月份，贵生学会会长金虎组织相关论文参加广东省社科联年会时，时间和精力上都不允许新写，在旧文中翻来捡去，挑出了《汤显祖贵生观的传播》以配合团队行动。到了年会论坛上，幸运地认识了中山大学主推"雷州文化"概念成型的司徒尚纪教授。因为同住一家宾馆，进进出出多了受教的机会和时间。听他谈"雷州文化"独立出来的依据、特性之类观点，赞同的地方点头，困惑的地方争辩。会上，我仍然谈及与司徒前辈一些观点的不同意见，加之课件解读的优势，文中收集归纳的观点得到了肯定，岭南师院的张应斌教授将其归为非学院派研究的优势，于卫青博士认为学术面很好，值得深挖。

会后，我仔细阅读了司徒前辈的《雷州文化概论》，这本书标明雷州半区域特性的存在进入了理论研究层面，这属于民俗文化部分；汤显祖及其贵生，作为雷州文化的一个节点，属于历史人物及其哲学思想部分，二者的结合点在徐闻。汤翁写作"贵生书院说"的动因真的是升迁的驱动力使然？儒者的汤翁、行政者的汤翁、深谙禅理的汤翁，在徐闻有何所见所感呢？后来论文获得三等奖的信息传来，振奋了大家，潘副校长将本土研究者组织成团队，试图重点突破"贵生"……不久又进行了一次努力，圆桌旁大家各抒己见，之后收集的时候发现，潘副校长的努力成空，我这个负责人没有履职的机会，每次看见他都有点落荒而逃的意味。

汤翁以"传奇"剧作成就蜚声海内外，制义、诗赋更非现代人包括我这个后辈能望其项背。但我们不都以知识分子的身份空降徐闻并与行政相关联吗？我甚至比汤翁更幸运，时间长、机制好、信息多，借助现代交通工具和同事翻译的帮助，走遍了徐闻的大街小巷。也因党校的运作机制，不但全方位、多层面地接触了徐闻人，用北方主流文化的维度

汤显祖的贵生观

予以注视,而且追溯过徐闻乃至雷州半岛的行政区划史,了解雷州半岛自然灾害的发生规律,并在校级科研引导下形成文字。那么,从哪里切入为好?电话里听司徒前辈侃侃而谈,那点犹疑一点一点消散,生出一股豪气:有较为深厚的古文功底在,有半岛独特的民俗收集为基础,且试一番又如何?于是一边着手申报2015年湛江市社科联的课题,一边收集汤翁在徐闻的本土研究,其中的有些观点比较奇特,这需要阅读汤翁的原作。

我反复浏览"贵生书院说",有些狐疑:公认的文题为何不是汤翁自己命名的《贵生说》,不能将其内容归类为教育吧?究竟是也不是,须得逐字逐句翻译,否则空口无凭不是?第一遍的直译效果,都不能令自己满意:为什么要这样译而不那样译?再来一次,补充了理由。第三次,补充了写作手法,包括了文章的结构分析。结论自然显现了:汤翁自己命名的《贵生说》最贴切!但还是冒汗:"贵生书院说"在某种程度上已是共识了!!且有贵生书院建筑和"其地人轻生,不知礼义"的佐证!推翻已有结论会被叮得满头包呀!想想都哆嗦,赶紧去深入……

实际概况应是这样的:汤翁领着小吏的俸禄、背着贬官的标记,在古徐闻语言不通、食居不惯,唯有儒生的求教令他颇感欣慰,其时雷阳书院应是濒于倒闭,基于这两个因素,汤翁起意办书院。或许出于对上书直谏动机的辩驳,出于身临基层感悟民生之艰,出于感性体验、理性再认识行政与民生的关系,因而命名为"贵生书院",并取得县令熊敏的支持,动手操办起来。作为一名行政官员,教化民众本属职责分内之事,如何引起上级领导关注,却是行政技巧问题。他一边写作了《贵生说》给亲家刘应秋,嘱咐这位探花郎写记,同时也邮寄给同乡、同道、同僚扩大宣传,一边谋求将创办贵生书院一事载入《徐闻县志》《雷州府志》《广东通志》,不料在省一级被卡住了,"新志不录其文",不得已,汤翁书信给巡按汪云阳,从政治教化的高度、公事公办的角度略述创办目的是出于教化("其地人轻生,不知礼义"),存在价值是"佳惠后学"。至于"不知礼义",更多应是一个政治借口罢了。如果说"天下之生皆当贵重"尚可归入教育,"有位者""无位者"焉能扯进去？历史事实是,汤翁目睹了徐闻民生的自主,由此地淡化的等级现象延伸到官场,于是将众生皆贵的行政前提、"为天地大生广生"的行政目标,混杂在宏观的义理阐释与微观的行政实践的记述中,这是汤翁自命名为《贵生说》所包含的深意。由于所用语言多出自儒家,为当时的官员、儒者习常熟见,故而并不引人注意,连东林运动领导人高攀龙读后也只是赞其"邃于理"。难怪汤翁发出"海波终日鼓、谁悉贵生情"的慨叹了。

与诸多综合性研究汤翁的专著相比,这本匆忙而成的书只是哲学维度的尝试。自从1916年日本戏曲史专家青本正儿出版了《中国近世戏曲史》,并首次将汤显祖与莎士比亚相提并论以来,法文、德文、英文等多种译本的《牡丹亭》相继问世,围绕以史学、文艺为主轴的"汤学"全面展开。其中,日本岩城秀夫1972年出版的《汤显祖研究》上篇以汤显祖的生平经历、交游情况为线索,轮廓出了明代从嘉靖至万历年间的文化思潮,下篇从汤显祖与友人的交往或与论敌的龃龉出发,研究汤显祖文学活动在明代的地位。港台的郑培凯1995年出版的《汤显祖与晚明文化》中的《汤显祖与晚明政治》,可谓从政治学角度研究的第一篇。国内周育德1991年出版的《汤显祖论稿》包含了其哲学思想、宗教意识、文艺观等在内,是目前论述其思想最完整的著作。2016年纪念汤显祖、莎士比亚、塞万提斯逝世四百周年的纪念活动蓬勃展开,借助浙江遂昌、广东徐闻、江西抚州的学术论坛活动,我的论文以哲学为主,力图添加汤翁研究的哲学维度的分量。

本书的内容中没有新概念、新理论,但对汤翁或者雷州半岛而言,努力只是太少。汤翁及其剧作的世界性价值,还在传播中。能打破《贵生说》是关于贵生教育的惯性认识、读到"贵生行政"之类词语,也是一件值得努力的事情。徐闻乃至雷州半岛的民居、民俗、民风迥异于内陆,以往只概之以落后,甚至半岛人自己都缺乏自信,当然更谈不上像美国发掘西部牛仔、赋予"马背上的英雄"那样的努力。感谢这块红土地上执着的人们,感谢土著文化人士不懈努力的感染,如果能对探究雷州半岛起到一丝丝"引论"的作用,引发半岛人士增强文化自信、致力于发掘区域文化品牌,将不胜荣幸。

由于成书仓促,能力也有限,分析不够透彻、论据不够充分,疏漏错讹之处很多,恳请方家批评指正。

党红梅
2016.6.6 于徐闻县党校